Felix Dahn

Julian, der Abtrünnige

Drittes Buch: Der Imperator

Felix Dahn

Julian, der Abtrünnige
Drittes Buch: Der Imperator

ISBN/EAN: 9783743671713

Hergestellt in Europa, USA, Kanada, Australien, Japan

Cover: Foto ©ninafisch / pixelio.de

Weitere Bücher finden Sie auf **www.hansebooks.com**

Felix Dahn's Sämtliche Werke poetischen Inhalts.

Band III.

Breitkopf & Härtel, Leipzig.

Julian
der Abtrünnige.

Geschichtlicher Roman
von
Felix Dahn.

Drittes Buch.
Der Imperator.
v. 361—363 n. Chr.

> Götter glauben ist kindlich.
> Gott leugnen ist Wahnsinn.
> Gott suchen ist alles.
>   Felix Dahn.

Leipzig
Druck und Verlag von Breitkopf und Härtel.
1898.

I.

„An Lysias, den geliebten Lehrer seiner Jugend, Flavius Claudius Julianus Imperator Augustus.

In meinem letzten Schreiben, o mein Teuerer, habe ich dir die wunderbaren Geschicke berichtet, die, sichtbarlich von den Göttern gewirkt, deinen dankbaren Schüler aus dem Abgrund dunkelster Gefahr auf die Sonnenhöhe der Herrschaft erhoben. —

Seit jenen beiden Anfällen, deren Zeuge du im Kloster und in Rom warst, ergreifen mich bei hoher Erregung leicht solche Betäubungen oder Krämpfe. Als ich aus jener tiefen Ohnmacht erwachte, als ich an dem lebensgefährlichen Purpurmantel, den die Treuen über meine fiebernden Glieder gespreitet, erkannte, daß ich diese Dinge nicht geträumt, wirklich erlebt hatte, — da sprang ich auf, warf Fieberanfall und jede Anwandlung von Schwäche von mir und sprach zu Helios empor: „ich mußte beginnen: — nun will ich's vollenden." Ich schlug den Purpur um die Schultern und schloß: „ich mußte ihn annehmen: — nun will ich ihn verteidigen und verdienen. Mein Rechtsbruch ist ein gemeiner Frevel, scheitre ich: eine weltgeschichtliche Großthat, führ' ich ihn sieghaft durch."

Aber doch auch andere Stimmungen, Anwandlungen von Gewissensvorwürfen, von Zweifel, von Reue, blieben nicht aus! —

Die nächsten zwei, drei Tage hielt ich mich, unsichtbar für die Krieger, in dem Inneren des Palastes. Meine Zeit nahmen stark in Anspruch Opfer und Befragungen der Götter, die heimlich geschehen mußten, die Priester und die Gemeinden der Galiläer nicht auf die Seite des Constantius zu treiben. Dann aber waren auch Schreiben zu entwerfen an Constantius, nach Marseille, an dich, an andere Freunde und Vertraute.

Und endlich empfand ich doch zuweilen noch eine gewisse zarte Scheu — wie soll ich sagen? — des Gewissens oder des Anstands, mich in den Abzeichen der Herrscherschaft öffentlich zu zeigen. Denn zuweilen fühlte ich meine Handlung als ein leises Unrecht, weil vielleicht doch nicht so ganz nur um der Sache willen begangen, wie ich mir selbst vorgetäuscht hatte. Sollte nicht doch auch ein wenig Eitelkeit, Selbstsucht meinen Entschluß mit bestimmt haben?

Verscheuchte ich mit Gewalt diese Selbstanklagen, — umsonst: sie kehrten immer wieder. Und so war es mir unmöglich, die Ehrenzeichen der angemaßten Würde jetzt schon vor meinen — mitschuldigen — Erhebern anzulegen! Die Bürden der ergriffnen Macht wollte ich gern tragen: — nicht aber, mit ihren Würden mich prahlend schmücken.

Allein diese Unsichtbarkeit ihres Imperators fiel allmählich den Kriegern auf: zuerst Verstimmung, Unzufriedenheit, Murren, zuletzt Argwohn.

Befürchtungen für mein Leben bemächtigten sich der unbeschäftigten Massen in dem lärmenden Lager, und als ein erfindungseifriger Gallier, vom Wein erhitzt, in der Zeltschänke seiner leichtblütigen Stammesgenossen, der „Celtä Petulantes", schrie: „Ei was, ihr Dummköpfe, die ihr seid! Warum haben wir ihn seit drei Tagen nicht gesehen, unsern Imperator? Armer Junge! Ermordet von den Spähern des Constantius liegt er im Palast," — da war kein Halten mehr.

Vergebens suchten Römer und Germanen die aufflackernde Hitze der Gallier zu dämpfen: mit wüstem Geschrei von Mord und Verrat lärmten sie abermals, die Waffen schwingend, unter dem Ruf: „zum Palast! zum Palast!" aus dem Lager in die Stadt, erzwangen sich (nicht ohne Blutvergießen!) den Weg zu mir und beruhigten sich erst, als ich in dem Vorgarten ihnen lebendig (— und sie auch recht lebendig scheltend!) — entgegentrat.

So schwer ich in jenen Augenblicken furchtbarster Entscheidung die Freunde — Serapion und Jovian — vermißt hatte, — nun war mir's lieb, daß sie damals fehlten: nur die Notwendigkeit meiner innersten Eigenart konnte mich leiten, nicht fremder Rat.

Sobald das Gerücht des Ungeheueren sie erreicht hatte (— und rasch fliegt Fama in dem Lande der redebedürftigen Kelten! —), eilten beide zu mir.

Zuerst traf Jovianus ein aus Marseille: er legte sein immer ernsthaftes Gesicht in noch ernstere Falten als gewöhnlich (— er scheint mir überhaupt verändert nach monatelangem Verweilen bei Mutter und Schwester —) und sprach: „freuen kann ich mich nicht. Der Cäsar Julian stand mir höher. Du hast aber wohl nicht anders handeln können. Ich diene dem Reich der Römer, indem ich dir diene." — „Und die Mutter, die Schwester? Was sagten sie?" — „Die Mutter weinte viel." — „Das soll sie ja nicht!" — Er zuckte die Achseln. „Sie mußte: du mußtest den Eid brechen: sie mußte — und muß — weinen." — „Und die Schwester? Warum hast du nicht beide mitgebracht?" Er schien die zweite Frage zu überhören: „Juliana betet viel — für dich." — „Zu wem betet sie? Doch nicht wieder zu dem Galiläer? Ich hatte sie (— so hoffte ich! —) für Helios gewonnen." — „Sie opfert heimlich dem Helios und betet zu dem Gott der Christen öffentlich in der Basilika." „Bald befrei' ich sie von diesem Zwang," drohte ich. — „Zwang? Ich fand sie am Abend — allein — im Gebet — das Kreuz in der Hand." — „Meine Juliana! Wart! Ich muß nur erst einiges Dringendere thun: — dann reiß' ich diese Seele zu mir empor."

Am Tage darauf traf Serapion ein: mit dem schärfsten Blick seiner grauen Augen sah er mich an, als er sprach: „deine That ist gut für das Reich: — schlimm für dich!" — „Warum?" — „Du brachst die Treue."

„Das Wort des sterbenden Berung!" fuhr ich ihn an. „Ist denn die Treue das Höchste?" — „Ja." — „Und euer Arminius? War das Germanentreue?" — „Nein, Römertreue war das, Imperator. Nachdem ihr uns, wie alle Völker, die ihr erreichen konntet, überwältigt und überlistet, kam in meinem großen Ahn — ich sagt' es schon — ein größrer Überlister über euch. Vergeltung hat Arminius geübt. Der Geist, den, wie sie glauben, Wodan den Germanen gab: — während doch sie ihren Geist diesem Gebilde gegeben haben. Aus Notwehr für sein Volk brach er Recht und Treue. Das ist groß. Nun merk' auf mich, du junger Imperator. Hast du Constantius die Treue gebrochen nur um des Reiches willen?"...
— „Nicht, um mein Leben zu retten! Die Gefahr war vorüber." — Ich weiß. Aber hat nicht doch die stärkste Macht in dir . . . ? Jedoch . . . lassen wir das jetzt!
— Vielleicht führt eine andre Stunde uns darauf zurück. Ich halte mein Wort dir gegenüber noch über unsern Vertrag hinaus: nur dem Cäsar hatte ich's gegeben: ich diene auch dem Imperator Julian; nur nicht gegen mein Volk!" „Dem Reich der Römer hältst du Frieden?"

Also suchte ich ihn zu verstricken. Unwillig schüttelte er das Haupt: „Julian auch als Imperator werd' ich nicht bekämpfen. So unser Treuvertrag. Dem Reich der Römer schuld' ich nichts. Spiele nicht weiter mit der Treue, Imperator! — Dieser Jovian da ist Zeuge — und Bürge — unsres Vertrages."

Die ersten Früchte meiner neuen Herrschaft sind nicht süß! Die Mutter weint — warum weint sie? Ist sie doch in Sicherheit! Nie hätt' ich sie der Rache des Constantius ausgesetzt! Nun aber erkenne ich den Hauch meiner Götter auch in dem Sturme, der die Meinen aus seiner Gewalt in meinen Schutz geführt hat. — Die Schwester betet zu verhaßtem Gotte. — Die Freunde haben mehr verhaltnen Vorwurf als Lob für mich. O Helena, wie fehlst du jetzt! Ich floh an ihren Sarg am ersten Tage meiner Herrschaft und weinte, weinte bitterlich.

Du aber, o Lysias (— des bin ich sicher! —), du hast auf die Kunde hin den Göttern frohlockend den Hausaltar bekränzt! Die Hoffnungen, ach nein, nur die Träume, die kühnsten, die ich in Macellum, in Athen hegte und liebte: — ich mache sie glorreich wahr. Warte nur noch kurze Zeit, bis ich die bringendste Kriegsarbeit gethan, bis ich aus diesen um mich her brandenden Wogen ans Land geschwommen. Dann rufe ich dich zu mir, mein Lysias! Dann sollst du es sein (— keinem als dir gebührt dieser höchste Ehrenlohn —), mit dessen Rat ich die Götter herstelle und die Galiläer zwar wahrlich nicht unterdrücken, nicht verfolgen will (— der oberste Gott sieht in mein Herz! —), aber bändigen. Sie sollen unter meinem Scepter Übles nicht leiden, aber auch, beim Helios! nicht mehr thun.

Allein vorher noch, — ehe ich den Galiläer angreife, muß ich mich des Constantius erwehren. Der Kampf zwischen uns beiden wird zugleich ein Götterurteil sein: Constantius oder Julian, Golgatha oder der Olymp: — wer ist stärker? In Constantius fordere ich den Galiläer zum Kampfe heraus. —

Jedoch noch darf ich nicht offen hervortreten. Die elende Heuchelei, die der Glaubenszwang auferlegt, — noch muß ich sie fortführen: ich kann in meiner Schwäche (— siebzehntausend Helme gegen die ganze römische Welt! —) nicht auch noch die Bischöfe gegen mich unter die Waffen bringen.

O Lysias, es thut weh! Wohin schwand die krystallhelle Unschuld, die ungebrochene Wahrhaftigkeit meiner Jugend? Verstellung, Lüge, Heuchelei: — seit du in jenem Klostergarten mich vom Baume der Erkenntnis kosten ließest, — sie endeten nicht mehr.

Und jetzt — „Treubruch", wie diese derben Germanen schelten. Das Schicksal reißt mich fort von Schuld zu Schuld. Das Fatum? Oder meine Eigenart? Oder die Götter?

Und doch ist's unschuldige Schuld. Ich mußte, ich muß: — — fürs Reich. Denn wehe dem Tag und Fluch der Stunde, da ich mir sagen müßte, daß ich's nicht bloß ums Reich, für Rom gethan und die Götter. —

Nein, nein! Das wäre die innerste Vernichtung.

Und um der Welt, um mir vor allem zu beweisen (— denn manchmal erbebt mir das Herz in quälendem Zweifel! —), daß ich nur aus Pflicht gegen den Staat gehandelt, — hab' ich nun meine nächsten Entschlüsse gefaßt. —

Nachdem die Entscheidung gefallen war über die Zukunft des Reiches und über mein Haupt, rief ich meine

Feldherren zusammen zu einem Kriegsrat. Da empfahlen sie alle, einstimmig, ich solle hier alles liegen lassen, wie es liegt, so rasch als möglich Constantius angreifen und unschädlich machen. Er sei nicht gerüstet: fast ohne Truppen stehe er in Italien: ich solle ihm nicht Zeit lassen, nach dem östlichsten Morgenland zu entfliehen, wo die ganze Stärke seiner Heere versammelt stehe, die er dann (— statt gegen die Perser —) gegen mich mit erdrückender Übermacht heranführen werde.

Ich ließ sie ausreden, alle. Dann erwiderte ich: „ohne Zweifel ist das der beste Rat für Julian, aber nicht für das Reich. Die Wohlfahrt des Reiches erheischt, daß ich vorerst hier alles nach Kräften ordne, bevor ich Gallien — auf unabsehbare Zeit! — verlasse. Die Weltgeschichte soll nicht sagen: „Julian hat den kaum wiedergewonnenen Rhein den Barbaren preisgegeben, um sein Haupt zu retten, seinen persönlichen Feind leichter zu besiegen." Erst das Imperium, dann der Imperator."

Auch gebe ich die Hoffnung noch nicht völlig auf (— obzwar sie schwach ist! —), durch äußerstes Entgegenkommen, durch demütige Nachgiebigkeit Constantius soweit zu versöhnen (— oder doch einzuschüchtern durch meine Heeresstärke —), daß der Bürgerkrieg vermieden wird, daß er den Schwager, den Vetter, der das Blut der Flavier, der Constantier, mit ihm teilt, als Imperator, wenigstens in dem Gebiet — Gallien — anerkennt, das ich bisher, nachdem ich es den Barbaren entrissen, als Cäsar beherrscht habe: — ähnlich, wie er früher mit seinen Brüdern das Gesamtreich, nach Provinzen gegliedert, geteilt hatte.

Freilich: Jovin schüttelt dazu bedenklich den Kopf, den nüchternen, hellen, und nennt jene Hoffnung eine Thorheit meines Gemüts. „Wo ist dein Bruder Gallus?" frägt er. „Seine Schuld war nicht größer als die deine. Ich bin überzeugt, Constantius hat dir auf die erste Nachricht sofort das gleiche Schicksal zugeschworen. Jeden Tag, den du zögerst, benützt er, seine Heere, seine Rüstungen zu verstärken. Und sollte er auch, den Waffenkampf zu meiden, zum Schein auf deine Vorschläge eingehen: — wage dich nie in seine Nähe anders als in Mitte eines überlegnen Heeres." Er mag wohl recht haben, der Treue.

II.

Gleichwohl versuche ich den Weg der Verständigung. Ich schrieb ihm einen wahrheitgetreuen Bericht des Geschehenen — so aufrichtig, daß ich, als Imperator, nur da fortfuhr, wo ich in jener Nacht als Cäsar zu schreiben aufgehört hatte, aufgeschreckt vom Ruf des Gottes durch die Tuba.

Ich hob hervor, daß ich erst nach wiederholter Bedrohung mit dem Tode nachgegeben (daß ich den Purpur nahm, nicht um mich, um das Reich zu retten, kann ich ihm doch nicht sagen!). Ich bat ihn, sich in die mir abgedrungnen Thatsachen zu finden. Ich wolle mich auf Gallien und Britannien beschränken, er solle auch für diese Provinzen alle obersten Beamten ernennen! Ich versprach ferner, ihm für den Perserkrieg aus meinen Provinzen an Truppen zu schicken, was irgend möglich sei, und hierin fortzufahren, solang ich lebe: nur jene Scharen, denen er und ich versprochen und geeidet, in Gallien bleiben zu dürfen, seien weder freiwillig noch gezwungen in ferne Lande zu verschicken: ich selbst müsse für unthunlich erklären, durch deren Entfernung das kaum gewonnene Land rettungs=

los den Barbaren preiszugeben. Und bescheiden unterzeichnete ich mich nur als „Cäsar": wüßten es die Meinen, mein Leben wäre wiederum bedroht.

O Lüge! Unwahrheit nach allen Seiten! Lüge! Gegen meinen rechtmäßigen Herrn, wie gegen die vertrauenden Herzen, die ihr alles auf mich gesetzt haben. Ist das die Verstrickung, die Folge der Schuld des ersten Schrittes vom geraden Pfad der Pflicht hinweg? Aber nein doch! Ich habe ja nur um der Pflicht willen die Pflicht verletzt!

Bevor die Entscheidung des Constantius eintrifft, ist es meine Pflicht (— o wie klammere ich mich so gern an dieses Wort! —): meine Provinz so stark gegen die Barbaren zu sichern, daß ich sie nötigenfalls mit gutem Gewissen verlassen kann, muß ich denn doch ausziehen — zu dem Kampf um die Welt! Noch einmal trag' ich — zum viertenmal! — meine Waffen über den Rhein! Die Barbaren sollen den Eindruck bekommen, daß sie vor mir nie sicher sind, hab' ich auch noch so viele andere Sorgen!

Vorher entließ ich Serapion abermals in die Heimat, langen Abschied (— für immer vielleicht! —) zu nehmen von dem greisen Vater, falls ich gegen Constantius in den Osten ziehen muß. Der Treue will mich begleiten: „das ist dein gefährlichster Weg," sprach er, „für dich und deine Ehre!" Als er im Sattel saß, sprach er zu mir vom Gaul herunter: „Welch seltsame Verkettung der Dinge!

Germanen waren es zu allererst und zu allermeist, die in jener Dezembernacht über den Thron des Römerreichs verfügten. Und zwar zu deinen Gunsten! Des Helden, der ihnen seit unvordenklicher Zeit den stärksten Widerstand geleistet hat: wird je ein Nachfolger ähnlichen leisten? Ich hoffe: nein! Ich hoffe: du, Julianus, bist der letzte Römer!

Und dich rufen nach Asien ab Constantius, Perser und Parther. Und du bist es, der die alten Götter erneuen will? So würden Zeus und Apollon den Germanen ihre Wiederaufrichtung verdanken: — wäre sie nicht unmöglich." Der Trotzige! Er ist wie starres Eis! Jedoch der Strahl des Helios schmelzt auch das stärkste Eis. Ich ersehne die Stunde, da ich auch im Wettringen der Geister, wie dort bei Straßburg mit dem Schwert, diesen Germanen bezwinge.

Schon im März überfiel ich die Chattuaren auf beiden Ufern des Unterrheins, südlich vom Einfluß der Lippe: — ohne Kriegserklärung (— mit dem Völkerrecht kann man es wirklich nicht allzugenau nehmen, will man etwas Erkleckliches ausrichten! —). Rasch zwang ich sie, um Frieden zu bitten, den ich gern gewährte: sie mußten versprechen, nie mehr weiter westlich vorzudringen. „Sie versprechen's," meinte Jovian achselzuckend. „Aber hat Serapio Recht, so brechen sie ihr Wort so notwendig, — wie du das deine brachst." Liebenswürdig ist das nicht von meinem künftigen Schwager.

Denn jetzt wird er's wohl werden: von allen Sterblichen hat dies Liebespaar den zweifellosesten Vorteil von meiner Erhebung. Ich warte auf sein Werben. Ich warte schon seit Monaten. Ich kann ihm doch die schöne Juliana — die Schwester eines römischen Imperators! — nicht antragen! Oder sollte sie ihn abgewiesen haben? Er ist so viel ernster, trauriger. Und sollte nun doch von frohster Hoffnung sein! Ich versteh ihn manchmal nicht mehr recht.

―――

Aus dem Lande der Chattuaren zog ich langsam stromaufwärts bis Basel, überall zum Abschied die Befestigungen und Besatzungen verstärkend und vermehrend, so den Rhein sichernd, falls ich ihn nie wiedersehen sollte, und ging dann über Besançon nach Vienne. Hier erwarte ich, auf das äußerste gespannt, die Antwort des Constantius: jeder Tag der Zögerung mindert meine Aussicht, zu siegen: denn diese hatte auf der Überraschung beruht. Er aber, er wartet, wartet und — rüstet.

Er antwortet nicht: — wie lang noch soll ich harren? Bis er, vollgerüstet, mit erdrückender Übermacht die Kräfte des ganzen Reiches gegen Gallien heranführt? Ich weiß gar nicht, wo er zur Stunde weilt. Ach manchmal beschleicht mich die Hoffnung (— Traumgesichte bestärken sie mir! —), das Eingreifen des schweigsamsten der Götter, des Thanatos, erspart dem Reiche den Bürgerkrieg. Neulich sah ich im Traum einen offnen Sarg, aus dem der Purpurmantel niederwallte. Da ich ihn sah, war es wohl nicht mein Sarg. Oder doch vielleicht?

Noch immer keine Antwort! Ich aber kann Gallien nicht verlassen, sie mir zu erzwingen: denn neue Germanenstürme drohen! Derselbe Alamannenkönig Vadomar, vor dem ich im Vorjahr mit einer Verbeugung umkehren mußte, weil er mir die Schutzbriefe seines Freundes Constantius vorwies, hat, in schnödem Bruch des mir gelobten Friedens, die Grenzgebiete Rätiens am Oberrhein überfallen und verheert. Derselbe arglistige Barbar, der mir nach der Erhebung zum Imperator schmeichlerische Briefe schrieb, in denen er mich „Augustus", „seinen Herrn", „einen Gott" nannte!

Seine Raubscharen lockten, gerade während diese Briefe an mich abgingen, unsere Grenzwacht bei Säckingen am

Oberrhein in einen Hinterhalt und hieben die unvorsichtigen (— hitzige Petulantes-Gallier, — samt ihrem unvorsichtigen Führer! —) nieder.

Eine Schlappe darf nicht mein letztes Erlebnis in Gallien sein. Ich muß nochmal über den Rhein. Sie müssen Furcht lernen.

III.

Wahrlich, die Götter sind gegen Constantius: — sind für mich, auch Hermes, der Gott der Wege.

Einer meiner besten Germanenführer, Sigiboto, ein blonder Friese, hält des Nachts Wacht am Oberrhein südlich von Basel, wo mancherlei Steige und Pfade nach Italien sich abzweigen. Er hört ein (— freilich nur leises —) Geplätscher im Fluß, das er auf Otter oder Biber oder nächtliche Raubfische zurückführt. Aber der Raubfisch landet: mein Friese springt zu und ergreift einen Menschen, der sofort einen langen Streifen Papyrus zu verschlingen bemüht ist. Sigiboto reißt ihm die Hälfte aus den Zähnen und schickt den Gefangenen und seinen Papyrus an mich.

Siehe da: der Raubfisch erweist sich als ein zu Vadomar entlaufener Römer aus Avenches (er entlief vor Gaudentius, dem Steuereintreiber! was ich ihm nicht verdenken kann!), der des Königs Geheimschreiber ward. Und aus dem Papyrus erhellt (— o Schmach und Schande! —), daß Constantius, der an mich nicht schreibt — daß er — oh es ist empörend! (daher mich, den empörten „Empörer" stark entschuldigend!): — abermals, wie gegen die

Anmaßer Magnentius und Decentius, so gegen mich die Barbaren ins Land ruft, dieser Augustus!

Mag Gallien, mag das Abendland wieder Tummelplatz oder Beute der Germanen werden: — wenn nur ich erliege, wenn nur ich, von den Barbaren bedrängt, hier festgehalten werde, nicht ihm entgegenziehen kann, bis er hier erscheinen und im Bunde mit seinen Freunden im Bärenfell mich vernichten kann. Er aber kann dann die Helfer nicht mehr ausschaffen, die er hereingerufen: das haben wir erlebt. —

Der Papyrusfetzen enthielt ein Stück der Antwort des Alamannenkönigs auf ein Schreiben des Constantius: es lautet ... „so werde ich also, deinem letzten Auftrag gemäß, nicht ablassen, die Grenzen Galliens zu beunruhigen, auf daß der berühmte Wiedereroberer dieses Landes es unmöglich verlassen kann, ohne vor aller Welt die Verlogenheit dieser Prahlerei aufzudecken. Ich sende zunächst nur Raubscharen aus, die ich leicht verleugnen kann, bis ich einen neuen Bund von Königen zu stande gebracht habe. Dann aber zahlen wir ihm den Tag von Straßburg heim und besetzen dauernd das gallische Land. Zwar hast du mir schon, wie weiland Chnodomar, die Abtretung alles von mir zu besetzenden Gebietes versprochen: aber ich bitte doch, mir die feierliche Bestätigung zu schicken. Dafür hoff' ich dir bald den philosophischen Kopf dieses deines Cäsars zu senden, den du schlecht gezogen hast. Ich werde die Zucht nachholen. Als ich ihn sah, saß er zu Pferd: er sah aus wie ein Äffchen auf hohem Kamele ..."

Ich gestehe, dies letzte hat mich verdrossen, bitter geärgert! Warum? Vielleicht, weil wirklich die Reitkunst nicht meine vollkommenste Fertigkeit ist. Wie kommt aber der Germane dazu, jene beiden Tiere zu kennen? Freilich, er hat in unserm Dienst in Afrika gefochten. Warte,

Barbar, der Affe wird sich rächen! Er beißt und kratzt. — Ich plane etwas.

———

Triumph! Es ist gelungen! Wir haben ihn, den witzigen, scharfblickenden König. Nun lernt Er bei uns reiten: den Kerkerschemel. Ich sandte meinem klugen Sigiboto Befehl, von der Ergreifung jenes Boten streng zu schweigen und ein versiegelt Schreiben von mir sofort zu öffnen, sobald er König Vadomar wieder einmal auf dem linken Ufer antreffe.

Denn dieser kecke Barbar lehnte jede Verantwortung für die Streifereien jener Scharen ab (— die seien nicht von seinem Gau oder seien von ihm selbst gebannte Räuber! —) und verkehrte ganz unbefangen mit unsern Grenzwachen. So kam er denn bald wieder — mit nur Einem Ruderer — über den Rhein gefahren zu Sigiboto, Waffen (— gute römische Waffen! —) einzukaufen gegen Geld, das seine Leute gewiß kurz vorher bei uns geraubt hatten. Sigiboto erinnerte sich sofort meines versiegelten Schreibens, lud ihn, nach beendetem Handel, zu Tisch, öffnete einstweilen meinen Befehl, den er im Zelte liegen hatte, und — vollführte ihn ebenso rasch, indem er den König ergriff und für meinen Gefangenen erklärte. Gefangener eines Affen sein muß einen Germanenkönig schmerzen!

Alsbald ward er mir vorgeführt in Basel, wohin mich der Lärm jener Grenzkämpfe gerufen. Ich war ihm wenig gewogen. Aber ich muß sagen: dieser Barbar hat meinen Zorn entwaffnet durch seine unglaubliche — Schlauheit. Der Rothaarige hat eine solche Ähnlichkeit mit einem Fuchs (— du hast doch schon bemerkt, daß Menschen manchmal Tieren mehr ähneln als Menschen? —): die lang vorgestreckte Nase, das zurückgenommene Kinn, die listigen,

blitzenden gelben Augen, der steife kurze Bart und die
unerschöpfliche Fülle von Lügen und Ränken jeder Art: —
die Schlagfertigkeit seiner Antworten entwaffnete mich.

Er war doch wahrlich in übler Lage, als er in seinen
Ketten vor mir stand und ich ihn ansprach: „Ei, sieh nun
den Fuchs in den Händen des Affen."

Leicht zuckte es um seine Mundwinkel, als wollte er
sagen: „also das weiß er auch?" Aber ohne Bestürzung
und ohne Besinnen erwiderte er: „es ist ein Lob, einen
Menschen einen Affen zu nennen." — „Wieso?" — „Der
Affe berauscht sich nie zweimal im selben Getränk: aber
der Mensch immer wieder in Wein."

„Ich nicht." — „Aber in Ruhm! Dem Getränk, das
unersättlichen Durst weckt. Du, oh Imperator Augustus,
bist ein Trunkenbold des Ruhms."

Soll ich einen Kopf abschlagen, der solche Einfälle hat?
Es wäre doch Schade! Ich bin nicht blutdürstig wie der
fromme Constantius. Ich mußte lächeln. Mit drohendem
Finger entließ ich den Rotkopf. Ich werde ihn jenseit der
Pyrenäen irgendwo einbannen, weit genug weg von seinem
Rhein, ihn ungefährlich zu machen!

Er ist geistreich, dieser Germane. Wie mannigfaltig
doch sind sie geartet: Berung — Chnodomar — Serapion
— und nun dieser Fuchs Vadomar! Und wir begehen den
Irrtum, sie alle, wie etwa die Glieder einer Herde Rinder
oder eines Rudels Wölfe, einen gleich dem andern zu
rechnen. Steckt wirklich Zukunft in ihnen? Nein doch,
es paßt mir gar nicht in meine Hoffnungen.

Aber dieser reichsverräterische Imperator! — Wir
fanden einen Brief von ihm in Vadomars Wehrgurt ein=
genäht: abermals hat er (— in denselben Ausdrücken: —
er hat sie wörtlich abgeschrieben aus der Urkunde für
Chnodomar: wie geistlos! —) auch diesem Barbarenkönig

feierlich zugesagt, er solle alles Land in Gallien zu eigen behalten dürfen, das er mir werde abnehmen können! Diesen Brief des Constantius hab' ich in zahlreichen Abschriften aus Gallien nach Illyricum, Pannonien, Thrakien, Makedonien vorausgeschickt: er hat gar viele Leser zum Abfall von dem Verfasser bewogen!

Um den Schrecken zu verwerten, den die Gefangennehmung des kühnen Ränkeschmieds unter seinen Gauleuten verbreitet, entschloß ich mich, zum fünftenmal den Strom zu überschreiten. Ich nahm nur schwache Scharen germanischer und gallischer Söldner mit; in dunkler Nacht stiegen wir in die schwanken Kähne, stießen auf geringen Widerstand und zwangen den Bestürzten das Versprechen ab, fortab unverbrüchlich Gallien in Ruhe zu lassen: — sonst falle der Kopf ihres Königs. Zum Glück wissen die Barbaren nicht, wie ganz unmöglich mir es wäre, diese Drohung zu erfüllen. Ist es dem Germanenkönig zu verdenken, daß er, die reichsverderberischen Aufforderungen des Constantius befolgend, seine raub- und kampfbegierige Jugend auf römisches Grenzland losläßt, im geheimen Einverständnis mit dem Imperator selbst?

———

O dieser Imperator! Jetzt endlich (— gestern! —) traf seine Antwort ein: — aus Cäsarea in Kappadokien. Hier erst erreichten ihn meine Gesandten: — er war stets vor ihnen weiter östlich gewichen und viele Wochen hielt er sie hin, eh er ihnen zuerst mündlich, dann endlich schriftlich Bescheid gab, den sie mir nun überbrachten. In heftigstem Zorn (— obwohl einstweilen Monate verronnen waren, seit er die erste Nachricht erhalten —) wies er sie ab und alle meine Vorschläge. Wenn mir mein Leben lieb sei, solle ich sofort die dünkelhafte Anmaßung niederlegen und mich in den Schranken meiner Cäsarenwürde halten: auch soll ich mich sobald als möglich (— mit nur sechs Begleitern! —) in seinem Lager stellen und verantworten.

Das ist's. Die scheinbare Mäßigung, daß er mir die Cäsarenwürde beläßt, beruht nur darauf, daß er erst die persische Gefahr abwehren muß: — zöge er gleich wider mich, würde ihm Großkönig Sapor auf dem Fuße folgen bis Byzanz. Und so soll ich in seine Gewalt gelockt werden! Gewiß hat er bei der ersten Nachricht beschlossen, mich Gallus nachzusenden. So zwingt er mich, ihn aufzusuchen: aber an der Spitze meines Heeres. Gallien darf ich jetzt getrost sich selbst überlassen. Ich berief nun gestern — es ist Anfang Mai — alle hier in Paris versammelten Truppen, hielt eine große Heerschau ab, verlas zuletzt die Antwort des Constantius, ließ meine Gesandten mündlich berichten, was sie am Hof erlebt, und erklärte mich bereit, dem Befehle gehorsam, wieder in die Cäsarenwürde herabzutreten.

Aber brausend, ja, schon wieder drohend, scholl mir aus aller Mund der Ruf entgegen: „Nein, Juliane Imperator Auguste! Nach der Wahl des Heeres, der Provinz und bald des Reichs." Bisher trug ich nur eine Art Spielkrone, wie der Schiedsrichter bei einem Ringkampf; erst von jetzt ab trag' ich ein Diadem.

Ein paar Heerführer, die in schöner Treue an dem Imperator, der sie eingesetzt, festhalten, entließ ich ungefährdet, jeden in seine Heimat. Einen von ihnen, der allzukühn vor den Cornuti redete, wollten die Ergrimmten erschlagen: nur mit Mühe rettete ich ihn, indem ich ihn vor ihren Augen unter meinen eigenen Kriegsmantel zog. Dem elenden Florentius, dem Präfekten von Gallien, der mir als Cäsar jeden ergreifbaren Knüttel in den Weg geschleudert, mir als Imperator bei Constantius, zu dem er gleich aus

Lyon flüchtete, die schlimmsten Verbrechen vorgeworfen hat, schickte ich Weib, Kinder und Habe aus meiner Gewalt und aus Gallien nach.

———

Vor dem Aufbruch von Paris noch ein überraschender Besuch: Johannes der Mönch taucht plötzlich auf. Er erfährt in Rom, wohin er wieder aus Jerusalem zurückgekehrt war (welcher Unsinn: sein Leben lang zwischen zwei Gräbern hin und her zu pendeln!), das Geschehene, eilt sofort ohne Aufenthalt — immer barfuß! — über die Alpen, dringt bis zu mir in das Palatium, wirft sich mir zu Füßen und fleht mich an, den Purpur von mir zu schleudern, zur Rettung meiner Seele, zu bereuen und zu büßen.

Ich gestehe, ich ward ein wenig heftig. „Ich habe keine Zeit. Ich muß leider vorher das Reich retten, guter Johannes," erwiderte ich. Ganz unglücklich sucht er jetzt die Meinen auf in Marseille. Die Mutter ist so leidend, daß sie nicht reisen kann, schreibt Juliana. Ich wollte beide mit mir führen in den Feldzug. Aber sie sind am Ende sicherer in meinem Gallien als in des Constantius Asien.

———

Bevor ich aufbreche, werde ich der Kriegsgöttin Bellona Opfer bringen und ihren Willen erforschen — heimlich noch: ich darf nicht vor meinem Abzug die Bischöfe und andere Priester hier gegen mich aufreizen: sie würden mir die vielen Galiläer in meinem Heer irre machen: bisher gereichte mir zum Heile, daß Constantius ihnen als Arianer verhaßt ist. Daß ich nicht Arianer bin, das hab' ich ihnen wiederholt feierlich geschworen! Es ist kein Falscheid. Aber ich mußte neulich noch dem Gottesdienst am Epiphaniasfest in der Basilika beiwohnen. Ach ist es ein gutes

Werk, was so viel Heuchelei von mir verlangt? — Fürs Reich, für die Götter der Wahrheit — heucheln?

Heute drohte ein kleiner Unfall, der auf dem Feld der Übungen vor den Thoren mich betraf, die Keltä Petulantes zu entmutigen, Neugeworbne, die ich selbst die Schilde gebrauchen lehrte. Wie ich mit rascher Bewegung den Schild vor das Haupt schwinge, reißen die angenieteten Bänder, die Schildscheibe fällt zur Erde und nur das Band um den Oberarm und der Schildgriff haften mir am Arm und in der Hand. Erschrocken stutzten die Neulinge: ich aber rief: „ein gutes Zeichen: fest halte ich, was ich habe." Man muß die Zeichen nur günstig deuten, dann wirken sie günstig.

Gut fiel das Opfer aus. Die Göttin verheißt mir Sieg. Ja, aus dem Einen Stierzeichen bei der Opferung erkannte der Opferer, es werde gar nicht zum Kampfe mit Constantius kommen: es floß fast gar kein Blut.

O wenn es mir doch erspart bliebe, gegen Helenas Bruder das Schwert zu ziehen! Gerät er in meine Hände, — kein Haar soll ihm gekrümmt werden. Ich schwor es an dem Sarge der Geliebten, von dem ich gestern den thränenvollen Abschied nahm. Dem Schutz aller Götter hab' ich sie scheidend anempfohlen. Werde ich jemals die friedevolle, ihnen geweihte Stätte wieder schauen?

Ich habe beschlossen, meine gesamte Macht — nach Abzug der in Gallien zurückgelassenen Besatzungen — in drei Scharen zu gliedern: zwei kleinere sollen, die eine über den Mont Cenis, die andere südlich des Bodensees über Bregenz in Italien eindringen, und den Senat in Rom für mich gewinnen. Die dritte, die Hauptmacht, führ' ich selbst durch den Schwarzwald auf der alten Legionenstraße nördlich der Donau nach Pannonien, von da nach Byzanz und von da nach Asien, dem Kampf um die Weltherrschaft entgegen.

Und alle großen Götter ziehn mit mir!"

IV.

An den Iden des Mai des Jahres dreihunderteinundsechzig überschritt Julian in der That mit seiner Hauptmacht bei Basel den Rhein, zog, von den eingeschüchterten Alamannen nicht belästigt, durch den Schwarzwald nach Rottweil (Arae Flaviae), dann auf dem nördlichen Ufer der Donau hinab auf Passau und Wien. Er flog in Eilmärschen dahin, als gehe es sofort dem Feind entgegen!

Als oberhalb Wiens eine Stelle erreicht war, wo der Strom sicher zu befahren schien, schiffte er sich auf hier vorgefundenen Kähnen mit Serapion und breitausend Mann ein, während er etwa zwanzigtausend unter Jovian auf der Heerstraße nach Sirmium (heute Sirmisch oder Mitrowitz) folgen ließ.

Er ward auf der Fahrt wenig bemerkt, da er, gewähltere Speise nicht verlangend, mit der Kost seiner Krieger zufrieden, die Städte und Kastelle am Ufer nicht aufsuchte, sondern, weit ausbeugend, nach Kräften vermied Die finstre Nacht, der abnehmende Mond begünstigten die Heimlichkeit. "So schoß er mit Blitzesschnelle wie ein

feuriger Pfeil seinem Schicksalsziele zu", — schrieb bald
darauf der wackere Ammianus Marcellinus.

Schon am Abend des elften Tages erreichte er Bononia
(jetzt Bonostar), nur sieben Stunden oberhalb Sirmium.
Seinem Sterne vertrauend beschloß er einen Handstreich
auf diese starke Feste, obwohl seine Hauptmacht weit zurück
war. Noch in derselben Nacht sandte er eine rasche Schar
germanischer Reiter unter Sigiboto dem Friesen voraus,
die verwegen in die Stadt eindrangen, den Feldherrn des
Constantius, den trotzigen Lucilianus, in seinem Bett zum
Gefangenen machten und Julian zuführten.

Mit Staunen entdeckte der Überraschte die geringe Zahl
der Angreifer: da ihm Julian verstattete, nach römischer
Sitte seinen Purpur zu küssen, fühlte er sich seines Lebens
sicher und sprach hochfahrend: „allzuverwegen, Unvor=
sichtiger, wagtest du dich mit so schwachen Kräften in solche
Gefahren."

„Spare deine Warnung für Constantius," erwiderte
Julian. „Überließ ich dir den Saum meines Purpurs,
wollte ich dir dadurch nur die Angst benehmen, nicht,
dich zu meinem Ratgeber ernennen. Und du siehst sie eben
nicht, die ungezählten Helfer, die über meinem Haupt in
den Lüften schweben. Auf, allezumal, zu Pferd! Aurora
findet uns bereits in Sirmium."

Und wirklich gelang der tollkühne Streich! Sowie sich
die kleine Schar der weitgestreckten Vorstadt näherte, öffneten
sich die Thore der Festung: Besatzung und Bürgerschaft
zogen entgegen mit Fackeln, Kränzen und Blumengewinden
und begrüßten Julian als Augustus. „Noch ist kein Tropfe
Blutes geflossen," jubelte der, „und schon ist die Haupt=
stadt von Pannonien mein."

Und dies unerhörte Glück blieb ihm treu. Nun zeigte
sich, wie bitter verhaßt die Regierung des Constantius und

seiner Eunuchen gewesen war: überall empfing man Julian „wie ein glückbringend Gestirn".

Auf die bloße Nachricht von seiner Annäherung flohen die beiden Konsuln dieses Jahres, der Präfectus Prätorio Taurus und der Präfekt von Gallien, jener Florentius, den freilich das böse Gewissen scheuchen mochte, ohne an Widerstand zu denken mit stets gewechselten Postpferden Hals über Kopf über die julischen Alpen auf und davon nach Italien. Aber auch aus Italien, aus Rom flüchteten diese zur Verteidigung Berufenen, sobald die erste Heerschar Julians den Po überschritten hatte: Rom und ganz Italien, sogar Sicilien, fiel widerstandlos dem kühnen Angreifer zu: eine Wiedererhebung in seinem Rücken, in Aquileja, ward bald unterdrückt.

Julian selbst eilte unaufhaltsam weiter: von Sirmium aus, wo er das Eintreffen seiner Hauptmacht erwartete, zog er gen Süden, bemächtigte sich durch den weit nach Osten vorausgeschickten kühnen Franken Nevitta der wichtigen Pässe von Succi an der Grenze Niedermösiens und Thrakiens (jetzt Serbiens und Rumeliens, zwischen Sofia und Philippopel) zwischen Hämus (Balkan) und Rhodopegebirge (heute Despotodag), von wo er das innere Dakien, andererseits Thrakien überschaute: die Bewachung dieser wichtigen Stellung vertraute er jenem Franken, dem hierbei eine hübsche Kriegslist glückte. Den einzigen Weg zu der schwer zugänglichen Paßhöhe von Succi sperrte vollständig das Castellum des Mars Defensor; der Befehlshaber schickte eine Kohorte der Besatzung — isaurische Söldner in deren eigenartiger Waffentracht: — Spitzhelme, Langschilde, Beile statt der Speere — auf Kundschaft aus gegen die anbringenden Vorscharen. Nevitta überraschte diese unvorsichtigen Späher in ihrem Nachtlager so völlig, daß sie sich ohne Widerstand ergaben. Er steckte nun sich und zweihundert seiner Germanen in die isaurischen Waffen, zog, im noch halbdunkeln Morgendämmer, vor die Thore des Kastells, Einlaß verlangend und sichere Nachricht von dem Feind verheißend: er ward ohne Bedenken eingelassen und das Kastell und der wichtige Paß waren ohne Blutvergießen gewonnen. Von da flog Julian vorwärts, südlich nach Naissus (Nissaz in Serbien). Erst hier machte er Halt, um, vor weiterem Vordringen nach Thrakien in den Osten hinein, Erkundigungen über den Gegner einzuziehen, von dem man nur wirre, widerstreitende Gerüchte vernommen hatte.

Eines Abends lud hier der Imperator die beiden Freunde, Jovian, den er zum Magister Militum ernannt, und Serapio, der jedes römische Amt abgelehnt hatte, in sein Gemach. Sie fanden ihn in freudigster Stimmung.

„Hast du schon wieder, ohne Schwert zu ziehen, eine Feste gewonnen?" fragte Serapio. „Zwei!" lachte Julianus. „Ich habe zwei Briefe geschrieben, die mehr wert sind als zwei Siege." — „Was für Briefe?" fragte Serapio. „Zwei Rechtfertigungsschreiben . . ." — „Das war allerdings schwer," sprach Jovian ernsthaft. „Nach seinen bisherigen Erfolgen," lächelte Serapio, „ist es schon erheblich leichter geworden. Und ist erst Constantius vernichtet, dann wird es so leicht sein, daß es gar nicht mehr nötig ist." — „Spötter! Ich sage dir: dieser Brief da an die Bürger meiner geliebten Stadt Athen wird noch bewundert werden, wann mancher meiner Siege vergessen ist. Da, lest. Oder nein: ich werde euch vorlesen. Das bringt die Feinheiten besser zur Geltung." Als er zu Ende war, sprachen beide Hörer ihren Beifall aus.

„Das ist gut," meinte Jovianus bedächtig, „ohne Schonung der Gegner, aber auch ohne Schmähung, —

wahrheitgetreu." „Ruhig und maßvoll," schloß Serapio. Ungeduldig warf Julian den Papyrus fort. „Ach, ihr Thoren! Nicht um den Inhalt handelt es sich mir. Zumeist doch um die Form. Und die ist ... — nun, ein Meisterstück."

Jovian sprach: „mir ist es um den Inhalt: um deine Rechtfertigung." Heftig entgegnete der Briefschreiber: „Unleidlich! Du siehst ja doch jeden Tag an meinen Erfolgen, daß die Götter mir beistehen! Wie könnte ich im Unrecht sein?"

Serapion erwiderte kopfschüttelnd: „wie gefährlich ist doch auch dein Aberglaube! — Nicht minder als der der Christen. Hast du bei Straßburg gesiegt, weil du im Rechte warst? Nein, durch deine klug gesparten Verstärkungen und durch des guten Chnodomar Verranntheit und blindes Vertrauen auf seinen Aberglauben."

„Freund," meinte Julian: „über all diese Fragen müssen wir einmal grunderschöpfend verhandeln. Jetzt hört meinen zweiten Erlaß: den an den Senat zu Rom." Und er begann, vorzulesen; im Verlauf ward er immer rascher, hastiger, heftiger, leidenschaftlicher: seine Augen funkelten, seine Nasenflügel zuckten, seine Worte überstürzten sich: am Schluß außer Atem sprang er auf und rief: „Nun, ist das nicht herrlich? Hab' ich's ihnen nicht beiden tüchtig gegeben, Constantius und auch dem großen Constantin?" „Schicke das nicht nach Rom, ich bitte dich," sprach Jovian. „Und warum nicht?" fragte der Verletzte gereizt. „Es sind Wendungen darin, deren sich Libanius selbst berühmen dürfte!" — „Es ist Eine Wendung darin, die sehr mißfällt. Denn du wendest dich darin ab vom Recht und ins Unrecht. Statt dich zu rechtfertigen —"

Julian biß die Zähne zusammen.

„Spielst du nicht nur den Ankläger, — nein, auch

gleich den Richter deines Feindes. Laß doch das Urteil über euch beide dem Senat, der Mitwelt, der Nachwelt!" „Und du, Serapio, du schweigst. Was denkst du?" fragte der Verstimmte. „Ich denke, wie ungerecht dein Vorwurf gegen Constantinus ist." — „Wie? Der, daß er massenhaft Barbaren, zumal auch Germanen, in alle höchsten Ämter des Staates für Krieg und Verwaltung eingeschoben hat?" — „Oh Julian, und was thust du? Gallien hast du Dagalaif dem Salier und Gomo dem Uferfranken anvertraut, hier den Paß von Succi — deine wichtigste Stellung — dem Chamaven Nevitta als Magister Equitum, der Alamanne Agilo und Immo der Juthunge haben dir Aquileja wieder erobert, der Markomanne Garizo, Sigiboto der Friese, Ekkard der Quade sind ganz wie Hippokrenikos zu Tribuni deiner Leibwächter befördert, und daß ich nicht auch Magister Equitum bin, ist nicht dein Verdienst. Constantin hat uns sowenig freiwillig gerufen wie du: wir sind euch schon längst unentbehrlich in Krieg und Frieden. Darüber würde ich nachdenken, wäre ich Imperator dieses Reiches, nicht darüber, ob Helios im siebenten oder im neunten Himmel wohnt. Solang ihr stark genug wart, unsere Kräfte für euch zu verbrauchen, ohne den Staat auf uns zu bauen, solang ihr uns verrömern konntet, war es ein ganz schlau Geschäft: tausend Germanen, die ihr an der Grenze aufnahmt in euren Dienst, waren tausend Feinde weniger und tausend Schirmer mehr. Aber seid ihr dazu noch stark genug?"

„Jawohl! Und werden's ewig bleiben."

„Dieser Hochmut wenigstens, diese Verblendung — mögen sie euch bleiben! Aber freilich: auch wenn ihr die Gefahr erkenntet: — ihr könnt gar nicht mehr anders handeln. Nur deshalb deck' ich sie dir auf." Unwillig fuhr Julian auf: „Also glaubst du wirklich, das Römerreich wird jemals euch Germanen unterliegen?" Der Gefragte zuckte die Achseln: „Das, o Freund, würden nur die Götter wissen, wenn es welche gäbe. Verdient hättet ihr's wirklich schon lang. Aber — und damit stehen wir wieder am Anfang dieses Gesprächs: — nicht Recht und Tugend entscheiden den Ausgang solcher Kämpfe." „Sondern was . . .?" forschte Jovian. — „Sondern eine von uns unübersehbare Vielheit von weit zurückliegenden großen und kleinen Ursachen, die wir alle zusammenfassen in dem abkürzenden Ausdruck: die Notwendigkeit." „Das ist trostlos," meinte Jovian. „Gottlos ist es!" schalt Julianus.

„Wenigstens götterlos. — Aber lassen wir's für heute. Eure Ausrufe zeigen: ihr seid noch immer nicht hart genug gehämmert durch das Leben und nicht furchtlos genug gegenüber der unerbittlichen Wahrheit, um meine Sätze zu ertragen. Kommt, es ist schwül in dem engen Gemach. Und Freund Julians Schläfe glühen, teils vor Vaterfreuden an seinen Briefen, teils vor Unwillen gegen mich. Komm noch hinaus in die kühle Nachtluft. Es wird dir gut thun!"

„Ja," sprach Julian, sich erhebend, „gehen wir! Wandeln wir durch die Gassen des Lagers vor der Stadt, wieder einmal unerkannt die Gespräche der Leute am Wachtfeuer zu belauschen." Und er warf einen schlichten Soldatenmantel um.

„Er weiß, sie loben ihn meist," meinte Jovian, sich ebenfalls verhüllend. „Nur deshalb thut er's ja," lächelte Serapio, beiden folgend. Da wandte sich Julian rasch und reichte ihm die Hand: „nun ja, es ist wahr, ich höre mich gern loben. Aber sprich, kann ich nicht auch herbe Wahrheit ertragen?" — „Ja, Freund Julian, denn du bist nicht kleinen Geistes. Sonst wär' ich nicht hier," antwortete der Germane, fest die gebotene Rechte drückend.

V.

Alsbald schritten die drei Freunde durch die engen Lagergassen, in welchen zu so später Nachtstunde nur wenige Leute mehr zu finden waren; die meisten schliefen bereits in ihren Zelten.

Aus einem derselben aber in einem abgelegenen Winkel der Via Quintana schimmerte noch Licht durch die Öffnungen der Zeltvorhänge von gröbstem Segeltuch, und als die drei Männer leise näher schlichen, vernahmen sie mehrere Stimmen: lebhaft wurde da drinnen gestritten in der allgemeinen Sprache des Lagers: dem Vulgär=Latein. Vorsichtig lugten die Lauscher hinein: da saßen auf dem dichten Stroh einige Männer in eifrigem Gespräch: von der Spitze der Zeltstange in der Mitte hing an einem Lederriemen eine matt glimmende Ampel herab, die spärlich den engen Raum erhellte. Deutlich übersahen aber doch die Späher die Streitenden. Es waren vier Krieger der Cornuti.

„Es ist, wie ich euch sage," begann aufs neue der eine von ihnen, den der runde Schädel, die dunkle Farbe von Haar, Haut und Auge als Sproß Italiens kennzeichneten. „Er ist ein Sohn Apollons. In Gestalt eines goldnen Gusses von Sonnenstrahlen nahte der Gott Frau Jrenen, als diese einsam am Meeresstrande dahinwandelte: und sie gebar ihm unsern Imperator. Deshalb ja verehrt er mehr denn alle andern Götter den unbesiegten Sonnengott Apoll. Deshalb gewährt ihm dieser Sieg in allen Schlachten, wie ihr's ja mit erlebt, Glück auf allen seinen Wegen und den leuchtenden Blick, der ihm die Seelen der Menschen gewinnt."

Der Mann zu seiner Linken machte mit leisem Grauen

das Zeichen des Kreuzes über der bleichen Stirn und dem Panzer: „Die Heiligen mögen uns behüten! Welch frevle Rede! Da wär' er ja ein Sohn des übeln Höllendämons. Der Bischof meiner Vaterstadt Antiochia hat es gepredigt: ich hab' es selbst gehört: Apollon ist Lucifer, der Bringer des Lichts und alles Unheils. Glaubte ich das, — heute noch verließ ich seine Fahnen. Was sagst du dazu, Simon? Bist ja ein scharfer Kopf, ein halber Gelehrter!"

Der Angeredete schmunzelte wohlgefällig und rieb die scharf gebogne Nase: „Nu, ist's meine Schuld, daß ich nicht bin geworden ein Ganzer? Gar fleißig lernte ich bei dem Rabbi zu Gazza! Auswendig hatte ich gelernt die Hälfte von seinen Rollen, die hebräischen und die griechischen aus Alexandria! War es meine Schuld, daß kamen auf einmal in der Nacht die römischen Kriegsknechte auf der Suche nach einem jüdischen Mann, der sollte gelästert haben den — nu ihr wißt schon — ich nenn' ihn nicht gern! — den von Golgatha — fanden ihn nicht, und verbrannten in ihrem großen Zorn die Schule und alle Bücher, auch die ich noch nicht hatte gelesen! Und weil ich die guten Rollen hatte wollen schützen vor ihrer Wut, schlugen sie mich, — grausam schlugen sie mich! — und rissen mich mit sich fort, gebunden, vor ihren Kriegsobersten. Der lachte und sagte: „wähle, Jud'! Kopf ab, weil du hast trotzen wollen dem Imperator (— Gott du gerechter, wer bin ich, zu trotzen dem großmächtigen Imperator? —) oder — du hast ja starke, gesunde Knochen — diene dem Imperator mit dem Speer. Wähle." Wie heißt wählen? Nu, ich wählte! Den grauslichen Speer hab' ich gewählt! Und so bin ich denn geblieben a halber Gelehrter und geworden a halber Held."

„Nun so sage, was hältst du von des Cäsars göttlicher Abkunft?" wiederholte der Christ. „Was ich dervon halt?

Was werd' ich dervon halten! Nix halt ich dervon." — „Da hörst du's, Torquatus! Da hast du's mit deinem Apollo!" „Frohlocke nix, Christophore!" unterbrach der Jude. „Denn warum halt ich nix dervon? Weil es arge Gotteslästerung ist und arger Greul vor dem Herrn, von Gott zu sagen, daß er zeuge wie ein Mann oder wie ein Stier. Und weil, weil nur Ein Gott ist, nicht zwölf! Aber auch nicht drei! Und weil Gott der Herr nicht hat einen Sohn, sei er nun gezeugt durch einen Sonnenstrahl, Torquate, oder, Christophore, durch einen Taubenvogel. — Nicht! Nicht mich schlagen, Torquate! Gewalt! Gewalt! Schläge sind nicht Gründe. Hilf mir doch, Sigbrand, hilf, Sachse, du langer."

Da warf der Vierte, der bisher geschwiegen hatte, die mächtige Sturmhaube aus Büffelleder, aus welcher er soeben einen ganzen Strom Rotwein geschluckt hatte, zu Boden, wischte sich den feuerroten Bart und hielt den gewaltigen nackten Arm über den Juden: „laßt mir den Klugen in Ruhe. Zwei gegen einen? Schämt euch. Er hat recht in dem einen: das mit dem Sonnenstrahl und das mit dem Tauberer, — das ist dumm. Will ein Gott sich einen Sohn zeugen, hei, da thut er es selbst, braucht dazu keinen Sonnenstrahl und kein Federgeflügel. — Was verziehst du das Maul, Jude? Was zuckst du?" — „Wehe, weh geschrieen! Was redest du da von einem Gott und einen Sohn zeugen?" „Wie, du Hund?" schrie der Riese und packte seinen Schützling am spitzigen Bart. „Ist Sassenot vielleicht nicht Wodans Sohn? Sag' nein, trau dir! und dein kluges Hirn spritzt im Zelt umher." — „Ja, ja doch! Wie wird er nicht sein, was du so laut sagst? Und so deutlich! Ich kenn' ihn nit, den Sassenochs! Er soll sein was de willst —! Da! Nu hab' ich auch nur noch den halben Bart zu der halben Gelehrtheit."

„Haltet Friede!" sprach Christophoros. „Nicht mit Gewalt soll man aufzwingen den Glauben, der von selbst kommen muß. So spricht Julianus unser Imperator. Er schützt Christen und Heiden wider Verfolgung." „Jawohl," grollte Torquatus. „Hätten doch auch eure Bischöfe hiernach gethan seit Constantin! Aber verbrannt haben sie unter Constantius unsere Haine, sobald —" „Sobald man die Bischöfe selbst nicht mehr verbrannt hat," schloß der Jude. „Nu, etwas muß doch immer brennen bei euch anderen, euch Gewaltmenschen."

„Überzeugen soll man die Ungläubigen," begann Christophoros aufs neue. „Kommt, laßt jeden von uns von seinem Gott die stärksten Zeichen der Macht erzählen, die er weiß: und wessen Gott die größten Kräfte bewiesen hat, an den sollen auch die andern glauben. Fang' an, Sigbrand." „Fällt mir gar nicht ein!" erwiderte dieser, die schon halb leer getrunkne Amphora neigend, die am Eck des Zeltes lehnte, und sich wieder die Sturmhaube füllend. „Schwatzt ihr nur! Seid ihr zu Ende, werd' ich entscheiden. Ich weiß doch im Voraus, wessen Gott der stärkste ist." „Nu, welcher is es?" forschte neugierig der Jude. — „Der meine, Wodan."

„Und warum, wenn man darf fragen?" spöttelte Simon. „Warum? Weil ich euch alle drei miteinander aus diesem Zelte werfe, wenn ihr den nicht als den stärksten anerkennt. Er ist stärker als eure Götter, weil ich stärker bin als ihr. Und ich bin stärker als ihr, weil ich sein Enkel bin: wessen Enkel immer ihr sein mögt." Er sprang auf und machte Miene, das Zelt zu verlassen.

Hurtig eilten draußen die drei Lauscher hinweg. „Nun," lachte Serapio, als sie außer Hörweite waren, „ich habe schon manches Religionsgespräch mit angehört, in Mailand, in Rom, in Jerusalem, in Memphis. Aber bei keinem Priester hab' ich solche Logik gefunden! Und einen so schlagenden Beweisgrund. Diesen Sigbrand merk' ich mir: ich nenn' ihn fortab „den Theologen". Gute Nacht! Schlaft beide wohl. Und leitet eure Schlüsse aus dem Gehörten."

„Wohin noch so spät?" fragte Jovian. Aber Serapio war schon im Dunkel verschwunden. „Laß den!" erwiderte Julianus. „Es ist seine Art so. Stundenlang wandelt er nachts einsam und schaut in die Sterne."

— — —

VI.

„An seinen geliebten Lehrer Lysias, den Oberpriester des Apollo, Senator zu Byzanz, Patricius und Comes Consistorianus, Julianus Imperator Augustus, unbefleckt von Blut!

O mein Teurer! Wie hast du doch so ganz die Wahrheit aus deinen Sternen gelesen, als du dem Knaben Julianus verkündetest, er sei ein vor allen bevorzugter Liebling der Götter! Ich schreibe dir dies aus Byzanz, ich schreibe dir als der einzige Imperator des Römerreichs, anerkannt in allen drei Erdteilen, von allen Heeren, in allen Provinzen. Constantius ist tot und nicht ein Tropfe Blutes floß dabei!

Ah, was ich in meinen kühnsten Wünschen kaum zu hoffen, was ich zu den Göttern kaum im Gebet zu flüstern mich unterfangen: „unblutigen Sieg", — sie haben mir's in überschwänglichster Vollkommenheit gewährt. Eine Priesterin der Athene zu Sirmium hatte mir „unbefleckten Sieg" verheißen: — aber ich hatte die Erfüllung des Spruches in vollstem Sinne zu hoffen nicht gewagt. (Seit ich Gallien verlassen, bring' ich den Göttern offen Opfer dar. Ach, wie wohl thut solche Erlösung von der Heuchelei!)

Ich schrieb dir, wie ich nach kurzem Verweilen von Naïssus aufbrach, den Gegner in Asien aufzusuchen. Aber schon auf dem Weg an die Grenze Thrakiens flog mir das unverhoffte Glück wie auf Flügeln der Iris entgegen! Unsere Vorhut stieß auf einen Reiterzug, der mich aufsuchte. Brausendes Jubeln aller Scharen, durch welche diese Boten mir entgegenkamen, verkündete im voraus eine große Freude: aber nie hätte ich die Wirklichkeit solches Glückes geahnt.

Es waren zwei Comites des Constantius, seine vornehmsten Feldherren, Theolaif und Aligild (Germanen, wie leider auch fast alle meine besten Anführer!), die, an der Spitze der Ersten des Heeres und des Hofes meines Gegners mir entgegeneilten. Sobald sie meiner ansichtig geworden, sprangen sie ab, warfen sich vor und neben meinem Roß auf die Kniee, faßten meine Hände und riefen mir zu: „Juliane Auguste Imperator, durch des Himmels Fügung einziger Beherrscher des Römerreichs! Unser armer Herr Constantius ist nicht mehr. Und unser ganzes Heer, sein Hof, sein Lager, alle Provinzen, die er beherrschte, haben in einstimmiger Wahl dich, den letzten der Constantier, den Helden, der Gallien dem Reiche wieder gewann, als Imperator anerkannt, zum Nachfolger des Constantius gewählt."

Ich war so erschüttert, daß ich fast vom Pferde geglitten wäre. Geraume Zeit bedurfte ich, bis ich mich genug gesammelt hatte, näheren Bericht zu vernehmen. Constantius war an die persische Grenze gezogen, — endlich! — wieder gut zu machen, was er und seine Feldherren hier länger als zwei Jahrzehnte hindurch vernachlässigt, verschuldet hatten. Haben doch die Feinde dort solche Fortschritte gemacht, daß meine nächste Sorge dem Tigris, nicht dem Rheine wird gelten müssen. Sapor der Perserkönig war, kurz bevor Constantius zu Edessa von meiner Erhebung erfuhr, zurückgewichen: — aber wahrlich nicht vor Constantius, sondern dringend abgerufen durch Einfälle der wilden Massageten in seine Ostprovinzen.

So konnte mein Gegner, des Angriffs der Perser entledigt, daran denken, mich zu vernichten. Zu diesem Zweck abermals unsere ganze Grenze dort zu entblößen, besann er sich keinen Augenblick. Er zog alle Streitkräfte in jenen Landschaften an sich, kehrte Persern und Parthern den Rücken und eilte mir entgegen. In Hierapolis auf dem Wege nach Antiochia forderte er in großer Truppenschau die Seinen auf, den undankbaren Empörer abzufangen „wie einen Eber auf lustiger Jagd". Denn er sprach immer nur von „fröhlichem Jagen auf das Cäsarlein!" Von meinen bescheidenen Vorschlägen und Bitten ließ er nichts verlauten. Er brannte vor Begier, mich zu verderben: hastig sandte er die Reiter und (— auf Wagen! —) leichtes Fußvolk voran.

Aber böse Vorzeichen und schwere Träume quälten ihn schon zu Antiochia: — gerade zu derselben Zeit, da meine Götter mich wiederholt im Traum des Sieges versicherten. (Ein solches Zusammentreffen genügt doch allein schon, das Dasein der Götter zu beweisen! Serapio zuckt dazu freilich lächelnd die Achseln.)

Ach leider können oder wollen die Götter nicht jede böse That verhüten! So haben sie auch geschehen lassen, daß wir beide, o Lysias, durch häßlichste Grausamkeit einen teuren Freund verloren haben: unsern Philippus! Die Gesandten erzählen: schon bei der Nachricht von meiner Erhebung habe Constantius den Sternkundigen unter wütendem Zornausbruch verhaften lassen, und schon damals hätte er ihn getötet, aber der Mutige (— er soll ihm geweissagt haben, der Cäsar Julian werde Gallien nicht mehr verlassen —) erwiderte ihm: „Wart' es doch ab. Julian ist noch in Gallien."

Als jedoch nun die Kunde eintraf von meinem Vordringen bis an den Ister, von dem Falle Sirmiums, — da sprach Constantius, von dem Ober-Eunuchen gehetzt, das Todesurteil aus über den klugen Mann, der ihm aus den Sternen vorgelogen habe. Lächelnd ließ ihm Philippus sagen: „die Sterne haben nicht gelogen und nicht Philippus: nicht der „Cäsar", der „Imperator" Julian hat Gallien verlassen. Unrecht also thust du, mich zu strafen; aber dafür bist du der Imperator. Als letzte Gnade erbitte ich mir, der ich dich aus so mancher Todeskrankheit gerettet habe, mir die Todesart selbst wählen zu dürfen."

Das bewilligte ihm Constantius, obwohl Eusebius dringend verlangte, vorher dem armen Buckeligen auf der Folter seine wirksamsten Heilmittel abzufragen. Als Rache sandte der Arzt ihm eine Phiole mit dem Zettel: „das tötet rasch und schmerzlos. Ich wählte dies Gift und schenke dir den Rest: verwahr' ihn wohl: du brauchst ihn bald, sagen die niemals lügenden Sterne. „Euthanasia", leichter Tod, ist den Sterblichsten das zweithöchste Gut! Das höchste ist: gar nicht geboren zu sein. Ich gehe ein zum Frieden: — das heißt zu „Irene"."

Er starb zu Antiochia, das Wort „Irene" auf den Lippen. — Irene, ... es ist auch der Name meiner Mutter; sie waren befreundet von Jugend auf. — Tief dankbar, gerührt denk' ich des treuen Freundes.

Nach diesem Mord — so berichteten mir die beiden wackern Germanen mit wahrem Abscheu! — beriet Constantius gar oft mit Eusebius und seinen neuen Ärzten

(— darunter Niger! —), in welcher Weise er mich, nachdem ich gefangen, am langsamsten und qualvollsten den Tod erleiden lassen könne. Denn daß er mich überwinden werde (— wie bisher freilich alle inneren Feinde! —), daran zweifelte er nicht.

„Aber Zeus," sagt Sophokles, „liebt nicht den Sprecher großer Worte." Denn des Philippus Weissagung sollte sich rasch erfüllen an Eusebius. Alsbald nach dem Aufbruch aus Antiochia — Ende Oktober — erkrankte Constantius zu Tarsus in Kilikien: reuevoll rief er jetzt nach dem Arzt, dem Helfer! Mit Anstrengung schleppte er sich noch nach dem nur wenige Meilen entfernten Mopsukrene am Fuße des Taurus, starb aber hier alsbald — am fünften Oktober — an einem hitzigen Fieber unter den Tröstungen eines arianischen Bischofs.

Vierundvierzig Jahre hat er gelebt (— das dünkt mich schon ein hohes Alter! —), vierundzwanzig Jahre hat er geherrscht! Und was hat er gethan in all der Zeit für die Unsterblichkeit? Alexandros hatte mit dreißig Jahren die Welt erobert. Ich habe bis dahin noch drei ganze Jahre vor mir. Die Welt werde ich nun zwar nicht erobern in dieser Frist: aber das Reich erneuen und die Götter!

Nun entstand unsagbare Verwirrung in dem führerlosen Heer: alsbald erscholl das Gerücht, der Perserkönig, der schnell jene massagetischen Räuberscharen verscheucht, habe bereits Nachricht von der Verwaisung des römischen Ostreichs und schon rücke der Gefürchtete in Eilmärschen an die Grenze.

Was nun thun? Ausgezogen war das Heer des Constantius, mich zu vernichten, in seinem Dienst. Er war nicht mehr. Für wen sollten sie jetzt gegen mich kämpfen? Oder sollten sie umkehren und erst den äußern Feind abwehren. Aber unter wessen Führung? Die Wahl eines Nachfolgers des Constantius war unvermeidlich. Da entfaltete Eusebius die ganze Kunst seiner Ränke. Himmel, Erde und Hölle setzte er in Bewegung, vor allem die Stimmen von mir abzulenken, die sich gleich von Anfang zahlreich erhoben.

Er wollte seinen Vetter durchsetzen, jenen Barbatio, dem angeblich der Verstorbene den Purpur bestimmt habe. — Doch war keine Aufzeichnung hierüber zu finden. Und man hatte wohl genug am Hof und im Heer von seiner und der andern Eunuchen Vorherrschaft seit so vielen Jahren. Die Feldherren beriefen eine allgemeine Versammlung der Truppen, und kaum hatte der Comes Gomohar (wieder ein Germane!) meinen Namen genannt, als plötzlich das ganze Heer jubelnd in den Zuruf ausbrach: „Julianus Imperator Augustus!"

Wie damals zu Paris! Wer erkennt hier nicht dankbar, fromm, in ehrfurchtvoller Scheu, das Walten der Götter, die den weiten Himmel bewohnen, der sich von Gallien bis nach Kilikien dehnt? Zwar soll auch der heilige Geist der Galiläer solch einmütige, plötzlich ausbrechende Begeisterung bewirken: aber er wäre doch ein allzuwenig scharfblickender Geist, hätte er mich vorgeschlagen!

Da nun aber Eusebius, trotzig und herrschaftgewohnt, nicht nachgeben wollte, vielmehr in die heftigsten Schmähungen gegen mich ausbrach, ergrimmten die Leute gegen den langverhaßten Eunuchen, verfolgten den Fliehenden bis an sein Haus und brohten ihm qualenvollen Tod: als sie die Thür erbrachen, trank er aus des Philippus Phiole und starb sofort.

Das Heer jedoch beschloß vor allem, dem drohenden Bürgerkrieg zuvorzukommen, stehen zu bleiben, wo es stand, um nicht zu weit von der Persergrenze sich zu entfernen, mir aber durch jene Gesandtschaft seine Huldigung zu überbringen. Von nun an verwandelte sich meine Heerfahrt gegen Byzanz in einen Triumphzug! In allen Städten und Dörfern auf meinem Weg über Philippopel, Hadrianopel, Perinthus ward ich mit Jubel begrüßt: auf bekränzten Schiffen fuhren sie mir auf dem Hebrus entgegen. Aus Byzanz aber strömten mir Tausende (— viele kannten mich von meinem früheren Aufenthalt daselbst —) bis nach Perinth entgegen (— das sind über fünf Stunden! —) und holten mich unter nicht endendem Jubel in die Hauptstadt ein. Das war an den Iden des Dezembers im zweiten Jahre meines Imperiums.

Meine erste Pflicht galt der gebührenden Bestattung meines toten Feindes, Vetters, Schwagers (— o wie wird sich Helena in ihrer Verklärung freuen, daß ich nicht das Schwert mit ihm kreuzen mußte! —). Feierlich ließ ich die Leiche durch meinen Magister Militum Jovianus aus jener ersten Ruhestätte abholen: in ehrenvollstem Geleit ward sie zu Byzanz bestattet in der Basilika der Arianer. Ich selbst, im Privatgewand, in Trauerkleidung, schritt als der erste Leidtragende hinter seinem Sarg; und die Thränen, die ich dabei vergoß, waren nicht erheuchelt: galten sie auch nicht dem Toten, — sie flossen um der Menschheit allgemeines Weh! Und ach, um Helena!

———

Nun aber ward dem Toten sein Recht: — nun soll im vollen Maß ihr Recht den Lebendigen werden!

Was eines Menschen, eines Herrschers Wille, Liebe, Kraft, Begeisterung leisten kann, sein Volk zu beglücken, — das soll geschehen: — allen Göttern gelob' ich's. Und ich fühl's: sie werden mir beistehen.

Aber auch du steh' mir bei, mein geliebter Lehrer! Komm, eile, fliege (— jetzt können die Verehrer der alten Götter wieder sicher reisen durch das ganze Reich der Römer! —), komm sofort zu mir nach Byzanz: du mußt mir helfen bei dem schwierigen Werk, die Götter zu erneuen, ohne irgend die Galiläer zu verfolgen: denn niemals werd' ich solches dulden. Edler Sinn, der selbst unterdrückt war, wird nie unterdrücken: er kennt das Unrecht und den Schmerz.

Wohl weiß ich (— schmerzlich hab' ich's aus deinem Schweigen wie aus deinen spärlichen, kurzen Briefen gefühlt! —), uns trennen immer noch die alten Abweichungen in der Auffassung der Götter. Aber ich hoffe und vertraue, nein, ich weiß gewiß: — du wirst mich verstehen lernen, du wirst meine Lehren selbst annehmen und sie mir verbreiten helfen über den römischen Weltkreis. Du wirst vor allem die so äußerst schwierigen Maßregeln in Behandlung der Galiläer mir raten, vorschlagen und (— nach meiner Genehmigung —) ins Werk setzen.

Du aber wirst mir auch die erfreulichere Hilfe leisten, die Tempel der Götter wieder zu erschließen, die verlassenen Altäre zu bekränzen, den Olympiern wieder aus duftender Schale zu sprengen! Schon seh' ich den Tag, da ich hinter dir (— wie damals! —) den steilen Pfad zum Kapitol hinansteige, gefolgt von den vestalischen Jungfrauen, und dem Jupiter des Kapitols das erste Opfer bringe.

Das ist der Lohn, mein Lysias, den ich dir zugedacht: ich kenne keinen höheren, wie ich selbst nicht den imperatorischen Purpur für meine höchste Ehre halte, sondern daß ich Pontifex Maximus meinem Reiche bin und Archon des Orakels des didymäischen Apoll. Zum obersten Priester deines Gottes, des Apollo von Heliopolis, zum Patricius, zum Senator meiner zweiten Hauptstadt und zum Gliede

meines geheimen Rates, zum Comes Consistorianus, er-
nenne ich dich hiermit zugleich. Aber was bedeutet das
gegen den Titel: „Lysias und Julian, die beiden Erneuerer
der Götter!" Ich schließe, trunken vor Seligkeit."

VII.

Als Lysias in seinem Schreibgemach zu Hermopolis in
Ägypten diesen Brief gelesen hatte, warf er ihn grimmig
zur Seite und sprang auf mit einem Fluch.

„Beim Tartarus! Es ist unglaublich! Die Undank-
barkeit, die Vermessenheit, die Thorheit dieses Knaben im
Purpur! Alles und jedes verdankt er mir. Das er-
loschne Leben hab' ich dem fiebernden Schwächling zweimal mit sorgender Hand erhalten! Versunken lag er in
den dumpfesten, schmählichsten Aberwitz des Christenwahns:
ich allein hab' ihn emporgehoben zu den Göttern aus
dem blöden Kirchenglauben des Johannes; einen Knecht,
ein hoffnungloses Opfer jenes Abtes, hab' ich ihn aus dem
Kloster, — wo er geistig wie leiblich gefangen saß, befreit.
— Ich brachte ihm Homer, Hesiod, die Götter, ich lehrte
ihn die Laster der heuchlerischen Christenpriester durchschauen, ich brachte ihm Rom und das Kapitol, ich brachte
ihm das Schöne, das Gute, das Wahre!

Ewige Sterne, untrügende, haben's mir verkündet,
daß meines einzigen geliebten Kindes Los unscheidbar mit
dem seinigen verknüpft ist, daß eine Helena seine Gattin
wird und Herrscherin im Römerreich, daß mir, dem
Sprößling der alten Könige und Priester Ägyptens, der
Pharaonen und der Ptolemäer, von ihm die königliche

Statthalterschaft über mein altes Heimatland verliehen werden wird.

Und er? Was thut er? Bei erster Gelegenheit vergafft er sich in eine Fremde, so daß ich mein Kind schleunig aus seinen Augen flüchte, bis diese Thorheit verflogen wäre. Mein Kind, mein armes, gehorsames, vertrausames Kind, das blind dem Wort des Vaters glaubt und seiner Weissagung, das jede andere Neigung als die zu dem Sternenbestimmten als Frevel ansehen würde, — mein Kind, das aus lauter Glaube und Gehorsam zu ihm, den sie nie gesprochen, eine seelenverzehrende Sehnsucht erfaßt! Er aber, nachdem ihn beispielloses, unerhörtes Glück aus allen Gefahren gerettet hat, er beharrt auf der Liebe zu jener Eindringlingin in den Willen der Sterne, zu jener falschen Helena. O wie ich sie hasse noch im Grabe! Und sowie er meiner Hand entschlüpft, mißbraucht er die Freiheit des Gedankens — ich allein habe ihn denken gelehrt! — in Athen, in Byzanz, in Nikomedia sich mit fremder, falscher, götterleugnender Weisheit vollzupfropfen. Ja, er verspottet als Gebilde des Volksglaubens meine, unsere Götter, die Griechenland und Rom schön, groß und glücklich gemacht haben. Er braut sich ein Wolkengespinst aus Religion und wüster, mystischer Philosophie zusammen, der Lästerer, der Götterleugner: und diese ergrübelten Lügen sollen dem armen Volke die lebendigen Götter ersetzen! Und da ihn nun wirklich die Götter, die großmütigen, auf den von den Sternen ihm zugesagten Thron der Welt erhoben haben, nun will er mich nicht nur abspeisen mit ein paar hohlen Amtstiteln: — Oberpriester des ägyptischen Apoll! Mich hat — wie alle meine Ahnen — längst der Gott selbst dazu bestellt! — nein, er thut mir die unerhörte Schmach an, ich soll ihm helfen an der wahren, der Volksgötter, Stelle seine Hirngespinste zu

verkünden. Und die Christen, — anstatt endlich sie der
gerechten Rache der Götter und ihrer Priester preiszu=
geben! — ich soll ihm helfen, sie zu schützen, sie zu seinen
Traumgöttern bekehren! Das ist die maßloseste Über=
hebung seiner Eitelkeit. Das ist Hybris.

Aber der Hybris folgt auf dem Fuße — die Nemesis.

Und wie ich's ihm vor Jahren vorverkündet, durch
seine Eitelkeit, in deren Unmaß er mich beleidigt, durch
seine Eitelkeit werd' ich ihn beherrschen. Warte, du philo=
sophischer Götterleugner! Ich folge deinem Ruf! Aber
anders als du denkst! Als deinen Knecht rufst du mich,
— als dein Beherrscher komme ich."

Er warf sich, erschöpft von dem zornigen Ausbruch,
schwer atmend, keuchend auf das Ruhebett. Die glühen=
den Leidenschaften, das durch Jahre fortgesetzte vergebliche
Sehnen und Harren auf Geschicke, die er von den Sternen
fordern mußte und die ausblieben, sich in ihr Gegenteil
verkehrten, — all' das hatte den Mann rasch und stark
altern lassen; die immer scharfen Züge trugen jetzt einen
dämonischen, bösartigen Ausdruck verhaltnen Hasses und
ringenden Ehrgeizes.

Er hatte so laut mit sich gesprochen, daß seine Tochter,
besorgt, auf leisen Sohlen, aus dem Nebengemach herbei=
eilte. Mit Bestürzung gewahrte sie die wilde Erregung
in dem Gesicht, im ganzen Leibe des Vaters: ängstlich
beugte sie sich über ihn: „was ist dir, lieber Vater?
Welcher Zorn? Gewiß trägt die Schuld wieder jener
Brief, den dir ein Sklave von ihm, . . . ein Sklave des
Imperators brachte. Auch die früheren aus Gallien er=
zürnten dich so oft! Was ist's? Nur selten teiltest du
mir daraus mit von meinem" . . . hier lächelte sie un=
säglich traurig — „von meinem „Bräutigam", wie deine
Sterne sagen. Ich sollte ihnen grollen, den Leuchtenden.

Ihren fernsehenden Vorspiegelungen hast du — habe ich selbst mein Leben geopfert. Aber, mein Väterchen, ich will dir's nur gestehen: ich bin ihnen dankbar. Denn haben sie mir auch ihn nicht gegeben, den allein du mich schon als Kind lieben gelehrt — bevor ich ihn gesehen! — und den ich wirklich allein tief in dem thörichten Herzen trage, — ich verdanke ihnen wenigstens, daß du mir nie einen andern Freier aufgedrängt hast. Und so bin ich schon ganz zufrieden," lächelte sie anmutig. „Den Sternen gehorchen und dir und damit zugleich des Herzens sehnendem thörichtem Wunsche, — welch' harmonisch, glücklich Leben!" Und sie sank neben ihn auf das Lager, ein paar Thränen in den dunkeln, langbewimperten Augen.

Zärtlich strich er mit der Hand über ihr Haar: „Meine Helena! Ein Opfer der Sterne? Und meines Glaubens an sie? Und seines ... sternenwidrigen, götterwidrigen Thuns? Nein, so soll's, so darf's nicht enden. Laß mich nur erst in Byzanz sein." „Was schreibt er ... der Imperator?" verbesserte sie verschämt, „darf man's wissen?" Sorgfältig verbarg er den Brief in seinem Gewand: „er schreibt — ja ... er schreibt, ... er fühle sich so einsam als Witwer; — er könne nicht unvermählt bleiben. — Er müsse die Leere in seinem Herzen ausfüllen durch die Liebe zu einem andern Weibe, zu einer zweiten Helena ..."

„O mein Vater!" hauchte das Mädchen, über und über errötend und ein seliges Hoffen leuchtete aus den sonst so traurigen Augen. „So sollten deine Sterne doch ...?"

„Gewiß. Sie lügen nie. Du holdes Geschöpf, säh' er dich jetzt, verschönt, verklärt durch diesen Hauch der Hoffnung, — er könnte solchem Reiz nicht widerstehen. Ich reise zu ihm nach Byzanz: — er beruft mich zu wichtigen Ämtern. Dort werde ich ihn prüfen — seine Stimmung, werde erforschen, ob es schon an der Zeit, dich ihm zu zeigen. Und sobald ich die Stunde für gekommen erachte, ruf' ich dich, mein Kind, zu Glück und Glanz. Leb wohl! Ich breche heute noch auf." Er küßte sie auf die Stirn und entließ sie. "Hm," sprach er, ihr nachblickend. "Es wäre jetzt wohl noch zu früh. Erst muß ich seine Seele wieder ganz beherrschen. Und ergründen, ob die „unsterbliche" Liebe zu der ersten Helena wirklich noch lebt. Die Sterne können Recht behalten, trotz alledem für seine zweite Ehe. Sie können? Nein, sie müssen! Und, beim großen Osiris von Memphis, sie sollen!"

VIII.

Einstweilen hatte der jugendliche Herrscher zu Byzanz begonnen, auf allen Gebieten des Staatslebens jene rastlose, treibende, säubernde, heilende Thätigkeit zu entfalten, die das begeisterte Lob seiner Anhänger weckte, aber auch seine Widersacher zu widerstrebendem Staunen zwang.

Vor allem nötigten ihn zahllose Anklagen von Unterdrückten und Mißhandelten gegen die Werkzeuge der Regierung des Eusebius und der übrigen Hof-Eunuchen, einen Gerichtshof einzusetzen zur Untersuchung und Entscheidung dieser Beschuldigungen. Er verlegte ihn aus den Einflüssen der Hauptstadt hinweg in das nahe Chalkedon. Unter den sechs Gliedern waren zwei Germanen: Agilo der Alamanne und Nevitta der Franke; letzteren hatte der Augustus schon vorher zu einem der beiden Konsuln des folgenden Jahres ernannt.

Ernst blickte Jovian in die Liste: „soll denn Serapio recht behalten? Ein Germane Konsul, — zwei Germanen Glieder des Staatsgerichtshofs?" Ärgerlich erwiderte Julian: „kann ich dafür, daß sie es mehr als andere verdienen?" — „Und wie? Barbatio, ein erbitterter Feind von dir, ein Freund der Angeklagten, ist auch unter deren Richtern?" Julian nickte „man soll nicht sagen, ich habe nur meine Freunde zu meiner Feinde Richtern bestellt. — Was ist das?" er nahm einem Freigelassenen eine Rolle ab, öffnete und las. „Großer Imperator! Einer deiner giftigsten Gegner, nach Eusebius leicht der schlimmste, der Präfekt Florentius, ist dir entwischt. Gern verrat' ich dir — und ohne Belohnung zu verlangen! — sein Versteck. Er ist verborgen in der Basilika des heiligen . . ."

„Was thust du, Julian?" fragte Jovian erstaunt.

„Ich zerreiße die Anzeige, damit ich nie der Versuchung erliege, nach dem Ort zu spüren. — Aber höre, teile Nevitta mit, ich verlange, daß auch gegen Eusebius die Anklage erhoben werde." — „Der ist ja lange begraben!" — „Gleichviel. Es muß ausgesprochen werden, ob er des Todes schuldig war oder nicht. Man soll nicht flüstern, nur aus Furcht vor mir, nicht vor der Gerechtigkeit, hab' er zum Gift gegriffen!" — —

Der Staatsgerichtshof verurteilte achtzig Angeklagte — „eine vielköpfige Hydra" hatte sie Julian genannt — zum Tode, drei, darunter Eusebius, zum Flammentod. Julian begnadigte alle bis auf Eusebius, jene beiden andern und den Anstifter des in seinem Rücken in Aquileja ausgebrochenen Aufstandes, der zum Tod durch das Schwert verurteilt war.

Man drang damals von vielen Seiten, auch aus achtbaren Gründen, in den neuen Imperator, es nicht bei Bestrafung der höfischen Bösewichter bewenden zu lassen, auch in den Provinzen die Hauptträger der gestürzten Herrschaft, die weit überwiegend eine Mißherrschaft gewesen, zugleich seine eignen heftigsten Widersacher, zu beseitigen.

Aber der Augustus erwiderte: „durch die Gnade der Götter ward mir erspart, in der Schlacht römisches Blut zu vergießen, — soll ich es nun auf dem Blutgerüste thun?" Er wies alle Anklagen dieser Art zurück bis auf drei: jener Gaudentius, der Geheimschreiber, dann ein Sohn des Marcellus und der Statthalter von Afrika, welche noch nach Julians Einzug in Byzanz diese Provinz gegen ihn hatten empören wollen, wurden hingerichtet. Zwei Tribunen, wegen gleicher Versuche zum Tode verurteilt, wurden zur Verbannung begnadigt. Auch gegen die Falschmünzer und die schamlose Mißbrauchung der Post des Staats durch geistliche und weltliche Große zu Privatreisen mußte eingeschritten, die verödeten Senate der Städte mußten wieder von Kurialen gefüllt werden.

Übrigens wußte er am rechten Fleck auch seine witzigen Einfälle, seinen Humor zur Erledigung der Regierungsplagen zu verwerten. War da ein Haufe von ein paar Hundert Ägyptern nach Byzanz gekommen, sich zu beschweren über zuviel bezahlte Steuern: diese Nil-Leute waren berüchtigt im ganzen Reich als die ungebärdigsten Dränger und Bittsteller, selbst bei völlig unbegründeten Ansprüchen. Auch diesmal erwiesen sich ihre Beschwerden als nichtig: aber sie vollführten in und vor dem Palast schrillsten Lärm: „wie kreischende Krähen," — sagt ein Ohrenzeuge — und ließen den Imperator und seine Räte schlechterdings zu keiner Arbeit kommen, bis sie befriedigt seien. Gewalt wollte Julian nicht brauchen: so trat er denn zu ihnen hinaus auf die Freitreppe vor dem Palast und hielt ihnen eine wunderschöne Rede, schließend mit der gnädigen Verkündung, sie würden sofort von seinen Schiffen unentgeltlich nach Chalkedon über den Bosporus geschafft: dort sollten sie das Weitere erwarten. Unter lauten Danksagungen stiegen die Ägypter geschmeichelt in die schönen Trieren, und sobald der letzte Mann gelandet war, erging ein Edikt, das jeden Schiffer mit dem Tode bedrohte, der einen dieser Ägypter wieder herüberfahre! So blieb den Gefoppten nichts übrig, als, nachdem sie lange vergeblich auf Bescheid gewartet hatten, wieder nach Hause zu reisen an den heiligen Nil.

Gleichzeitig säuberte und verringerte Julian den Hofhalt, der so maßlos verschwenderisch eingerichtet war, daß nach vollendeter Minderung nicht weniger als ein Fünftel aller Reichssteuern von dem sparsamen Imperator erlassen werden konnte. Man schätzte die Zahl der von ihm entlassenen Köche und Speise-Anrichter auf eintausend, ebensoviele Haarkünstler, Schänken aber noch mehr; dazu vertrieb er alle Eunuchen, die Spürhunde der Majestätsbeleidigungen, alle Winkel-Juristen und Angeber, die sich in den Vorhallen der Paläste umtrieben und jeden Besucher des Hofes aufhetzten, mit der Frage, ob er nicht einen Prozeß zu führen oder einen Feind strafrechtlich zu verfolgen habe? Ihr Einfluß bei Eusebius hatte den Sieg ihrer Klienten oder ihrer Anklagen verbürgt.

Wohl segneten ihn dafür die Millionen der unter der Steuerlast versinkenden Provinzialen: aber die Entlassenen bildeten eine boshafte Widerspruchsgenossenschaft. „Keine Kunst!" meinte der Oberkoch. „Er weiß ja gar nicht was speisen ist. Fasten, und dann — aus lauter Zerstreutheit — hastig ein paar Stücke Fleisch verschlingen, — gleichviel, wie sie schmecken. Auch sah ich ihn schon trocken Brot essen, den elenden Heuchler, was man gar nicht kann." „Vom Weine versteht er so wenig," grollte der Oberkellermeister, „daß er es nicht einmal merkte, als ich ihm statt des gewöhnlich von mir gefälschten zu seinem Geburtstag ausnahmsweise einmal echten gönnte. Ein solcher Mann kann nicht Imperator sein." Eines Tages bestellte Julian den Hofbarbier, da sein ungepflegter Bart sogar den wohlgesinnten Byzantinern auffiel: — dieser Haarschmuck sollte ihm in Antiochia noch viel Verdruß bereiten! Herein stolzirte alsbald ein vornehmer Herr in prunkenden Gewanden. „Ei," rief der Herrscher ganz erstaunt, „einen Barbier hab' ich bestellt, — ein Patricius erscheint. Sag' einmal, Gönner meines Bartes, was zahlt dir denn der Staat jährlich für dein Handwerk?" — „Kunst, Imperator." — „Wieso, Kunst?" — „Nun, ist Barbieren etwa keine Kunst? Versuch' es einmal, Auguste!" — „Ich bin geschlagen! — Aber sage, wieviel beziehst du an Gehalt?" — „Täglich zwanzig Tagesverpflegungen: nach meiner Wahl in Speisen und Wein oder in Geld; täglich ebensoviele Pferdeverpflegungen und jährlich zweiundfünfzig Pfund Silber, außer den Gebühren, wenn ich wirklich einmal einen Bart abnehme."

„Lieber," lächelte Julian, „geh' aus dem Palast und komm' nie wieder. Brauchst du aber einmal einen Barbier, so laß mich dir empfohlen sein: ich thu' es billiger. — Führe diesen großen Herrn hinaus, Oribasius, und Voconius soll kommen und mir (wie bei den Chamaven!) mit dem Schwert den Bart abschneiden!" „Meine Kunst," schalt der Haarpfleger nun in allen Weinschänken, „ist an dem verloren. Seine Haare, da, wo sie sein sollten, fallen aus, vor unsinniger Kopfarbeit. Und da, wo sie nicht sein sollten, am Kinn, wachsen sie so wirr, wie bei einem christlichen Büßer oder einem heidnischen Philosophen oder einem Ziegenbock, was für die Unreinlichkeit auf dasselbe hinauskommt. Es sollte mich nicht wundern, liefen nächstens Bewohner in seinem Haargestrüpp herum, das er auch um die Gurgel herum wachsen läßt. Und ein solches Scheusal will ein Liebling der Götter sein! Aber die Rache des Himmels wird nicht ausbleiben. Geiz und Selbstsucht, — das sind seine Tugenden. Weil Er nicht ißt und trinkt wie ein rechtschaffner Mensch, sollen andere hungern und dürsten! Es giebt keine göttliche Vorsehung mehr auf Erden. Die christliche ist abgeschafft und die olympische ist noch nicht wieder eingesetzt. Constantius ließ sein Haar täglich dreimal künstlerisch darstellen: — und der? Es ist gottlos, wie er's treibt! Das kann nicht lange währen. Ich eröffne jetzt eine öffentliche Badehalle und jeder Gast erhält unentgeltlich von mir ein Sturzbad von Wahrheiten über den göttergeliebten Bocksbart."

IX.

Julian hatte die schwierigen, umfassenden Gesetzentwürfe über die Behandlung der Christen und die Wiedereinführung des Götterdienstes des „Hellenismus", wie er den geläuterten Götterglauben amtlich nannte, mit Lysias zusammen beraten wollen. Absichtlich ließ sich der Schlaue lang erwarten: die Sehnsucht nach ihm sollte wachsen, seine Unentbehrlichkeit sich schmerzlich aufdrängen. Aber er war diesmal allzuschlau; oder vielmehr er zog Julians feurige Ungeduld nicht in Rechnung.

Erfüllte doch nichts mehr als dies des jungen Herrschers Geist! Jeder Tag der Säumnis schien ihm ein Undank gegen die Götter. Und da nun sein Berater immer noch nicht kam, — da beriet er sich selbst.

Als Lysias endlich eintraf, legte ihm Julian die fertigen Entwürfe vor: zornig erkannte der Priester seinen Fehler: vor dem Entschluß hätte der ehemalige Schüler sich manches von ihm sagen lassen: jetzt an dem Beschlossenen Erhebliches ändern, — das widersprach seiner sehr hohen Meinung von sich selbst. So mußte sich Lysias widerstrebend, knirschend, fügen in alles, wovon ihm das meiste verhaßt war in tiefster Seele. Als er Einwendungen gegen Hauptsachen vorzubringen wagte, merkte er mit Schrecken, daß diese langen Jahre aus dem Knaben einen Mann, aus dem Schüler einen sich überlegen erachtenden Gelehrten und vor allem einen an widerspruchlosen Gehorsam gewöhnten Cäsar und Imperator gemacht hatten.

In stummer, ohnmächtiger Wut ging er an dem ersten Abend dieser Besprechungen zurück in seine Wohnung bei den Bädern Constantins. „Unabänderlich," grollte er, „unabänderlich sind, — so hat er geprahlt — der Götterleugner im Purpur, diese meine Beschlüsse." „So? — Laß sehen, ob sie nicht — in der Ausführung — zu ändern sind: nach der Götter und meinem Willen. Die Vollstreckung hat er mir vertraut: — und allgegenwärtig ist er nicht in seinem Reich. Sollen diese gottlosen Christen jeder Strafe für das Vergangene entgehen? Nein, ihr großen Götter, ich hab's geschworen, euch zu rächen: und ich halte meinen Schwur, sei's mit, sei's gegen seinen Willen. Und mein Ägypten: — ich legt' es ihm so nah', mich als seinen Vertreter in allen göttlichen und in allen staatlichen Dingen hinzusenden: . . . er wich aus! Er wollte nicht verstehen. Aber er soll! Ich will ihm dort am Nil bei dem Völklein, das ich kenne und beherrsche wie mich selbst, ich will ihm dort einen Sturm anblasen, daß er mich bei Isis und Osiris bitten soll, hinzueilen und das Toben zu beschwören. Und dann erfüllt sich doch an mir noch das Wort der Sterne: „Ägyptens königlicher Priester."

Bald nach seiner Ankunft ward Lysias abermals in den Palast berufen behufs einer Besprechung über die neuen Maßregeln. Hierbei ward er zum erstenmal in das Schreibgemach des Herrschers geführt, auf dessen Erscheinen er zu warten hatte. Julian fand den Priester ganz versunken in dem Anstarren einer weißen Marmorbüste, die oberhalb des Ruhebettes an der Wand angebracht war. „Wer … wer? — o sprich, Herr! Wen stellt dieses Bildnis dar? Ist es eine erfundene …?"

„O nein," seufzte der Witwer. „Es ist das wohlgelungene, das sprechend ähnliche Bild meines geliebten Weibes. Kurz vor ihrem Tode …" — „Zu Paris? nicht wahr?" — „Von geschickter Hand eines Freigelassenen aus Rom geschaffen. Ich sah noch niemals solche Ähnlichkeit." „Ich … ich … auch nicht!" stammelte Lysias, in brütendes Sinnen versunken. „Was sprichst du da? Du hast sie ja nie gesehen." — „Nein, freilich nicht. Vergieb! … Aber … ich kenne … eine — andere … ein Mädchen, das ihr … das dieser Büste zum Verwechseln gleicht." — „Dann möge sie mein Auge niemals schauen! Es wäre mir zu schmerzlich! Unerträglich wär' es." Betroffen, bestürzt sah ihn der Priester an. „Wer weiß," flüsterte er dann vor sich hin. „Die Zeit, — die Zeit ändert manches."

„Hier kommen schon durch das Atrium," sprach Julian, „die Freunde, die ich mit zu unsern Beratungen ziehen werde." — „Welche Freunde?" — „Nun, selbstverständlich Jovian und Serapio." Mit schlecht verhohlnem Mißmut vernahm es der Priester: „Wozu, Julian? Einst —

im Kloster — in Rom — in Macellum — genügten wir beide."

„Gewiß," lächelte dieser, „dort war ein Schüler und ein Lehrer. Hier ist ein Herrscher und ein Berater: warum nicht deren drei? Und ich habe meine besonderen Gründe. Du und ich, — all' zu einseitig eifern wir für die Götter — wenn wir sie auch sehr verschieden denken! Leider! Noch: — bis ich dich ganz bekehrt habe!" — Lysias schloß die Augen, deren grimmigen Ausdruck zu verbergen.

„Serapion aber ist unbefangen gegen alle Arten von Glauben; und Jovian — nun, er ist (— vermöge seiner nüchternen Gerechtigkeit —) der Anwalt der Galiläer." — „Er ist doch ungetauft?" — „Gewiß! Das will ich meinen! Aber er haßt doch nicht alles Galiläische wie du — und wie (— im tiefsten Vertrauen," lächelte er, „sei's gesagt) das meiste davon — der Imperator Julianus hasset. Siehe, da sind die Freunde! Willkommen, Serapio. Hast du Nachricht aus der Heimat?" — „Mein Vater leidet unter dem Alter, meldet Mälo, der treue Nachbar. Entlaß mich bald. Was kann ich dir hier in Byzanz — im tiefen Frieden — nützen?"

„Die Last der Arbeit erdrückt mich nahezu: ich muß getreue Helfer haben; und geschickte: zwar bin ich jetzt so weit, daß ich den ersten anhören, dem zweiten antworten, zugleich dem dritten schreiben, an den vierten und fünften ein Schreiben diktieren kann. — Aber ach, wie langsam schreiben die Schreiber! „Den Blitz" schelten und rühmen mich Feinde und Freunde. Meine Diener müssen jeden andern Tag völlig ruhen: — sie können nicht Schritt halten mit dem Flug meiner Arbeit: darum müssen die Freunde mir beispringen. Du mir im Frieden helfen? Mehr als du ahnst. — Auch ruft vielleicht schon bald der Perser uns ins Feld, gegen den zu kämpfen du dich ja nicht weigerst. — Und du, Jovian? Hast du Antwort auf den Brief, den ich dir an die Meinen nach Marseille auftrug? Wann kommen sie?"

„Sie zögern immer noch. Die edle Mutter scheut die Reise und den Lärm des Hofs. Ihre Augen . . ." —
„Ich lade sie demnächst bringend nochmal. — Nun nehmt Platz auf den Polstern dort und laßt uns beginnen. Also: ich bitte euch, die Punkte, wie ich sie aus dieser Zusammenstellung euch vortrage, kurz aufzuzeichnen und die Ausarbeitung der Vorschläge unter euch zu verteilen.

Meine Grundgedanken sind hierbei: durchaus nicht — wahrlich! — will ich etwa meine Lehre allen meinen Unterthanen aufzwingen. Ich ehre jeden Gott, der eines Volkes ist! Jeder Volksgott duldet die andern neben sich. Aber der Gott der Christen ist unduldsam: er will der Alleinige sein. Ja, mehr noch: alle Götter, die Hellas schön und Rom groß gemacht haben, — böse Dämonen, Teufel sollen sie sein. Und alle gläubigen Heiden, wie mein Lysias dort, und alle ungläubigen Zweifler, wie dieser Serapio hier, sollen auf ewig zu höllischen Qualen verdammt sein. Aber mehr, mehr noch! Diese Lehre ist im höchsten Maße staatsfeindlich: die ganze Menschheit, durch die Erbsünde verderbt, soll sich von der Erde reuig abwenden: nicht hier ist ihre Heimat; Arbeit ist eine Strafe, eine Folge des Sündenfluches, ebenso aber sind Recht und Staat nur notwendige Folgen des Sündenfalls, Krücken, die der Kranke braucht, der Genesene verächtlich wegwirft. So hat ein Papst mich belehrt! Uns aber sind Recht und Staat notwendige Güter der Vernunft, nicht notwendige Übel. Wie kann der Galiläer ein Herz haben für den durchteufelten Staat, da ja des Menschen Sohn doch demnächst niedersteigen wird (— er wird jetzt schon dreihundert Jahre erwartet! —) aus den Wolken, dem ganzen sündhaften Heidenstaat ein Ende mit Schrecken zu bereiten, — zugleich mit dem Teufel! Diese Lehre ist — mehr noch als staatsfeindlich — staatsverächtlich. Ich bekämpfe sie als Schildhalter des Staates. Gewiß werd' ich sie nie mit Gewalt verfolgen, aber mit aller Kunst, mit allen Mitteln des Geistes bekämpfen. Nicht Haß, Mitleid verdienen diese Armen, denen das Herrlichste: Staat, Philosophie, Kunst nur gefährliche Versuchungen sind. Daher zuerst und vor allem ein Edikt, das volle Duldung aller Bekenntnisse verheißt: aller, ohne Ausnahme."

„Auch unsittlicher Übungen?" fragte Lysias. „Es giebt Sekten der Christen, die sich selbst verstümmeln, um sich die Erbsünde auszutreiben." „Ja," entgegnete Serapio. „Es giebt aber auch Tempel der Aphrodite, der Astarte, der Isis — jawohl, Lysias, auch der Isis, — wie der Kybele, in welchen die Preisgebung der Jungfrauen zum Gottesdienst gehört." Lysias wollte heftig antworten, jedoch Julian unterbrach: „Gemach! Selbstverständlich straft das Recht eine That, die ein Verbrechen ist nach weltlichem Recht, auch dann, wenn der Beweggrund ein Irrglaube ist." „Und wenn die Christen sich weigern," fragte Lysias, — „sie haben's schon zuweilen gethan, — im Kriege Blut zu vergießen?" — „So werde ich sie zwingen. Denn dies Muß ist staatsnotwendig." „Und wenn sie sich — wie von jeher — weigern, dem Genius des Imperators zu opfern?" fuhr Lysias fort. „So wird Julian sie hoffentlich nicht zwingen!" rief Jovian. „Gewiß nicht! Denn das ist nichts weniger als staatsnotwendig. Im Gegenteil: abgeschafft wird die Verehrung des Imperators als eines fast göttlichen Wesens, — eines „Numen" —, wie der fromme Constantius noch sie hingenommen hat. Ich weiß zu gut, wie wenig „göttlich", wie traurig menschlich ich bin. Aber haltet mich nicht auf mit solchen

Querfragen. Weiter! Die jenen Priestern von meinen beiden Vorgängern gewährten besonderen Vorrechte und die ihnen aus der Staatskasse bezahlten Geldbezüge hören auf. Die Hellenisten bezahlen die Kosten ihres Gottesdienstes selbst und allein: ich will die Galiläer nicht von gleicher Frömmigkeit abhalten. Und zudem ist ja der Armut und Niedrigkeit das Himmelreich verheißen: wohlan, ich will sie nicht davon aussperren, indem ich sie reich und ansehnlich mache.

Ferner: die Galiläer haben herauszugeben alles Tempelgut, Liegenschaften, Gebäude, Gelder, Weihgeschenke und Gerät von Gold und Silber, die sie unter Constantius mit Gewalt an sich gerissen oder bei diesem Herrscher erschlichen haben: sie müssen allen Schaden ersetzen, den sie durch Zerstörung von Tempeln und Hainen und Götterbildern in diesen angerichtet haben; die Strafe für die Tempelschändung sei ihnen erlassen. Aber schon jener Ersatz wird ihnen teuer zu stehen kommen, den Bischöfen!

Hat doch schon Constantin das Gold und Silber, das er zur Erbauung dieser seiner Hauptstadt brauchte, zum großen Teil dadurch gewonnen, daß er in ganz Griechenland und Asien die goldenen und silbernen Götterbilder aus den Tempeln und Hainen reißen und einschmelzen ließ. Schadet ihnen nicht, den Rundlichen, von unserem Raube Gemästeten, werden sie ein bischen magerer und ärmer. Im Gegenteil. Die Reichen kommen ja, wie gesagt, nur mit solchen Schwierigkeiten durch die Himmelspforte wie die Kamele durch ein Nadelöhr. (Was ich mir für das Nadelöhr, also das Himmelreich, noch unbehaglicher vorstelle als für die reichen Kamele! Ich erleichtere ihnen also den Eintritt!) Du, Lysias, schreibe zum Beispiel den durch Hungersnot bedrängten Galiläern von Pessinus: ich wolle ihnen gern helfen, ihnen Vorräte aus meinen

Speichern schicken. Aber vorher müssen sie die große Götter=
mutter versöhnen, deren Erzbild, von mir im Winter er=
richtet, einige galiläische Glaubenswütriche umgestürzt haben
im Frühling: der darauffolgende Mißwachs des Sommers
ist ohne Zweifel die von Kybele gesendete Strafe. Erst
wann die zürnende Göttin wieder versöhnt ist, helfe ich
den Leuten dort: denn, wie sagt Homer in der Odyssee?

„Denn ein frevelndes Thun ist's, solchen gütig zu
helfen, welche in Feindschaft und Haß zu den seligen
Göttern entbrannt sind!"

Auch alle galiläischen Sekten (— „Ketzer" nennen sie
die Rechtgläubigen —) haben gleiche Rechte mit diesen:
alle Kirchen, die ihnen Constantius zu gunsten seiner
Lieblinge, der Arianer, weggenommen, werden ihnen zurück=
gegeben, alle von Constantius verbannten, eingekerkerten
Bischöfe und Priester der Rechtgläubigen sowie der nicht
arianischen Ketzer werden befreit und zurückberufen auf ihre
Bischofstühle."

„Aber nicht Athanasius!" rief erschrocken Lysias.

Staunend wandte sich Julian zu ihm. „Warum der
Eine nicht? Fürchtest du ihn?" — „Ich fürchte nur die
Schuld der Götterlosigkeit. — Aber dieser Mann! Laß
dich warnen, Imperator. Ich kenne ihn: er ist gefährlich:
— er ist — bisher — unüberwindlich gewesen. Ruf' ihn
nicht in Amt und Würde und in seine große Macht zurück
— in meinem Ägypten!"

„So ist er schuldig?" — „Das ... das will ich nicht
sagen. Aber..." — „Dann giebt's kein Aber." — „Nicht
du hast ihn verbannt: — es ist also nicht deine Schuld:
— aber laß es dabei." — „Damit es meine Schuld
werde? Nein! Er komme nur! Womöglich auch ... nach
Byzanz!" — „Niemals. Du weißt nicht, was du thust."

— „Doch! Ich lade ihn zum Geisterkampf und der un=

besiegte Sonnengott wird auch diesen Gefürchteten besiegen.
— Weiter. Auch die Juden sollen unbekümmert ihrem Jehovah dienen. Ich habe die schweren Anklagen, welche die Galiläer wider sie erheben, geprüft und sie meistens unbegründet gefunden: ungerechte Steuern, mit denen man sie belastet hatte, hebe ich auf... Ja, mit diesen Hebräern hab' ich ein ganz Besondres vor;" er blätterte in seinen Aufschreibungen und lächelte vor sich hin, erfreut über seinen Vorsatz.

„Nun und was?" fragte Lysias.

„Sie sind zerstreut über die Erde, seit Titus Jerusalem zerstört hat und den Tempel. Wohlan: ich will sie wieder zu einem Volke machen. Dann werden sie viele ihrer Fehler ablegen und viele ihrer Vorzüge entfalten. Aus allen Provinzen des Reiches sollen sie zurückwandern nach Palästina, die Armen von ihnen auf meine Kosten, ja sie sollen wieder ein Volk sein neben andern Völkern. Und," fuhr er fort, leuchtenden Auges, „hat nicht der Galiläer geweissagt, der Tempel solle nie mehr wieder hergestellt werden? Wohlan, ich werd' ihn Lügen strafen: aufbauen sollen die Juden ihren Tempel zu Jerusalem: unter meinem Schutz. Und damit das Werk gewiß aufs eifrigste gefördert wird, habe ich die Leitung des Ganzen einem frommen und geschickten Juden aus ihrem Priesterstamme der Leviten, Simon Alypius, übertragen, einem gar kundigen Baumeister und treuerprobten Mann; unsern Freund Simon (— ihr erinnert euch an den halben Gelehrten und halben Helden von Naissus?) hab' ich ihm als Schützer beigesellt. Steht der Tempel herrlich wieder da, dann ist diese Weissagung widerlegt: wie längst schon die andre, daß noch bevor das Geschlecht ausgestorben, das die Kreuzigung sah, des Menschen Sohn wiederkehre in den Wolken, zu richten die Lebendigen und die Toten."

„Das hat er — so — so nicht ganz gesagt," meinte Jovian. „Doch," widersprach Serapio; „er hat es gesagt!" „Ja," schloß Julian, „Matthäus XVI, 28 steht es: „wahrlich ich sage euch, es stehen hier etliche, die werden des Todes nicht sterben bevor sie gesehen haben werden des Menschen Sohn kommend in seiner Königsmacht." Und ähnlich Marcus XIII, 26 und 30."

„Das geht auf die Zerstörung von Jerusalem," wandte Jovian ein. „So sagen die Apologeten," lächelte Julian. „Aber da kam doch nicht der Sohn Jehovahs, sondern — der Sohn Vespasians."

„Oder es geht auf Johannes, der nicht starb, sondern entrückt ist bis zum jüngsten Tage." Julian staunte: „Woher auf einmal, o Jovian . . .? Aber es heißt „etliche, nicht Einer." Jovian verstummte —, doch er schüttelte seufzend das Haupt.

Aber der Imperator fuhr fort: „das ist dein erstes Amtsgeschäft, Lysias. Du verfassest diese Aufforderung an alle Juden des Reiches, läßt sie anschlagen an die Thore meiner Paläste, an ihre Synagogen, auch — hörst du? — an alle Thore der Kirchen." „Das ist boshaft," sprach Serapion. „Und es reizt zwecklos," warnte Jovian. „Ja freilich," brach Lysias los, „und diese Lämmlein darf man nicht reizen, auch wenn sie dreißig Jahre wie Wölfe ge= wütet haben." „Haben sie nicht gethan," entgegnete Jovian. „Nur Constantius und ein paar Bischöfe . . ." „Schlag's nur an," lachte Julian. „Sie werden sich ärgern. Aber wie sagt der Spruch: „es ist notwendig, daß Ärgernis in die Welt kommt." „Aber wehe dem," fiel Jovian ein, „durch den da Ärgernis in die Welt kommt." — „Ei, ich staune immer mehr! So bibelfest? Seit wann? Der Briefwechsel mit Marseille ist wohl lebhaft? . . . Aber noch mehr: Lysias, du versammelst morgen schon die Hebräer hier in Byzanz (— es sind ihrer viele! —), verkündest ihnen meinen Willen, meinen Aufruf bei Trompetenschall, daß alles Volk herbeiläuft: — hörst du? Um die zehnte Stunde, wann die Leute aus den Bädern kommen, — und geleitest ihre Lehrer und Ältesten zu mir hierher in den Palast. Ich schenke ihnen die Hälfte der Baukosten.

Aber weiter. Auch vom Feinde muß man lernen. So verhaßt mir vieles, das meiste an dem Galiläertum: es ist nicht zu leugnen: sie haben auch gute, nützliche, heilsame Einrichtungen, — freilich nicht erfunden! Denn auch ihr berühmter Satz, auf den sie sich soviel zu gute thun, von der Feindesliebe, von der Nächstenliebe, von der Pflicht des Mitleids, — sie haben ihn wahrlich nicht zuerst gedacht und geübt.

Wie sagt doch schon der göttliche Homer?

„Nahet ein Fremdling sich, auch ein Ärmerer, meinem
 Gehege,
Gerne nehm' ich ihn auf: denn den armen Gast wie
 den reichen, —
Beide sendet sie Zeus . . ."

Wir haben Witwen= und Waisen= und Armen= und Kranken=Stiftungen, ungezählte, von frommen Heiden, guten Bürgern ihrer Vaterstädte, errichtet. Aber die Nazarener thun viel darin in Worten, auch in Werken: wohlan, thun wir es ihnen nach.

Sie haben gar viele Seelen gewonnen durch wohlthätige Werke und Einrichtungen. So durch die Fürsorge für Fremde: schon habe ich nun ebenfalls solche Xenodochien errichten lassen, in welchen auch Galiläer und Juden unentgeltlich zu verpflegen sind: — denn das thun die Galiläer auch unsern Glaubensgenossen: 30000 Scheffel Weizen und 60000 Sextarien Wein habe ich jährlich bloß für die Provinz Galatien hierzu angewiesen. Und auch wir wollen sorgen für Kranke, ja auch für Tote, um deren Bestattung sich niemand kümmern will.

Aber auch einen ehrbaren, keuschen Lebenswandel der Priester verlange ich, wie ihn die Geistlichen der Galiläer alle führen sollen und viele wirklich führen: so schrieb ich jüngst an Arsacius, den Pontifex für Galatia, er solle seinen Priestern den Besuch der Schauspiele und der Wirtshäuser untersagen. Hierbei ist auch aus der Kirchenzucht der Bischöfe manches herüberzunehmen: so habe ich jüngst über einen Priester des Poseidon, der sich mit einem Weibe vergangen hat, als sein Pontifex maximus eine dreimonatliche Enthebung von jeder priesterlichen Verrichtung ausgesprochen und werde dies zur Regel machen auch für die Priester des Hellenismus.

Jedoch mit dem Hochmut und mit der Hoffart der Bischöfe sollen unsere Priester nicht auftreten: verboten hab' ich ausdrücklich, daß ihnen, auch den Oberpriestern, bei ihrer Ankunft in einer Stadt die Beamten feierlich entgegenziehn, verboten, daß sie sich von unsern Kriegern in die Tempel geleiten lassen.

Ferner: die Klöster der Feinde wirken zwar sehr schädlich (— ich hab's erfahren! —), aber jedenfalls sehr stark, zumal in den mit ihnen verbundenen Erziehungsanstalten für das heranwachsende Geschlecht. Hier wird der falsche Glaube planmäßig und geschickt gelehrt. Wohlan: machen wir's nach! Ich werde hier in Byzanz und in jeder größeren Stadt des Reiches, in Verbindung mit einem Tempel, solche Erziehungsschulen für den Unterricht im Hellenismus ins Leben rufen; und zwar nicht nur für Kinder, auch für Jünglinge und Jungfrauen, welche von Philosophen und von Priesterinnen in die tieferen Geheimnisse unseres Glaubens, in die sinnbildliche Bedeutung der Mythen eingeführt werden sollen. Mir schwebt vor, zum Beispiel ein Mädchen wie meine Schwester (die mir wieder bedenklich von den Tempeln hinweg zu den Gräbern, das heißt den Kirchen zu neigen scheint!) in einer solchen Anstalt in der Wahrheit festigen zu lassen. Was meinst du dazu, du, ihr Freund, Jovian?"

„Ich glaube, sie würde sich nicht wohl fühlen in einer solchen Bekehrungsanstalt, so wenig wie du im Kloster."

„Das darf man nicht vergleichen! — Aber weiter. Galiläer dürfen an den Hochschulen und den andern öffentlichen Lehranstalten nicht Lehrer sein. Denn sie lehren, was mit dem Zweck und mit dem Strafrecht des Staates unvereinbar ist: Räuber und Ohrfeigenausteiler dürfen nicht ermutigt werden durch die Einschärfung, daß man jenem zu dem geraubten Mantel das Wams, diesem nach der geschlagenen rechten die linke Wange darzureichen habe. Dabei kann kein Staat bestehen!"

„Wer mich schlägt, den schlag' ich wieder," nickte der Germane, „und müßt' ich darum stracks zur Hölle fahren."

„Galiläer dürfen auch nicht mehr als Schüler oder als Lehrer an den öffentlichen Anstalten Unterricht nehmen und Forschungen betreiben in Grammatik, Rhetorik, Philosophie, Dialektik, Logik. Wollen sie die Götter Homers und Hesiods für Teufel halten, so sollen sie auch nicht ihrer Schönheit froh werden, sondern sich begnügen, in ihren Basiliken immer und immer wieder Matthäus und Lukas auszulegen und mit Johannes, Petrus aber mit Paulus in Übereinstimmung zu bringen. Nach ihrer eigenen Lehre ist das Himmelreich nur derer, die da arm an Geist und einfältigen Herzens sind. Ich sorge also für ihr Seelenheil, indem ich sie vor höherer Bildung schütze. Die Logik vollends könnte ihnen das Glauben zuweilen erschweren. Wie schreibt Paulus an die Korinther (— im ersten Brief, ich meine: im ersten Kapitel, im 19. Vers —)? oh ich bin bibelfester als mancher Bischof!"

"Ja," unterbrach Jovian, „auch der Teufel beruft sich auf die Bibel, sagen die Christen."

"Ich will umbringen," heißt es dort, „die Weisheit der Weisen, und den Verstand der Verständigen will ich verwerfen," und im folgenden: „Was thöricht ist vor der Welt, das hat Gott erwählet, daß er die Weisen zu Schande machet." Und wie heißt es bei Matthäus V, 3? "Selig sind, die da arm sind am Geiste, denn ihrer ist das Himmelreich." Wir wollen sie also bei Leibe nicht am Geiste bereichern und damit des Himmelreichs berauben. Ihr Paulus hat ihnen verboten, von Opferfleisch zu kosten. Er hätte ihnen auch verbieten sollen, an der Litteratur der Griechen zu naschen. Die ist für ihren Glauben viel gefährlicher.

In allen Stücken ferner will ich die altrömischen Gesetze und Einrichtungen aufrecht erhalten wissen, denn die Götter haben sie geschaffen: sonst hätten sie sich nicht so trefflich bewähren und die Größe Roms begründen können."

"Solche Erneuerung des Altrömischen," wandte Serapion ein, „hat schon vor zweihundert Jahren dein Vorgänger im Purpur, Hadrian, versucht: hat es gefruchtet? Nein! Denn er konnte nur die alten Gesetze, nicht die alten Römer wieder lebendig machen."

"Aber die großen Götter können die jetzigen Römer mit dem alten Geist erfüllen." "Wir wollen's abwarten," schloß Serapio ruhig. — „Ferner. Selbstverständlich kann ich nicht plötzlich der vielen Galiläer entraten, die im Heer und als Richter hohe Stellen einnehmen. Allein in Zukunft werden sie nur noch ausnahmsweise zugelassen: verbietet ihnen doch ihre Lehre, das Schwert des Kriegers oder des Richters zu führen." "Das ist nicht wahr," entgegnete Jovian laut. — „Doch!" „Wer Blut vergießt ..." — „Das will nur sagen ..." — „Ah bah! Es kann so gedeutet werden, das genügt!" „Aber," sprach Lysias ungeduldig, „das soll nun alles sein? Wo bleibt die Rache, die Strafe für die Frevel, welche die Christen all' diese Jahre gegen uns verübt haben? Du verlangst nur Herausgabe des Entrissenen: aber Wiedervergeltung, Strafe, Rache, — davon wollen deine Edikte schweigen?"

„Kein Wort von Rache! Auch Strafe, nur in den ärgsten Frevelfällen! Hierüber wie über die Wiederherausgabe muß, von Fall zu Fall, in jeder Provinz, in jeder Stadt, Untersuchung gepflogen, dann, nach sorgfältiger Prüfung, entschieden werden. Dies Amt —"

„Gieb mir, Julian!" rief Lysias leidenschaftlich mit wild funkelnden Augen. Warnend sah Serapion auf den Herrscher. Jovian, der ihm zunächst lag, wagte heimlich, bittend, die Hand auf seine Schulter zu legen.

Doch Julian schüttelte schon mit feinem Lächeln die dunkeln Locken: „Im ganzen Reich? Du allein? Das wäre wohl der Arbeit allzuviel."

„Nun denn, für ein paar Provinzen. Für Ägypten vor allem, mein Heimatland! — Ich heische das — es ist meine erste Bitte, Julian — als Lohn für meine Lehren im Kloster Hagion." — „Nun gut! Es sei: Ägypten, auch Kilikien und andere Provinzen des Orients." — „Nicht auch einige des Abendlandes? ... Gallien ...?" Allein Julian fuhr fort: „Jenes Kloster war auch auf altem Tempelgrund erbaut: aber du brauchst es nicht in den Kreis deiner Untersuchungen zu ziehen." „Weshalb? Die Zucht dort ... das heißt: die Unzucht ..." — „Es ist der Erde gleich gemacht und an seiner Stelle wird ein Tempel der Vesta errichtet. Es war mein erster Befehl aus Byzanz. Abt Konon ist tot. Weißt du, wer jetzt

Abt war? Theodoretos!" sprach Julian schaudernd. „In der Wasserleitungsgrube wurden sie (— wie damals! —) auf frischer That ergriffen. Sie sind in die Bergwerke von Sardinien verurteilt. Widernatürliche Enthaltung predigen sie und jedes widernatürliche Laster ist die Folge. Scheußlich ist sie, jene heilige Fleischabtötung. Wartet, ihr Schandbuben! Keusch ist das Licht: — keusch sei der Mensch, der ihm dient. Drum hört weiter! Du, Serapio, das ist deine Sache (— schon Tacitus rühmt euch um eure Reinheit): du entwirfst mir ein Edikt gegen die Hetären. Was die Bischöfe lehren, aber oft selbst verletzen, — der Imperator wird's erzwingen mit dem Schwerte des Rechts. Und nun vernehmt — zum Schluß!" sprach er, einen Papyrus vom Tische nehmend, „diese Ansprache an Galiläer und Hellenisten, die ich euch jetzt verlese, wird morgen in allen Städten meines Reiches auf dem Marktplatz angeschlagen.

„Die Galiläer hassen das Menschengeschlecht und das Leben! Während doch schon der Stagirite gelehrt hat, daß der Mensch ein notwendig auf den Staat, die Gemeinschaft angewiesenes Geschöpf ist, fliehen die Galiläer aus Stadt und Staat in die Wüste. Sie suchen den Martyrtod, sie geißeln sich, sie stellen sich nackt auf Säulen in Sonnenbrand, in Wintereis. Und daran soll nun Gott Freude finden! Aber andrerseits: von den Feinden, auch von den Galiläern, muß man lernen, was sie Gutes haben. Gleichgültig, nachlässig im Opfern gegen die Götter sind auch jetzt noch die Hellenisten, nachdem sie doch wieder opfern dürfen, ja sollen. Wie beschämen uns die Galiläer, die da lieber sterben für ihren Glauben als daß sie — das heißt die Juden-Christen — etwa Schweinefleisch oder Ersticktes äßen! Ferner: wir Diener der Götter dürfen nicht den Galiläern den Ruhm lassen, allein Menschenliebe zu üben: wie die Götter die Menschen, sollen wir alle unsere Mitmenschen lieben, fördern, unterstützen. Wie die gnädigen Götter unser Leben nicht nur notdürftig fristen, sie, die uns Häuser, Kleider, Waffen, Geräte zu bilden gelehrt, uns Wein und Öl und Gold und Silber gegeben (dessen die Tiere entbehren) — so wollen auch wir Reichen den armen Mitmenschen spenden, an deren Armut nicht die milden Götter, nur die Habgier der Menschen und ihre harten Gesetze schuld sind. Ach, ließen die Götter einmal Gold regnen, — die Reichen stellten alle Schalen auf und stießen die Darbenden zurück! Wir aber wollen unabläffig Almosen spenden: — wie Helios unabläffig uns allen sein Licht. Ja, auch unsern Feinden müssen wir helfen, die Gefangnen in den Kerkern aufsuchen, jeden Fremden aufnehmen und verpflegen, auch den Ärmsten: auch ihn ja sendet uns Zeus Xenios! Dürfen wir seinem Altare nahen, nachdem wir dem Fremdling unser Haus verschlossen? Sind wir Menschen doch alle Brüder, alle vom Blute des Zeus entstammt. Denn als der Gott die Welt erschuf, — so lehren hohe uralte Mysterien! — verletzte er sich an den Händen, Tropfen seines Blutes fielen zur Erde und aus diesen Tropfen erwuchsen ein Mann und ein Weib: die Stammältern aller Menschen. Deshalb ist es Pflicht, die Götter zu ehren, gegen alle Menschen wohlwollend, keusch und mäßig an Leib und Seele zu leben. An der reinen Seele des Menschen aber ergötzen sich die Götter, wie ein alt Orakel sagt, nicht minder als an der Pracht des Olympos. Welche Liebe der Götter zu dem Menschengeschlecht!

Die Bilder der Götter aber beten wir nicht an, wie uns die Galiläer vorwerfen, sondern wir verehren die leiblosen Götter in ihren leibhaftigen Bildern. Freilich ist es nicht ein Bedürfnis der Götter, Opfer und Gebete zu empfangen, aber frommen Gemütern ist es Bedürfnis,

Opfer und Gebete darzubringen. Die Bilder der Götter sind uns nicht Götter, aber auch nicht bloß Erz und Stein: sie sind uns heilig, weil eben Bilder der Götter. Haben doch auch die Götter selbst ihre Bilder geschaffen: — die Gestirne, die nach dem Gesetz einer weisen Notwendigkeit ewig den unendlichen Himmel durchwandeln. Daher sollen wir die Tempel, Altäre, Bilder, auch die Priester der Götter ehren.

Aber der Priester muß solche Verehrung verdienen, sonst werde er der Priesterschaft — wie ein unwürdiger Beamter des Amtes — entkleidet. Der Priester muß heilig leben in Werken und in Worten. Er soll gewisse Bücher gar nicht lesen, wie die des Archilochos, des Hyponaktes, dann unzüchtige Komödien und Liebeslieder. Pythagoras, Platon, Aristoteles, die Stoiker sollen sie lesen, nicht Epikur, nicht Mythen, sondern statt deren Hymnen an die Götter. Zweimal im Tage wenigstens sollen sie Gebete verrichten, morgens und abends, und die vorgeschriebene Zahl (— in Rom sind es dreißig —) von Tagen und Nächten im Jahre im Tempel und in Reinigungen vollbringen, ohne jede andere Beschäftigung. An den andern Tagen sollen sie (aber nur mit Maß!) an dem gewöhnlichen Leben teilnehmen, im Tempel reich gekleidet, um der Götter, auf der Straße schlicht bekleidet, um der Bescheidenheit willen: nicht, wie die Bischöfe des Galiläers (dessen Reich doch nicht von dieser Welt sein soll), in Pracht und in Prunk der Gewandung! Kein Priester darf ein bedenklich Theater besuchen oder die Rennbahn! Und nur barmherzige, gegen die Armen gütige Menschen sollen als Priester angenommen werden! geringe aber nicht minder als (wie bisher fast allein) vornehm geborne: wer die Götter ehrt und den Leidenden hilft, der ist zum Priester geboren! Laßt euch nicht durch die Galiläer beschämen, die Liebesmahle den

Armen bereiten und viele dadurch an sich locken: bei uns sei jedes Mahl ein Liebesmahl! Ich speise nie ohne so viele Hungernde, als sich melden, meine Schüsseln teilen zu lassen: — es thut mir leid für die Armen, daß es der Gerichte nur wenige sind!

Ein Wichtiges endlich ist bei dem Götterdienst Gesang und Musik. Vergessen, verwildert ist deren Pflege in diesen Jahrzehnten. Die Lyra schwieg, Spinnweben zogen über den Mund der Flöte. Wohlan, ich habe den Präfekten von Ägypten in Alexandria angewiesen, stimmbegabte Jünglinge und des Saitenspiels Beflissene aufzuspüren, in der Tonkunst ausbilden zu lassen: ihren Bedarf an Kleidern, Brot, Öl, Wein hat teils die Stadt und teils der Staat zu liefern. Stumm lag die Erde, seitdem die Götter vertrieben waren: wieder erklingen, ertönen soll sie von Dank und von Lob den Wiedergekehrten!"

X.

Mit ganz besonderem Eifer gab sich der „Erneuerer der Götter" der Erneuerung des Schönen hin, das von jeher mit der Verehrung der Olympier und von da aus über das gesamte Leben der Hellenen und der Römer so viel Schimmer verbreitet hatte.

Die künstlerisch angelegte Seele Julians — mit allen Fehlern dieses Vorzugs reich behaftet — fühlte sich von dem Christentum, abgesehen von dem Inhalt der Lehre, abgestoßen durch das düstere, freudlose, ja der schönen Form Feindliche in der Gestaltung des Gottesdienstes „der Gräber", wie er grollte.

Noch gab es keine eigenartige christliche Kunst: die

Gotteshäuser, die „Basiliken", waren ja ursprünglich zu weltlichen Zwecken bestimmt gewesen: und weder von christlicher Tonkunst noch von christlicher Malerei konnte damals die Rede sein: am wenigsten aber von christlicher Bildhauerei, die ja von dieser Religion — schon wegen der naheliegenden Versuchung zur Darstellung des Nackten, das heißt des durch die Erbsünde verteufelten Fleisches, — geraume Zeit streng abgewiesen und verworfen ward.

Der Künstler in Julian empfand von den mancherlei Unbilden, die unter Constantius dem Heidentum von der bei Hofe begünstigten Lehre zugefügt wurden, am bittersten, daß gar oft christliche Eiferer aus Glaubenswut, aus totfeindlichem Haß gegen das Schöne, aus Furcht vor dem verführerisch schönen Sinnlichen, oft aber auch ganz einfach aus Habsucht, aus Raubgier die schönsten Kunstwerke der Antike, Bildsäulen der Götter und Göttinnen, Reliefs, Mosaiken, Gemälde, zumal aber zahllose Gebilde des Kunsthandwerks, die Darstellungen aus dem Götterglauben darwiesen, doch auch wohl ohne solche fromme Beweggründe oder Vorwände zerschlagen, verbrannt, ihres Schmuckes von Gold, Silber, Perlen, Edelsteinen entkleidet hatten.

Mit unnachsichtiger Strenge ließ der Wiederhersteller der Schönheit diesen entführten Tempelschätzen nachspüren und sie auf Kosten der Schädiger oder Räuber herstellen und an die alten Stätten zurückschaffen. Aber das meiste blieb doch unwiederbringlich zerstört oder verloren. Mit Seufzen sah der Herrscher bei dem Wandeln durch die Straßen und die Umgebung von Byzanz, wie in allen Städten, die er in diesen Jahren von Paris, von Wien bis an den Bosporus hin durchzog, in gar vielen Tempeln, die er wieder öffnen ließ, die Nischen oder die Fußgestelle der Götterbilder leer, ihres schönen Inhalts, ihrer ehrwürdigen Lasten beraubt, die Altäre zertrümmert, auch die

Säulen durch Beilhiebe beschädigt. Ebenso vermißte er in den Hainen, in den öffentlichen Bädern, in den Gärten der Gymnasien der Städte gar oft den Schmuck der Kunstwerke, deren Zerstörung oder Entführung manche Spuren oder die Klagen der zurückgekehrten Götterpriester bezeugten. Tief griff der Freund der Götter, der Kunst und der Künstler in den Säckel des Staates, auch auf dessen Kosten diese Lücken auszufüllen, diese Verluste zu ersetzen. Die starken Ersparungen, die er an der verschwenderischen Hofhaltung erzwang, erleichterten diese Ausgaben.

Allein der feinsinnige Kunstverständige hatte noch bitterer über andres zu klagen: über den Mangel an Künstlern. Hätte ihm nicht sein leidenschaftlicher Wahn in der Hauptfrage, dem tragischen Hauptkampfe seines Lebens, den sonst so scharfen Blick verfinstert, — er hätte die innere Unmöglichkeit der Göttererneuerung auch daraus schon erkennen müssen, daß jetzt, bei aller Begünstigung durch den Herrscher, bei aller Anspornung durch Ehren und Gold, sich nirgend echtes Künstlertum in den Dienst der Olympier und des Imperators stellte.

Die Götter waren tot. —

Und tot der fromme, der begeisterte Sinn, der ihnen in der Kunst gedient hatte. Stümper, Nachahmer, Übertreiber in Menge drängten sich zu den lockenden, reich bezahlten Aufträgen, — dieses Kunstgesindel ward bald ebenso frech und goldgierig, wie das von seinen Freunden mit Recht gescholtene der „Philosophen" und „Rhetoren" —: aber echte Künstler blieben aus.

In trüber Stimmung hatte Julian wieder einmal in seiner „Kunsthalle", einem Säulengang des Palastes, gemustert, was jene Afterkunst in Ausführung seiner letzten

Aufträge da eingeliefert hatte, als sein Blick zuletzt auf eine Bildsäule fiel, die sich, bescheiden, in einer Ecke verbergen zu wollen schien. Es war eine herrliche Venusstatue. Julian trat bewundernd, halb entzückt, näher.

Da entdeckte er unter dem Fußgestell halb hervorragend einen schmalen Streifen Papyrus: neugierig zog er ihn heraus und las: „Ihrem Erretter die gerettete Venus von Arles!" „Artemidor!" rief er voller Freude. „Ja wahrlich! Freilich, es ist nur eine Nachbildung der hohen Göttin. Aber wie wunderschön! — Artemidor! Überall hab' ich nach ihm forschen lassen, mir zu helfen bei jedem Werk für die Schönheit. Nirgends war er zu finden! Wo mag er nur stecken?"

„Hier," antwortete eine liebenswürdige Stimme, und hinter dem dunkelgelben Vorhang der Säulenhalle trat der junge schöne Korinther hervor. Julian eilte auf ihn zu und faßte ihn an beiden Händen. „Hab' ich dich endlich! Warum kommst du so spät zu mir?" — „Die Kunst soll zu den Herrschern nicht mit leeren Händen kommen: — und noch weniger der Künstler. Wir müssen geben: — ihr — mit Dank — empfangen. Es ist besser, daß ihr Fürsten undankbar seid, als daß wir Künstler aufdringsam scheinen. Ich ward nicht früher fertig. Mußte ich doch — aus der Ferne — nach den damals flüchtig aufgezeichneten Maßen — arbeiten. Es ist nur eine Nachahmung. Allein ich meine: wer nicht Vollendetes neu schaffen kann, soll lieber, als Stümperhaftes schaffen, Vollendetes vollendet nachbilden. So müssen Epigonen sich bescheiden. Ich schenke dir die schöne Göttin, Herr."

Und der Jüngling neigte sich anmutig und stolz und wandte sich zum Gehen. Aber Julian hatte ihn schon am Mantel gehascht: dabei sah er, daß dieser Mantel und das Gewand darunter recht alt und traurig abgetragen waren.

„Halt, Freundchen! Weh dem, dem die Götter erscheinen und der sie sich entgleiten läßt. Du bleibst fortab hübsch bei mir, bis dich der Gott... welcher ist dein besonderer Schützer?" — „Phöbos Apollo." — „Bis unser Gott dich abholt. Ich habe unabsehbare Arbeit für dich! Ich kann nur die Herrschaft, du sollst die Schönheit der Götter erneuen. Ungezählte leere Tempel harren der Ausfüllung, trauernde Fußgestelle der Wiederkehr der schönen Last. Wie ich Heermeister habe, sollst du mein Kunstmeister sein: mein »magister artium«, neben den »magistri militum«. Auf! Schaffe selbst, bilde nach! Suche überall nach den entführten Göttern: — bis in den Krypten der Basiliken! — nach den verstümmelten Göttinnen, denen sie, diese unreinen Priester, die Sklaven ihrer unterdrückten Begierden, die stolzen keuschen Brüste abgeschlagen haben: — aus Furcht vor ihren eignen Sinnen, aus bösem Bewußtsein ihrer durch „Fleischabtötung" wahnsinnig gewordnen, befleckten Phantasie. Und stelle du sie her in ihrer jungfräulichen Reinheit, ihrer fraulichen Weibesherrlichkeit! Vollmacht geb' ich dir, unbeschränkte Vollmacht, das Reich des Schönen auf der Erde wieder aufzubauen. Kaufe, enteigne, mit einer Hand, die aus dem Vollen schöpft! Zu dem Wahren und dem Starken füge sich das Schöne! Bekränzt soll mir das Schwert des Römers von dem Kranz hellenischer Anmut sein! Sprich! Was forderst du zuerst: — wie viele hunderttausend Solidi? Aber: — du selbst — du siehst elend, barbend aus! Ich erfuhr doch... man sagte: — du bist der Sohn des reichsten Kaufherrn zu Korinth..." — „Ich war's. Aber..." — „Nun, aber?" — „Der Vater... er ist sehr fromm...! Der Bischof von Korinth ist sein Bruder: der will jenen Reichtum für seine Kirche sichern." — „Nun, was ist's?" — „Der Vater hat... mich verstoßen und enterbt." —

„Warum?" — „Weil ich nicht von den schönen Göttern lassen kann. Und ich kann's doch nicht! Lieber verhungern. Ja, lieber seinen Fluch ertragen." Thränen traten in die dunkeln Augen des Jünglings; er wankte. „Vergieb die Schwäche. Es ist nur . . . der Mangel. Ich hatte vorgestern die letzte Münze den Lastträgern bezahlt, dir die Göttin in dein Haus zu bringen." Da fing Julian den Sinkenden in den Armen auf. „Getrost, Artemidor! Hat dich dein Vater um der Götter willen verstoßen, — nehm' ich dich um der Götter willen an als Sohn. Komm mit mir. In die Bäder des Palastes! Und dann zum Abendschmaus in dem göttergeschmückten Saal. Dort — unter ihren Augen! — wollen wir planen, die entgötterten Tempel und Haine wieder zu erfüllen mit sieghafter Schöne. Dir, geliebter Sohn, übergebe ich — als meinem Statthalter für das Schöne! — mein ganzes Reich — vom Rheine bis zum Nil, von den fernsten Atropatenen bis in Britanniens Nebelgestade: — all' dies Unermeßliche, das ich einst nicht fassen konnte, zu denken, es ward nun mein, es zu beglücken! — Noch ist es entstellt: aber du sollst es mir wieder schmücken!"

XI.

Julian stand auf dem Höhepunkt des Glanzes seiner Herrschaft. Das dankbare Volk von Byzanz vergötterte ihn. Sowie er sich auf den Straßen zeigte, begrüßte ihn jubelnder Zuruf: „Heil dir, o Julianus! Du hast die vertriebenen Götter, mit ihnen die Freude, das Glück, die Lebenswonne wieder zurückgeführt auf die Erde!"

Die grollenden Christen hatten die Stadt, die Nähe des Hofes verlassen oder doch ihren Unmut zu verbergen gelernt; die Berichte der Beamten aus allen Provinzen meldeten, oft wohl beschönigend und begründete Beschwerden vertuschend, begeisterte Zustimmung der Provinzialen zu den Maßregeln des Herrschers; von allen Grenzen, zumal auch von der germanischen an Rhein und Donau, berichteten die Befehlshaber völlige Ruhe: die Barbaren, eingeschüchtert durch Julians Siege und glücklichen Stern, wagten keine Einfälle: sogar aus Persien verlautete, der Großkönig habe eine Gesandtschaft mit sehr friedlichen Vorschlägen abgeschickt.

In diesen Tagen trafen auch, auf Einladung ihres Schülers, Maximus und Libanius aus Nikomedia ein, wurden von ihm auf das herzlichste und ehrerbietigste empfangen und in jeder Weise ausgezeichnet. Da hielt denn Libanius öffentlich auf dem weiten säulengeschmückten Platze vor dem wieder hergestellten Tempel des Zeus Soter vor einer ungezählten Volksmenge eine glänzende Lobrede auf den Herrscher, von der dieser, in Festgewand gekleidet, aber auf einer Schülerbank, — nicht auf dem Throne — der Rednerbühne gegenübersitzend, gierig jedes Wort einsog. Es war ein recht langer Genuß!

Nach der Abreise des Philosophen und des Rhetors hatte Julian Serapion und Jovian — wie fast jeden Abend — zu dem bescheidenen Nachtmahl in den Palast geladen. Sie mußten warten, bis seine etruskischen Priester die Zeichen des „Abendopfers" ihm geheim gedeutet hatten. Die beiden lehnten an dem Bogenfenster des mit Götterbildern reich geschmückten Speisesaales, das einen herrlichen Blick über den blau flutenden Bosporus und das asiatische Ufer drüben mit seinen vielen, aus Lorbeeren und Myrten lauschenden, weiß-säuligen Villen gewährte.

„Er ist sehr heiter heute," sprach Jovian. „Er erzählte mir ganz stolz ... es freute ihn offenbar fast wie ein Sieg über die Perser ... von seinem Büchlein „über die Cäsaren", das er diese Nächte über durchgefeilt." — „Es ist wirklich geistreich," unterbrach Serapio, „ganz im Stile Lucians. Ja, wenn er spotten kann, dann ist ihm wohl."

„Wohler als denen, die sein Spott trifft," meinte der gutmütige Jovian. „Aber auch ergreifend ist es durch seinen heiligen Ernst, mit welchem er vor allen Imperatoren den Preis zuerteilt Mark Aurel, dem Philosophen im Purpur, weil dieser als seinen Lebenszweck bezeichnete, nicht Genuß, Ruhm, Macht zu gewinnen, — nur: den Göttern nachzueifern. Und wie Herakles, sagt er, haben ihm selbst die Götter die Arbeit auferlegt, die Erde von allem Unrecht zu säubern. Und dann wieder zwar ziemlich boshaft, aber auch wahrhaft geistvoll ist seine Beurteilung von Constantin und Constantius, der alle Frevel und Verwandtenmorde abzuwaschen verstanden durch „ein gewisses Wasser" —: das der Taufe." „Das gefällt mir nicht," sprach Jovian kopfschüttelnd. „Man soll nicht verspotten, was andern heilig ist." — „Aber auch nicht zerschlagen und verbrennen, wie die frommen Christen den schönen Heiligtümern der „Hellenisten" thaten und — so gern wieder thun möchten, litte es Julian. — Er frohlockte: „denke nur: zehn Abschriften hatte der Buchhändler neben den Gärten der Faustina: — weg sind sie! alle zehn in drei Tagen gekauft. Und die Käufer haben nicht einmal ihre Namen bekannt gegeben, so daß der Verdacht der Gunstbuhlerei ausgeschlossen ist." „Es ist wirklich erstaunlich," erwiderte Jovian, „was er, neben der unermüdlichen Sorge für das Reich in Krieg und Frieden, alles fertig bringt. Ich bekäme den Schreibkrampf. Sechs lange Reden oder Abhandlungen seit wir hier sind!" — „Ja, und einzelne davon, wie die Rede über die Imperatrix Eusebia voll tiefsten Gemütes, andere, wie die Abhandlung über die Göttermutter und die über die Kyniker — er hat beide in Einer Nacht geschrieben! — voll Geist und Schwung." — „Und dann die begeisterte Rede an König Helios!" — „Mir gefiel am besten davon das rührende Gebet am Schluß — es enthält den ganzen Julian: „laß mich, o Helios, nur so lange leben als es dir gefällt, mir frommt und diesem Reich der Römer nützt. Gewähre mir ein reines Leben, wachsende Erkenntnis, gotterfüllten Sinn und einen sanften Tod, aus dem hinweg ich zu dir auf= schweben möge, ewig in deinem Lichte bei dir zu wohnen." — „Und dann die Unmasse von Briefen, die er täglich schreibt und zugleich diktiert." — „Darin thut er zu viel. Ich werd's ihm einmal sagen." „Ich begreife nicht," wiederholte Jovian, „woher er die Stunden des Tages nimmt." — „Ei, er hat die Nacht dazu genommen und gedrittelt: vier Stunden gehören, wie der ganze Tag, der Arbeit für den Staat, vier dem Schlaf und vier der Wissenschaft." — „Er bringt Hermes, dem Erwecker und Wacherhalter, häufig Opfer, auf daß er ihn vor dem Schlaf beschütze." „Das einzig Gute an dem Schlaf," sagte er neulich, „sind die von den Göttern gesendeten Träume." „Du träumst," erwiderte ich ihm, „oft wachend, wann du zu denken wähnst." „Aber still — er kommt."

Nach dem Abtragen der Speisen — nur über die Rede des Libanius war bei Tisch gesprochen worden! — begann Serapio, der an der Tafel saß, nicht lag, wie die beiden Römer, mit seinem Lächeln: „Du hast heute, Imperator, des Lobes arg viel gehört. — Vier Stunden lang! Länger als die längste Christenpredigt! — Zum Teil geistreich vorgetragen, zum größeren Teil dick aufgetragen: allzu

dick, wie Schminke auf den Wangen einer alternden Buhlerin. Du hast es ausgehalten, alle vier Stunden lang. Ich bewundere dich. Ich meinte einige Male: nun wird er aber aufspringen, der Augustus, und wird rufen: „Halt ein! ich ersticke vor Weihrauch!" Aber nein. Du bliebst ruhig sitzen, und bei jeder neuen Übertreibung lächeltest du aufs neue den Schmeichler an: — doch nein: „Schmeichler" ist ungerecht, versteht man darunter bewußte Unwahrheit. Libanius glaubt, was er sagt. Das ist mir gleichgültig. Aber auch du glaubst, was Libanius sagt. Und das, o Julian, das ist mir nicht gleichgültig. Denn es steigert ins Maßlose deinen schlimmsten Fehler —" „Die Eitelkeit," sprach Julian, ganz kleinlaut. „Ja, ich weiß. Ich weiß es schon lange!" — „Ich möchte dir helfen: dich warnen: nicht dich heilen: das ist undenkbar! — aber einigermaßen dich mäßigen. Ich danke dir so viel: — ich mache nicht viel Lärm mit meinen Gefühlen, dazu sind sie zu tiefgründig: — das Leben dank' ich dir und noch eins: die Kenntnis des glänzendsten Geistes der Zeit: — des deinen."
„Hat dich Libanius angesteckt?" spottete Julian, aber doch sehr angenehm berührt; denn der Germane lobte ihn nie. „Ohne Sorge! Du wirst dich bald überzeugen, daß mir die germanische Grobheit nicht angekränkelt ist durch deinen Griechen. Denn ich bitte um die Erlaubnis, jetzt, in dieser Stunde, — nur vor dir und vor diesem treuen Jovian — auch eine Rede über den Imperator Julian halten zu dürfen: — aber nicht eine Lobrede: sondern — als bittres Gegengift wider jenen, bis zum Ekel süßlichen Honig — eine Tadelrede." „Ausgezeichnet!" rief Julian und klatschte Beifall. „Gut, daß du vorher schon klatschtest: — nachher thust du's vielleicht nicht mehr," meinte Jovian. — „Oh ich kann viel vertragen." — „An Lob, ja, das wissen wir. Ob auch an Tadel, das wird sich jetzt erwahren."

— „Fang' nur an. Du Magister Militum, fülle den Becher dem Franken und setz' ihm jenen Rosenkranz dort auf, der dem Redner: gebührt." „Lieber nicht," sagte der verständige Jovian einschänkend. „Ein Rosenkranz paßt nicht auf den Germanenkopf." „Wir nehmen also an," begann Serapio sehr ruhig, „du bist gestorben!"

„Oho! Eine verfluchte Annahme! Fern sei das Omen!" lachte Julian. „Es eilt mir nicht!" — „Libanius hat dir die übliche Schmeichel- wollte sagen: Leichenrede gehalten und nun wird ein Unbefangener von dem neuen Imperator beauftragt, eine Gegenrede zu halten. Der Mann übernimmt das recht gern und beginnt: „Über die Fehler und Schwächen des verewigten Imperators Julian." „Vortrefflich!" lachte Julian, sich behaglich auf der Kline zurechtlegend. „So werde ich, wie jener alte König von Ägypten, der sich tot stellte, meine eigne Leichenrede hören." „Ja," meinte Serapio. „Hoffentlich nicht mit der gleichen Wirkung." — „Wieso?" — „Rampsinit sprang aus den Leichentüchern, bevor der freigemute Redner bis zur Hälfte gelangt war, und ließ ihn flugs enthaupten." — „Hei, das Ganze stimmt mich so heiter ... ich tränke noch einen Becher, — hätte ich nicht den kleinen schon geleert, den einzig ich mir täglich verstatte. Beginne!"

Und Serapio trank und hob an: „Bis zum Überdruß hat uns der Lobredner Julians Tugenden gepriesen. Kürzer nicht, auch nicht schwerer, aber unerfreulicher ist meine Aufgabe. Ich kannte nie einen Geist so glänzend wie der Julians war ..." „Der Tote bedankt sich!" unterbrach der Gepriesene, sich verneigend. „Aber auch nie einen bedeutenden Mann, der mit so vielen kleinen und großen Fehlern und Schwächen behaftet war." — „Ein vielversprechender Anfang!" — „Sie aufzuzählen würden zwei Tage nicht reichen ..." — „Bitte! Soviel Zeit mußt du nicht auf den Verblichenen verwenden: er verdient es nicht." — "Nur die ärgsten Dinge greif' ich heraus. Ich schweige also von jener unendlichen Eitelkeit: — sonst könnte ich überhaupt niemals enden. Aber der Verewigte neigte auch sehr stark zum Gekünstelten, zum Gesuchten." „Zum Beispiel? würde der Tote fragen, wenn er das hörte," unterbrach Julian. „Zum Beispiel: hält da der neu ernannte Jahreskonsul — ein Germane! — Nevitta, seinen feierlichen Aufzug in die Kurie des Senats. Wer folgt dem Wagen, zu Fuß, durch die sehr schmutzigen Straßen? Der Imperator! Noch mehr. Der Konsul hat an diesem Tage nach alter Sitte einige Sklaven freizulassen. Durch ein Versehen werden sie statt dessen dem Augustus vorgeführt, der sie frei läßt. Auf den Irrtum merksam gemacht, straft er sich selbst um diesen Eingriff in jenes Amt um zehn Pfund Gold." — „Das ist ganz altrömisch! Katonisch! würde der Tote erwidern, — wenn er reden könnte." — „Das eben ist die Künstelei. Er war — und alle seine Zeitgenossen sind — nichts weniger als altrömisch. Sie spielen Altrömer, sie sind es nicht. Ferner: Alles konnte er: — nur nicht schweigen. Wie er zu viele Briefe schrieb, so redete er zu viele Reden. Ein Herrscher aber soll gar nicht reden, sondern handeln. Ich will es nicht an Constantius loben, daß er nie in den Senat ging, dort zu sprechen: er wußte, er konnte nicht sprechen. Aber Julian wußte, — leider! — daß er reden konnte und er, der so schlimm von den langen Reden der Christenpriester sprach, er redete unablässig: im Senat und überall: er fing immer an: „Nur wenige Worte!" — dann folgten Regengüsse von Worten wie zur Zeit der Arche Noahs! Weiter! — Er hungerte nach Lob wie Vitellius nach Fraß. Auch ein Verschwender war er."

„Das ist stark!" unterbrach der Tote. „Sein Magen

und sein Schneider warfen ihm oft vor, er sei ein Geiz=
hals."

„War er auch: in Speise und Gewandung! Aber ein
Verschwender war er in dem Ankauf von Büchern. Stirbt
da ein Bischof, der des Hochverrats recht stark verdächtig.
Constantius hätte seinen ganzen Nachlaß — zumal auch
den Weinkeller! — eingezogen. Was thut der Büchernarr?
Er beläßt alles den Erben und die Bücherei kauft er zu
dem geforderten Preise: — er war nicht zu niedrig!"

„Es waren wertvolle Verteidigungen der Lehre des Gali=
läers darunter," murrte der Selige entschuldigend. „Er
kaufte sie, um sie zu widerlegen."

„Also auch Zeit wie Geld verschwendet!" schalt der
Ankläger. „Abergläubisch war er — ärger als Hadrian.
Alles, was geschah oder nicht geschah, hatte etwas zu be=
deuten! Unablässig opferte er, aus den Opferzeichen den
Willen der Götter zu erforschen. Da seine etruskischen
Auguren ihn belehrt hatten, daß zumal das Blut weißer
Vögel die Zukunft sicher verkünde, erschrak bei seinem
Anblick in den Straßen von Byzanz jede Gans; und alle
Möwen sind kreischend ausgewandert aus dem Römerreich.
Ja, er zahlte einmal drei Pfund Gold für einen nie
gesehenen weißen Vogel, den ihm einer seiner keltischen
Petulantes brachte. Aber bevor der Vogel weissagen konnte,
fiel Regen auf ihn: — siehe, es war ein angestrichener
Spatz. Und so hat er auch unter den Menschen gar
manchen Spatzen für einen Weissager gehalten! —

Auch andern als den größten Göttern opferte er unab=
lässig und unmäßig: Pan, Hekate, auch der ägyptischen
Isis. Er bildete sich fest ein, wiederholt seien ihm Götter
leibhaft erschienen und der Genius Roms habe dabei ein=
mal sein Haar gestreichelt." „Er hat's gethan," sprach
Julian, still und ernst zu sich selbst — unhörbar für den

Germanen — „dort, vor Straßburg." — „Um nicht auf dem Weg zu den Tempeln bei den unaufhörlichen Opfern zu viel Zeit zu verlieren, hat er sich in diesem seinem Palaste selbst den größten, schönsten Raum zu einem Tempel des Helios umgebaut und geweiht. Und hier zu opfern ist täglich seine erste Verrichtung nach dem Erwachen! Aber er durfte die heiligen Götter als seine Hausgenossen neben sich wohnen lassen: denn — das muß auch der Tadelredner rühmen! — unter seinem Dache geschah Unkeusches nie."

Da drückte ihm Julian schweigend die Hand.

„Aber weiter! Der Verewigte gab in maßloser Schwäche seiner Vorliebe nach für die Philosophen oder alles, was sich so nannte. Neulich führt er den Vorsitz in einer wichtigen Senatssitzung. Da wird ihm gemeldet, der Philosoph Crispus, ein Schüler des Maximus, aus Asien sei eingetroffen. Aufspringt der Augustus so hastig, daß sich ihm der Purpur zusammenschnürt, läuft durch die Kurie, durch das Vorzimmer, umarmt draußen auf den Stufen vor dem gaffenden Volk den Philosophen, dessen Bart freilich fast ebenso vernachlässigt war wie der des Imperators. Und zahllos sind sie, die Schmeichler und Schmarotzer, die sich als „Philosophen" an ihn hängen. Die Köche und Haarkünstler hat er verjagt: — diese Schwätzer hat er hereingeführt. Er mußte zuletzt die Haarkünstler zurückrufen, sich der Bärte seiner Philosophen zu erwehren." „Höre du, nicht lügen!" mahnte der Verstorbene. — „Ein weiterer Fehler war, mit jener Künstelei zusammenhängend, daß er schauspielerte." „Das ist grob," meinte Julian. „Aber wahr," seufzte Jovianus. — „Gewiß handelte und redete er nicht lediglich, um den Beifall der Augen- und Ohrenzeugen zu gewinnen: — im Gegenteil, er hat oft mutig der Meinung, der Neigung der

Menge getrotzt. — Allein bei der aus ganz edeln Beweggründen begangenen Handlung schielte er doch immer, wie ein mittelmäßiger Schauspieler, in das Publikum hinein, ob es seiner schönen Handlungsweise, seiner gewählten Redeweise auch wohl mit beifälligem Verständnis folge? Das war ihm so zur Natur geworden, — er wußte es gar nicht mehr, daß er so that. Wie Gewohnheitslügner nicht mehr wissen, daß sie lügen." „Ja," seufzte Julian, ganz eingeschüchtert. „Er schauspielerte. Aber nicht schlecht, meine ich. Wie?" — „Doch! Denn er übertrieb: er war zuletzt manieriert. So schrieb er viele Briefe, nur um darin mit einer bei den Haaren herbeigezogenen Gelehrsamkeit zu prunken. Er schrieb überhaupt viel zu viel Briefe." „Hat er die hierauf verwendete Zeit den Staatsgeschäften entzogen?" fragte der Selige ganz demütig. — „Nein, aber dem Schlaf, den er widernatürlich verkürzte. Ach, er wäre so viel gesünder, kräftiger gewesen, hätte er dem Gotte Hypnos mehr geopfert. Aber an den hat er so wenig geglaubt; und an dessen Sohn, den Traumgott, so blind! — Neulich erhascht er so einen Vorwand — hundert Feigen schickte er — durch die Post des Staates! — an seinen geliebten Maximus." „Mir scheint, du warst eifersüchtig," warf der Tote ein. „Oder du issest selbst gern Feigen. Gedulde dich: Du sollst auch deren erhalten, er schickt sie dir herab aus der Verklärung!" — „Aber dann, bitte, ohne die Anführungen von Homer, Herodot, Pindar, Aristophanes, Aristoteles, Hippokrates, Simonides und Theophrast und ohne den unausstehlichen Schlußsatz. Ich war zugegen, als er diesen Brief zugleich mit vier anderen fünf Schreibern diktierte: — denn er liebte es, auch hierin prahlerisch Julius Cäsar nachzuahmen. Den Schluß hab' ich mir aufgeschrieben: er lautet: „hat dieser Brief (— nach deinem Urteil! —) die Mittelmäßigkeit erreicht (diese

Wendung ist von fibelriechend eitler Verlogenheit), so mag er, auf dein Lob gestützt, andern mitgeteilt werden — (das heißt: laß ihn hundertmal abschreiben!). Bedarf er aber noch einer bessernden Hand, — welche wäre geschickter als die deine, ihn so auszuschmücken, daß man sich sein erfreue?" Wenn das nicht vor lauter „Geschmack" — abgeschmackt ist, so kann ich nicht schmecken."

Der Begrabene hob, abwinkend, die Rechte. „Genug! Du kannst das kaum überbieten. Schließen wir damit! Das war echt germanisch, deutlich. Ich meine, ich fühle Chnodomars Schwertschlag noch einmal! Mehr kann ich (— auf einmal —) nicht vertragen. Du hast gesiegt, Germane!"

„Dies Omen nehm ich an. Aber bitte, ich bin noch nicht zu Ende! Gerade von den Germanen noch ein Wort. Denn endlich: sein Hauptfehler war: er hat das Reich den Germanen ausgeliefert." „Oho!" rief der Tote und sprang in die Höhe. „Das ist frech." — „Zwar schlug er sie wiederholt im Felde. Aber massenhaft nahm er sie in die höchsten Ämter für Krieg und Frieden auf. Sehr folgewidrig! Denn er unterschätzte sie gewaltig, seiner lehrhaften Denkweise nach: — für starke Tiere erachtete er sie nur: — und doch vertraute er ihnen in der Wirklichkeit die wichtigsten Stellen, sogar das ehrwürdige Konsulat an. Ja, was hat er noch gethan? Denselben Alamannenkönig Vadomar, „den Fuchs", wie er ihn nannte und den er fing, indem er ihn „über=fuchste" (würde der geschmacklos worte=künstelnde Verewigte gesagt haben) . . ." „Ja, ja! das wäre so in seiner Art gewesen," schmunzelte der Verschiedene. — „Und der sich allerdings in römischem Dienst in Spanien ausgezeichnet, als klug und tapfer erwiesen hatte, — diesen germanischen Fuchs hat er zum Statthalter der ganzen Provinz Phönike in Afrika gemacht." „Wo er sich ebenfalls vortrefflich bewährte, würde der arme Verblichene hier einschalten, könnte er sich verteidigen," sprach Julian. „Der hat wahrlich die blondzottigen Barbaren nicht zu seinem Vergnügen in hohe Ämter gebracht." — „Nein, weil er mußte, weil sie tapferer, verlässiger und oft sogar klüger waren als seine Römer. Drum hätte er jene Unterschätzung ablegen müssen. Das that er aber nicht: warum? aus eigensinniger, griechisch-römischer Überhebung. Und doch war er wieder so grenzenlos, so freventlich schwach gegen das Germanische..." — „Ei, ei! Wie so?" — „Daß er einem Germanen, der es wagte, ihm an einem Tage, da ihn griechisches Lob fast berauscht hatte, schonungslos, ja absichtlich und bewußt übertreibende Tadelworte zu sagen, den trotzigen Kopf nicht abschlagen ließ, — so sagt man wenigstens," schloß Serapio, sich erhebend. „Nein, sondern diesen Kopf mit beiden Händen umfaßte und dankbar küßte," rief Julian und that nach seinen Worten.

XII.

Mit sehr verschiedenartigen Empfindungen nahmen die Hauptstadt und das Reich die Nachricht auf, daß der Herrscher eine allgemeine Kirchenversammlung nach Byzanz berufen habe, auf der Bischöfe und Priester der katholischen Kirche wie aller christlichen Sekten, aber auch Lehrer der Juden erscheinen und ihre Lehrmeinungen in einem Religionsgespräch vertreten sollten. Der Imperator selbst behielt sich Vorsitz und Leitung vor, um, wie er verkünden ließ, die Freiheit jeder Meinung, den unparteilichen Gang der Verhandlungen zu sichern.

Am meisten erstaunt waren über diesen Beschluß Julians nächste Freunde, Jovian und Serapio; Lysias hatte schon lange die Hauptstadt verlassen und seine Amtsthätigkeit, zunächst in den Provinzen Pontus und Bithynien, begonnen. Bei dem Lustwandeln in dem Haine der Artemis vor dem Westthore der Stadt blieb Serapio plötzlich stehen und fragte: „warum thust du das, o Julian?" — „Was?" — „Das mit den vielen Geistlichen." „Ja," unterstützte Jovianus lebhaft die Frage. „Warum? Denn an Erfolg glaubst du ja doch nicht!"

Mit seinem Lächeln antwortete der Schalk: „Und warum nicht? Irgend ein Erfolg wird schon herauskommen! Aber, bitte, beschleunigt eure Schritte. Die Arbeit ruft mich in den Palast zurück. Unter all' den vielen Dingen, daran es mir gebricht, steht oben an die Zeit." „Desto mehr wundert mich," sprach Serapio grob, „daß du sie so vergeudest." „Denn der Tag dieses Konzils ist ein verlorner," schloß Jovian.

„Wer weiß! — Ich gebe doch die Hoffnung nicht auf." „O du arger Spötter," schalt Serapio. — „Nicht gerade, daß sie sich gegenseitig bekehren (oder — was fast noch erwünschter wäre! — gegenseitig auffressen): aber ein versöhnlicheres, friedlicheres Verhalten untereinander ist doch vielleicht die Folge."

„Das glaubst du selbst nicht!" zweifelte Serapio. „Sieh nur, wie er den Kopf zur Seite zieht und, scheinbar den Bart streichend, den lächelnden Mund mit der Hand verbirgt," zweifelte Jovian. — „Ei, sie sollen hier Duldung lernen und Nächstenliebe." „Die Katholiken von den Ketzern?" fragte Jovian. „Oder umgekehrt?" zweifelte der Franke. „Beides wird schwer halten!" — „Nein! Sondern alle von uns Hellenisten. — Und übrigens: wenn das Gegenteil erreicht werden sollte, wenn die alten

Feinde, stehen sie sich nun alle gegenüber und hört jeder die verhaßte Lehre des andern, in tobendem Streitzorn ausbrechen, heißer als je zuvor . . ." — „Nun dann?" „Ja, was dann?" forschte Serapio. „Denn das wird doch höchst wahrscheinlich geschehen!" „Dann ist's erst recht gut," lachte Julian nun laut auf. „Dann erwahrt sie sich wieder einmal, die vielgepriesene Liebe, Milde, Einigkeit der Kirche vor den Augen der ganzen Welt; und ganz besonders vor den meinen: diesen Augen aber, — ist ihnen bei dem vielen Verdruß, den ihnen die Galiläer tagtäglich bereiten, nicht auch einmal eine kleine Freude durch die Galiläer zu gönnen?"

An dem bestimmten Tag eröffnete der Augustus die Versammlung, zu der in heiligem Eifer die frommen Väter aller Bekenntnisse, auch Vertreter des Judentums, in so großer Menge aus allen Provinzen des Reiches zusammengeströmt waren, daß keine Basilika sie aufzunehmen vermochte.

So war von vornherein das Anstößige ausgeschlossen, daß der „hellenistische" Imperator in einem christlichen Gotteshause den Vorsitz einnahm. Und auch die Frömmsten konnten nicht dawider eifern, daß aus dem Grund solch zwingender Not die Beratungen in ein weltliches Gebäude verlegt wurden; man wählte den weitesten Raum, der in der Hauptstadt zu finden war: die Säulenhalle des vom großen Constantin erbauten Gymnasiums.

Zartfühlig ließ Julian aus dem Haus und dem umgebenden schönen Hain für diesen Tag die Götterbilder entfernen, die Artemidor auch hier bereits wieder aufgestellt hatte; „ich bin der Wirt: ich darf nicht unwirtlich scheinen," sprach er, „nicht meine ohnehin so leicht reizbaren Gäste verletzen."

Bis auf den letzten Platz waren die Stühle und Bänke besetzt, die, in sieben Reihen hintereinander aufgestellt, einen Halbkreis bildeten, geöffnet gegen den purpurbehangnen Thron, den der Herrscher, gekleidet in die volle Festgewandung des Imperators, nun feierlichen Ganges beschritt.

Zu Füßen des auf mehreren Stufen erhöhten Sitzes nahmen die ersten weltlichen Würdenträger Platz. Eine Schar von Kriegern — meist blondhaarigen, Julian selbst hatte sie ausgesucht — stand in vollen Waffen, befehligt von Sigiboto und Sigibrand, hinter dem Thron; und draußen, vor dem nun geschlossenen Eingang, in dem weiten Garten, waren zweitausend weitere unter Garizo und Ekkard aufgestellt.

Lange musterte Julian die Versammlung schweigend: — manch hochehrwürdige Gestalt, manch edles, vergeistigtes Antlitz erschaute er: aber auch viele Eiferer, deren Züge, von Glaubenshaß und Verfolgungswut, von Rachgier und von andern übeln Leidenschaften entstellt, durchaus nicht Frieden atmeten oder ankündeten. Endlich hob der Imperator an: „Ehrwürdige, fromme, ja vielleicht zum Teil schon heilige Väter der Kirche, Häupter der verschiedenen Lehrmeinungen, auch ihr, o weise Lehrer der Juden! Ich heiße euch alle willkommen. Ich habe euch hier versammelt, euch Gelegenheit zu geben, eure Glaubenssätze vorzutragen und zu vertreten. Ich wünsche — aber ich wage (— nach frühern Erfahrungen! —) freilich nicht stark zu hoffen," — hier spielte, kaum merklich, ein Lächeln um den feinen Mund — „daß aus euren Verhandlungen, wenn auch nicht Versöhnung, doch gegenseitige Duldung hervorgehen möge. Bevor ihr beginnt, möchte ich euch (— als

Mahnung! —) ein paar Sätze vorlesen, die sich in einer eben veröffentlichten Geschichte unserer Tage finden: ihr Verfasser ist der ausgezeichnete Grieche Ammianus Marcellinus, dessen Wahrhaftigkeit und Glaubwürdigkeit noch niemand bezweifelt hat. Seine Worte sind vielleicht geeignet, jenen geistlichen Stolz ein ganz klein wenig zu dämpfen, den manche Zeitgenossen euch, heilige Bischöfe (— gewiß mit Unrecht! —), vorwerfen. Ein wenig Demut ist gewiß uns allen (— auch mir gebricht es leider daran! —) zu wünschen. Und wo die Demut fehlt, da ist so recht am Platz: — die Demütigung.

Ammianus also schreibt: — gieb die Rolle, bitte, Serapio: „Nicht reißende Bestien, nicht Raubtiere zerfleischen sich untereinander mit solcher Wut wie die Christen verschiedner Bekenntnisse. Hätte Mark Aurel unsere Tage erlebt, — nicht von den zanksüchtigen Juden in Ägypten, von den sich zerreißenden Christen hätte er sein berühmtes Wort gesprochen: „o Markomannen, Quaden und Sarmaten, endlich habe ich noch ärgere Wüteriche gefunden als ihr seid." Ferner: „Papst Liberius und Papst Felix der Zweite streiten schon lang miteinander um den römischen Bischofstuhl: da wurden neulich in der Basilika des Sicinius, wo sich die römische Christenschaft zum frommen Gottesdienst zu versammeln pflegt, an Einem Tage hundertundsiebenunddreißig Menschen erschlagen."

Aber das ist ja nur ein kleines Vorfrühstück des Glaubenseifers gewesen! Stattlich war seine Hauptfestmahlzeit hier, in der Stadt Constantins: das erste Blut, das die neue Hauptstadt befleckte, von Gläubigen aus Gläubigen um des Glaubens willen ward es vergossen: „vor kurzem lieferten sich die beiden Bischöfe von Byzanz, Paulus der katholische, und Makedonius der arianische, eine regelrechte Schlacht in diesen Straßen: auf dem Platz vor der Bischofskirche allein lagen dreitausendeinhundertfünfzig Tote. Der Magister Equitum Hermogenes, der Frieden stiften wollte, ward von den Katholischen aus seinem brennenden Palast an den Füßen durch die Straßen geschleift und die Leiche auf das scheußlichste (— sehr unanständig! —) verstümmelt. Aber als später die Arianer gesiegt hatten, erfanden sie eine hölzerne Hebelmaschine, mit der sie den gefangenen Katholiken die Zähne des geschlossenen Mundes aufbrachen und nun die arianisch geweihte Hostie ihnen in den Schlund hinabzwängten: katholischen Jungfrauen verbrannten sie die Brüste mit glühenden Eierschalen oder quetschten sie ab mit scharfen Brettern." Weiter: „Die Arianer in Edessa sind vor drei Monaten über andere Galiläer, die Valentinianer, hergefallen und haben mit Mord und Brand gegen sie gewütet." (Der Statthalter beantragte die in den Gesetzen gedrohte Todesstrafe gegen die Überführten: aber ich halte alle glaubenswütigen Galiläer für nicht ganz zurechnungsfähig und habe sie begnadigt: nur ihr Vermögen ward eingezogen, die Verletzten zu entschädigen.) „Bald darauf hat die katholische Sekte der Novatianer in Paphlagonien viertausend römische Legionare erschlagen." Ihr werdet nun vielleicht zugeben, heilige Väter, der Staat muß doch ein wenig den Kopf schütteln über eine Religion der Liebe, welche so befremdliche Früchte zeitigt. So sagt Ammianus nicht zu viel mit den Worten: „der Haß der Christen untereinander übersteigt die Wut reißender Bestien gegen den Menschen." Aber er ist „Hellenist", werdet ihr sagen. Wohl, so führe ich ein Wort eines eurer Bischöfe an, jenes liebenswürdigen Gregor von Nazianz (um dessen Beifall ich mit so geringem Erfolg ringe!): er sagt (alle Grazien standen an seiner Wiege und daneben der Engel der Nächstenliebe! —) in seiner jüngsten Schrift (ich studiere so gern seine an Kraftworten reiche Sprache, ohne sie doch erreichen zu können!): „das Königreich des Himmels (das ist nämlich die Kirche) ist durch Zwietracht in ein Chaos, in einen nächtlichen Orkan, ja sogar in die Hölle selbst umgewandelt."

Dieser Freund der Wahrheit hat auch in einer Predigt behauptet (es ist die dritte in seiner jüngst veröffentlichten Sammlung: — ich habe sie mir sofort [wegen der starken Nachfrage] gekauft, obwohl sie ziemlich teuer ist, da meine galiläischen Unterthanen jeder Lehrmeinung so was gern lesen), ich, Julianus, pflege ziemlich häufig Knaben und Mädchen zu schlachten, aus ihrem Blut die Zukunft zu erforschen: die Leichen lasse ich dann (— wie ich erfuhr —) in die Flüsse versenken.

(Warum ich ihn nicht bestrafe, diese Schriften nicht unterdrücke? fragen meine Freunde. O nein, ich freue mich darüber, daß ein Feind von uns Hellenisten, trotz hoher Weihen, so lügt, so haßt und so verleumdet!)

Übrigens — Gerechtigkeit vor allem! Die Rechtgläubigen treiben es nicht ärger als die Arianer und die andern Ketzer: man kann homoiusios sagen oder homousios, und gleich streitsüchtig, blutdürstig und verfolgungswütig sein. Zu vielen Tausenden habt ihr euch gegenseitig geschlachtet! Aber hören wir weiter unsern trefflichen Ammian: „Es giebt — sagt' er — ausgezeichnete Bischöfe in den Provinzen: aber in Rom und in andern Großstädten bieten sie die ganze Kraft ihrer Lungen nur zum Zanken auf. Sie sammeln sich Schätze aus den Spenden alter Weiblein, zeigen sich nur in prachtvollen Gewanden, die aller Augen auf sich ziehen, und ihre schwelgerischen Gastmahle überbieten die Tafeln der Könige."

Und ein frommer Kirchenvater — Eusebius von Cäsarea — klagt, daß „unaussprechliche Heuchelei und Verstellung es unter den Christen zum höchsten Grade der

Bosheit gebracht haben;" so schreibt er wörtlich. (Es sind euer überhaupt ein bißchen viele: achtzehnhundert Bischöfe zählt man in meinem Reich.)

"Diese achtzehnhundert haben" — berichtet Ammian — "behufs ihrer Verständigung in zweiundzwanzig Jahren neunzehn Kirchenversammlungen gehalten:" verständigt habt ihr euch, wie es scheinen will, dabei nicht erheblich, wohl aber, klagt Ammian, durch das Hin= und Herfahren die ganze Post des Staates zu Grunde gerichtet. Also (— offen bekenne ich's, und ihr wißt es ja von mir! —) ich kann euch nicht so recht lieben und auch euch nicht glauben! Aber wie könnt ihr mir aus meinem Unglauben einen Vorwurf machen, da ihr selbst lehrt: den Glauben kann man weder erlernen noch erzwingen; er ist eine freie Gnade, die am Menschenherzen Gott wirkt, der von Ewigkeit her im voraus weiß (— also unabänderlich vorher bestimmt hat!), welche Seelen er so begnadigen wird. Ich zähle offenbar nicht zu den Begünstigten, bin also im voraus von Ewigkeit her zur Hölle verurteilt gewesen, bevor ich geboren ward, bevor ich in die Möglichkeit kam, eure Lehre anzunehmen oder zu verwerfen. Das ist doch nicht hübsch von eurem Gott! Vernehmt zum Schluß noch, was ich neulich den Bostrenern geschrieben habe: es gilt euch allen: "wie viel besser als Constantius behandle ich die Priester und Bischöfe der Galiläer: er hat sie in Scharen verbannt, Athanasianer und andere (so daß in Samosata, in Kyzikus, in Paphlagonien, Bithynien, Galatien gar keiner mehr zu finden war), hat eure Kirchengüter eingezogen: ich habe allen die Rückkehr verstattet, allen die Güter zurückgegeben. Ja, den wackeren Bischof Aëtius von Ephesus hier, der sich um den Frieden zwischen den Seinen und den Hellenisten bemüht, hab' ich längst als meinen Gast hierher geladen. Nur laß ich euch nicht, wie das früher geschah, unterein=

ander und gegen uns Götterverehrer wüten. Gerade darüber aber toben viele von euch, frevelnd gegen die Götter und gegen unsere Gesetze. So wenig zwing' ich einen Galiläer an unsere Altäre, daß ich vielmehr von jedem, der zu den Göttern zurückkehren will, vorher Buße, Entsühnung fordere, Reinigung an Leib und Seele, die er durch den Abfall — zu den Gräbern — befleckt hat vor den hochheiligen Göttern. Aber viele Bischöfe, die nun seit Jahrzehnten geherrscht haben, wollen nicht aufhören zu herrschen, Gericht zu halten, alten Weiblein Testamente zu diktieren, Erbschaften an sich zu reißen. Gar häufig hetzen sie das dumme Volk und lassen es mit Steinen werfen auf unsere Götterbilder. Und doch ermahne ich immer wieder und wieder: „vergeltet nicht den Galiläern Gewalt mit Gewalt! Nicht Haß, Mitleid verdienen sie, belehren muß man sie, nicht verfolgen."

Beginnt nun eure Verhandlungen. Diese unmittelbar zu leiten, steht mir nicht zu: ich übertrage dies Geschäft dem den Jahren nach ältesten unter den Anwesenden: es ist, wie festgestellt ward, Aëtius, der ehrwürdige Bischof der Katholiken von Ephesus."

Sofort erhob sich ein dumpfes, grollendes Murren auf den Bänken aller Andersgläubigen.

„Ruhe, meine Lieblinge!" bat Julian. „Einer muß es nun doch wohl sein. Und bei jeder Wahl hätte der Rangstreit kein Ende genommen. Übrigens bleibe ich hier, in eurer Mitte, und sollte (was ich aber durchaus nicht annehme!) der greise Aëtius nicht mit voller Unparteilichkeit seines Amtes walten, so werde ich selbst eingreifen: — ich — von dem ihr wisset, daß ich all' euren abweichenden Lehrmeinungen mit gleicher — nun sagen wir: mit gleicher Unvoreingenommenheit gegenüberstehe. Mit Schmerz vermisse ich aber manch teures Haupt. So meinen gütigen

Gönner, meinen Mitschüler einst zu Athen, den vorbelobten sanftmütigen Bischof Gregor von Nazianz, der in seiner jüngsten Schrift bewiesen hat, ich trage neun lebendige Teufel im Leibe. Schade, daß er nicht kam! Es hätte mich doch so lebhaft angezogen, deren richtige Namen zu erfahren; und wo im Leibe mir jeder einzelne sitzt.

Auch sind leider ausgeblieben (— wohl zu stark miteinander selbst beschäftigt! —) die beiden heiligen Bischöfe, die sich, wie vorher beklagt, seit nunmehr sechs Jahren um den heiligen Stuhl von Rom recht lebhafte Straßengefechte liefern: — Felix der Zweite und zumal der demutvolle Liberius, den ich an eine frühere Begegnung, eine (— selbstverständlich nur für mich selbst! —) lehrreiche Unterhaltung über die Grenze von Kirchen- und von Staatsgewalt sowie über Urkundenverfertigung würde gern erinnert haben. Ich behalte mir vor, bei meinem längst geplanten Besuch bei ihm in Rom darauf zurückzukommen. Ich höre übrigens mit Bedauern, ihr Katholiken, daß Papst Liberius aus Menschenfurcht in der letzten Zeit des Constantius diesem zu Liebe von dem katholischen Glaubensbekenntnis (— dem von Nicäa, dem athanasianischen —) abgefallen ist und sich einer arianischen Sekte zugewendet hat. Ist er, der Irrgläubige, nun doch noch Haupt der rechtgläubigen Kirche? Aber das ist eure Sache! Verzeiht, ich bitte, die Frage.

Allein auch ihn, den eben genannten, den berühmten Athanasius von Alexandria (— ja, ihr Arianer, brummt nicht! „Berühmt" ist er doch jedenfalls und von Alexandria ist er auch: nämlich das heißt bald: zu Alexandria, bald von euch vertrieben — also von Alexandria weg —), auch Athanasius also nicht hier zu sehen, bedauere ich lebhaft. Um so tiefer beklage ich das, als ich beschlossen habe, zur Grundlage eurer Verhandlungen zu machen . . . :" hier

hielt er eine Weile inne und fuhr dann, als alle mit größter
Spannung an seinem Munde hingen, mit erhobener Stimme
fort . . . „das von ihm verfaßte und nach ihm benannte
Glaubensbekenntnis: das Athanasianum von Nicäa."

Da brach's los.

Tobender, höllischer Lärm und wildes, wüstes, ohren=
zerreißendes Geschrei. Mit Ausnahme der Katholiken und
der Juden sprangen alle Anwesenden von ihren Sitzen,
sprachen, riefen, zischten, schrieen, brüllten zugleich gegen die
Reihen der Katholiken hin, wütend und drohend auch gegen
den Thron des Imperators. Der verzog keine Miene;
ruhig sah er in den brodelnden, schäumenden, häßlichen
Kessel hinab: nur ein Lächeln konnte er nicht ganz unter=
drücken.

Der Vorsitzende, Aëtius, der wackere Bischof von Ephesus,
bemühte sich vergebens, die Ordnung herzustellen: alle
sprachen, schrieen, zugleich mit den Händen dem Gegner bis
nah' an die Nase fuchtelnd. Ja, aus den Reihen der heiß=
blütigen Afrikaner flogen schon als Wurfgeschosse gegen die
Köpfe der katholischen Amtsgenossen die Papyrusrollen,
auf welchen die heiligen Schriften verzeichnet standen. Ein
neues Testament streifte mit scharfer Kante das Ohr des
noch jugendlichen Bischofs Fortunatian von Aquileja: er
blutete stark.

Lange hatte Julian von seinem erhöhten Thron herunter
dem ausgebrochenen Wirrwarr zugesehen, ohne sich einzu=
mischen: er hatte sie recht lange gewähren lassen! Jetzt
aber, als der verwundete Bischof auf den Werfer, Adherbal
von Ruspe, mit geballten Fäusten losfuhr, gab er Sigiboto
und Ekkard einen Wink: die sprangen dazwischen und rissen
die bereits Raufenden auseinander; zugleich hob der Impe=
rator den rechten Zeigefinger: da schmetterte von dem hohen
Bogengang oberhalb der Säulen herab der eherne Klang

der römischen Tuba, das fromme, aber lebhafte Gespräch übertönend. Alle verstummten und sahen erschrocken nach oben: totstille ward's in der weiten Halle.

Nun erhob sich Julian vom Thron und sprach: „Nein, ihr frommen Herren, beruhigt euch: es ist noch nicht die Posaune des Weltgerichts; freilich wär' es kein Wunder, bräch' es strafend über euch herein. Vergeblich bat ich euch, als ihr so ... nun, sagen wir: so angeregt, so eifrig wurdet: „hört auf mich! Selbst trotzige Alamannen und wilde Franken haben auf mich gehört." Ihr nicht! Ihr gehorchtet nicht meinem Wort. So mußte euch die Tuba mahnen. Haltet doch Frieden, ihr Herren! „Kindlein, liebet euch doch untereinander" (mahnte der Lieblingsjünger eures Gottes), statt euch die Ohren blutig zu werfen. „Friede sei auf Erden und den Menschen ein Wohlgefallen," so sangen ehemals die Engelein. Muß ich euch Bibelsprüche lehren, ich, der von neun Dämonen Besessene? Für heute muß ich's wohl aufgeben, euch zu versöhnen. Fast besorge ich, ihr werdet auch morgen, ja noch einige Jahrhunderte so fort streiten. Streitet mit Gründen, aber, ich bitte sehr, nur die feineren Fragen entscheidet mit Fäusten. Und die heiligen Schriften wirken doch nur innerlich, nicht äußerlich angewendet. Eure Gewissen sind frei, eure Lehren sind mir unantastbar: wer aber den Frieden meines Reiches bricht, der wird lernen: „irret euch nicht, — auch der Staat läßt sich nicht spotten!" Und da ich eurer Sanftmut nicht ganz trauen darf — nach dem eben Erlebten! — kann ich euch nicht unbehütet auf die Straßen von Byzanz entlassen: leicht könnte dort der heilige Eifer neu erwachen. Deshalb (Serapio — rufe die befohlenen Germanen dort vor — die anderen stehen draußen bereit! —) wird jeder von euch in seine Herberge geleitet von je zwei heidnischen Alamannen, Franken, Friesen, Sachsen, Quaden, Markomannen: — die werden gewiß nicht Partei ergreifen für Athanasius oder für Arius! — Dir, Sachse Sigibrand (— ich kenne deine Theologie — heute ward sie beinahe hier angewandt! —), dir anbefehl' ich den heiligen Bischof von Ruspe da. Aber sei auf deiner Hut, Kriegshauptmann! Er ist ein streitbarer Herr, er wirft gar kräftig."

Der rotblonde Riese in seinem Wisentfell trat vor und legte nur leicht die Hand auf des Afrikaners Schulter; der knickte zusammen.

„So führe mir, Serapio, die frommen Priester durch die Straßen von Byzanz, jeden mit einer Ehrenwache von zwei Heiden. Sonst könnte euer Ansehen leiden bei dem Volk, sähe es euch werfen, schlagen und raufen auf den Gassen! Friede sei mit euch!"

XIII.

An dem Abend des Tages dieses aufgeregten Religionsgespräches hatte Julian wieder die beiden Freunde zu Gaste bei seinem Nachtmahl. Der Imperator verweilte mit Behagen bei den Erinnerungen an den Vormittag; auch Serapio lachte, als er erzählte, wie er nur mit Mühe auf den Straßen die kampflustigen Seelenhirten habe auseinanderhalten können durch die quergehaltnen Speerschäfte seiner Germanen. „Aber du scheinst wieder einmal nicht ganz zufrieden, gestrenger Magister Militum, mit deinem Imperator'" hob dieser an. „Woran hab' ich's heute wieder fehlen lassen?" „Nicht an Bosheit, oh Auguste," erwiderte Jovian, „an Spitzen und Witzen, die nicht bessern, die reizen und keine Wirkung haben als die . . ." „Ihn selbst zu erfreuen," schloß Serapio, „den Verstorbenen." „O weh," klagte Julian, „wird heute die üble Nach=Rede (hübsch diese Doppelbedeutung, nicht?) fortgesetzt?" — „Nein! Denn, o gerechter Aristi= des=Jovian, du hast zwar darin recht, daß seine bos= haften Witze nur ihn erfreuen. Jedoch das ist auch schon etwas. Schaden können sie ihm bei den Frommen doch nicht weiter: die können ihn nicht mehr tiefer in den Höllenpfuhl hinein verfluchen als sie ihn schon hinein gebetet haben. Und zur Empörung sind die Guten unter ihnen zu gewissenhaft, die Bösen zu ohnmächtig. Dabei ist aber jede solche Bosheit eine sehr wohlthätige Ableitung für unsren Julian: besser, er verspottet sie als griechischer Rhetor, denn er verfolgt sie als Imperator. Ich bring' es dir, Julian. Mögest du den Christen nie was Schlimmeres anthun als deine heutigen, schlechten und hier und da (aber selten!) guten Witze. Ich besorge jedoch . . ." — „Was? Du wirst mir doch nicht Verfolgungsabsichten zutrauen?" — „Dir nicht! Aber deinen Werkzeugen, die nicht immer vorsichtig gewählt sind. Dieser Lysias . . ." „Ich weiß," sprach Julian bekümmert, „du und Jovian, ihr seid ihm tief abgeneigt. Ich kann auch nicht leugnen, — leider! — daß ich ihn im Laufe dieser Jahre verändert finde: nicht zu seinem Vorteil. Wilde Leidenschaften, ungezügelte, reißen ihn dahin. Er ist keine apollinisch geklärte Seele. Aber ihr könnt ja beide nicht ermessen, wie tief ich ihm zu Dank verpflichtet bin! Ich konnte ihm die Bitte um jenes Amt nicht abschlagen: — ich hatte es ihm längst vorher bestimmt." „Es laufen aber schon Klagen ein," sprach Jovian, „aus mehreren der ihm anvertrauten Pro= vinzen. Die Christen . . ." — „Ja, das glaub ich! Sie waren solange Hammer, daß es ihnen schwer fällt, dies nicht mehr zu sein." „Sondern Amboß zu werden," meinte Jovian. — „Das sollen sie nicht. Werden die Klagen zu Anklagen, so laß ich auch meines Lehrers Fehler nicht hingehen." „Auf deinen heutigen Sieg über die Christenbischöfe und -Priester," begann Jovian aufs neue, „darfst du dir aber nicht viel zu gute thun. Sie kamen ja gar nicht zu Wort." — „Was? Ich höre sie noch schreien." — „Arglistig hast du jenes Bekenntnis als Apfel der Zwietracht in ihre Mitte geworfen." — „Und jedes andere hätte ebenso gewirkt. Das Arianische würde die Katholiken gereizt haben wie das rote Tuch den Stier." — „Daß sie dir auf deine boshafte Eröffnungsrede nicht erwiderten, ist begreiflich." „Ja," lächelte Serapion, „in Gegenwart des Katers wagen die Mäuse nicht, recht laut zu piepen. Sie schwiegen — unter der Furcht des Herrn." „Das soll ja der Weisheit Anfang sein," spottete dieser. „Nur des Herrn Julian," verbesserte Jovian, „nicht des himmlischen Herrn. War auch manch ehrlicher wackerer Mann unter den heute Versammelten: — es fehlte einer, der dir geistig gewachsen war." „Oder gar überlegen,". schloß Serapio. „Sollte es das geben?" fragte Julian in gutmütiger Selbstverspottung. Aber sehr ernst blickte Serapion, als er bedächtig erwiderte: „ich fürchte: ja." „Und wer?" forschte der Imperator, nun auch ernst geworden. „Wer ist das?" — „Nun eben: Athanasius." — „Immer dieser Name! Kennst du ihn denn? Sahst du ihn?" — „Ja, ich kenne seine Schriften: — ich las sie, als ich im Perserkrieg pfeilwund lag, viele Wochen lang, zu Amida. Ich kenne auch das meiste von seinen Kämpfen: sie erfüllten gerade damals, als ich im Orient weilte, die ganze römische Welt, zumal das Morgenland. Bisher waren alle seine Kämpfe mit den Ketzern, aber auch mit der Staatsgewalt: Siege!"

„Ja, mit Constantius," höhnte Julian.

„Und ich hab' ihn — damals auf dem Rückweg, in Ephesus, — gesehen, eine Predigt von ihm gehört: der Mann ist unvergleichlich und unerreicht. Seine Erscheinung schon, dies von Geist und Tugend verklärte Antlitz, sein ganzes Wesen! Und mehr noch als in seinem Denken, — in seinem Willen wurzelt seine Kraft, in seinem Charakter seine Größe: er ist sittlich noch mehr ein Held als geistig. Ich nannte dich, Julian, den **glänzendsten** Geist der Zeit: du bist es: aber der **größte** Geist und der **größte Mann** der Zeit — heißt Athanasius." „Hm, dann wundert mich," spöttelte jener, „daß er dich nicht bekehrt hat zu seinem Glauben." — „Das ist unmöglich. Die Weltanschauung eines Mannes, der kein Schallrohr ist, muß erlebt, sie kann nicht gelehrt werden."

Julian hatte einstweilen eine kleine Anwandlung von gekränkter Eitelkeit wacker überwunden. Nicht mehr gereizt, mit überlegener Selbstbelächelung fuhr er nun fort: „du siehst also wirklich diesen Unbezwungenen, diesen dreizehnten Apostel, wie sie ihn nennen, als auch mir überlegen an? Strafe muß sein! Für diese Majestätsbeleidigung meiner vielgescholtnen Eitelkeit verurteile ich dich dazu, mir genauen Bericht zu erstatten nicht nur über die früheren, dir, wie du sagst, bekannten Kämpfe dieses „Unsterblichen", — nein, zumal auch über die neuen Wirren, die vor kurzem in Alexandria ausgebrochen sind, wenn nicht durch ihn verschuldet, doch durch ihn veranlaßt. Artemius, der Dux jener Provinz, erhebt die schwersten Anschuldigungen gegen ihn. Du sollst sie prüfen." — „Ich? Warum ich, der Barbar? der Gottlose?" — „Ebendeswegen! Du bist der Unbefangenste von uns allen, kannst es sein. Soll ich einen Rechtgläubigen prüfen lassen? Er spricht ihn frei! Einen Arianer? Er verurteilt ihn! Soll ich selbst prüfen? Ich traue meiner eignen Unparteilichkeit nicht! Denn ich will es nur gestehen: als ich die schweren Anklagen des Dux las, da freute sich etwas tief in meinem Innersten und flüsterte mir zu: „Wäre doch nur der zehnte Teil begründet! Es würde ausreichen, diesen, wie es scheint, wirklich gefährlichsten Feind der Götter mit vollem Recht für immer unschädlich zu machen: nicht hinrichten, wie Artemius dringend verlangt, aber irgendwo, recht weit von seinem Bischofsitz, einsperren lebenslänglich: — es wäre sehr erwünscht!" Sobald ich mich auf diesem geheimen Wunsch ertappt hatte, beschloß ich, nicht selbst hier zu untersuchen. Ich überweise den Mann seinem (wie wir eben hörten) warmen Bewunderer. Kann ich mehr thun? Und dann schelten die Galiläer auf meine Parteilichkeit wider sie! Und dieser heitre Gregor Bischof von Nazianz (— das ist doch ein ausgesuchtes Scheusal! —) beklagt sich in seiner jüngsten Schmähschrift gegen mich, in den gröbsten Schimpfreden, deren die Sprache Pindars fähig ist, daß ich den rechten Glauben nicht mit Gewalt, nur durch List und Künste bekämpfe. Als sie aber Diokletian (— ohne alle Künste! —) köpfen ließ, — da war's ihnen auch nicht recht. Was ist ihnen denn recht?"

„Das will ich dir sagen," erwiderte Serapio, „wenn du's — auch noch heute! — noch immer nicht begriffen hast. Recht ist ihnen nur, daß sie die Andersdenkenden, nach Auswahl, bald mit List und Kunst, bald mit dem Henkerbeil bekehren dürfen. Denn — merk' es dir —: die Kirche ist nicht frei, wenn sie nicht herrscht." „Ei," meinte Julian, „das ist allerdings merkenswert. Eine anziehende Fassung des Begriffes Freiheit!" „Gerade deshalb," mahnte Jovian, „um diese dumpf Wütenden zu beschämen, mußt du, o Träger der römischen Gerechtigkeit, auch den Schein der Unterdrückung Andersgesinnter vermeiden." — „Aber das thu' ich ja aus allen Kräften! Ach wie tief beklag' ich es, daß mich von so vielen meiner Unterthanen eine solche Kluft im Glauben trennt. Deshalb, um die Kluft mit dem Friedensbogen der Iris zu überbrücken (ein hübsches Bild, nicht?), hab' ich in diesen Monaten eine Verteidigungsschrift gegen die Galiläer verfaßt, und zweitens — in den dem Schlaf abgesparten Stunden um Mitternacht! — eine Zusammenstellung meiner eignen Lehre, meines Wissens und Glaubens von den Göttern, jener Sätze, die mir Wahrheit sind und die, so hoffe ich zuversichtlich, bald allen meinen Unterthanen Wahrheit werden. Ich habe beide hier: dieser Papyrus enthält meine Lehre, jener dort die Widerlegung der Galiläer." Ernst begann Serapio: „laß die Streitschrift liegen, sie ist für mich überflüssig." „Und" — sprach Jovian — „für die Christen wird sie wirkungslos bleiben." „Aber deine eigne Lehre," bat Serapio, — „nun also abgeschlossen! — die teile uns mit. Nur Bruchstücke kennen wir davon. Laß uns endlich vernehmen, was den Christen das Kreuz, den Juden den Sinai, Lysias seine Volksgötter ersetzen soll. Und nicht bloß Lysias: — allen, die noch nicht Christen sind, also dem ganzen Heere, das du aufzubieten hast gegen die Kirche. Bitte, beginne! Es wird — nach dem Tag bei Straßburg — die wichtigste Erfahrung meines Lebens. Damals hast du gesiegt . . ." „Und siegen werd' ich heute! Hilf dazu, unbesiegter Helios!" rief Julian leuchtenden Auges, ergriff den einen Papyrus und begann, teils zu lesen, teils frei vorzutragen. Aufmerksam lauschten die beiden Freunde.

———

XIV.

„Ich schicke voraus, wie ich die Mythen des Volks=
glaubens auffasse. Ich verwerfe sie nicht als unsinnig,
wie so viele Philosophen: aber ich lege ihnen ganz andern
Sinn bei, als sie auf den ersten Blick zu haben scheinen.
Ich bringe durch ihre dichterische, phantastische, oft befremd=
liche Schale in ihren geheimen Kern. Sie sind nicht wört=
lich zu nehmen: es sind nur Sinnbilder. Ich greife ein
Beispiel heraus: den Mythos von Kybele und Atys: nicht
Einmal nur ist geschehen, was hier erzählt wird: es ge=
schieht fortwährend: unablässig ist Atys der Gehilfe der
Göttermutter, das heißt der gebärenden Natur, unablässig
verlangt er nach Vereinung mit ihr, unablässig setzt
Verstümmelung dem Übermaß seines Begehrens ein Ziel.
Und ähnlich steht es mit allen Mythen." — „Seltsam
nur," warf Serapion ein, „daß so viel Unsinniges über
diese verborgnen Weisheiten gehäuft ist."

„Das haben die Götter selbst den alten Priestern ein=
gegeben." — „Weshalb?" — „Um durch das Widersinnige
der äußeren Geschichte die Denkfähigen anzuspornen, in die
innere Bedeutung einzudringen, während die Einfältigen
sich an der dichterischen Einkleidung vergnügen und be=
gnügen." — „Verschmitzte Götter," meinte der Ungläubige.
„Nun aber beginne," mahnte Jovian. „Was ich meinen
Völkern bringe, ist weder Religion noch Philosophie: es
ist höher als beide: es ist klarer der Glaube, wärmer als
das Wissen: es ist „Mysto=Sophie", Geheim=Weisheit, wie
sie ähnlich seit tausend Jahren alle Mysterien suchten, aber
nicht fanden. Höret nun und erfasset mit dem Glauben,
was der Begriff, mit dem Begriff, was der Glaube ab=
lehnt.

Schön gegliedert senkt sich das Göttliche von seiner höchsten Sphäre herab bis zu der Körperwelt, die uns umgiebt. Das oberste (— erstens! —) ist die Idee, die Eine, Ewige. Aus ihr entströmt (— zweitens! —) eine ganze Welt von Ideen: — jene Ideen, die Plato gelehrt. Hier walten die Götter des Geistes, unkörperlich, unveränderlich, unsichtbar. Diese senkt sich herab (— drittens! —) in die Welt des Sichtbaren, beherrscht von sichtbaren Göttern, das heißt von den Sternen und von den unzählbaren Göttern, Halbgöttern, Nymphen, Satyrn der Völker. Diese sichtbaren Götter haben die Welt, wie sie ist, geschaffen, indem sie die Ideen (— oben „Nummer zwei!" — las er ab) dem Weltstoff, der Materie einprägten. Die uns umgebende Körperwelt ist das vergängliche Nachbild des unvergänglichen Urbilds der Ideen. Beide Welten aber (— „Nummer zwei und Nummer drei" —) zusammen sind Ein beseeltes Wesen voll Seele und Bewußtseins. Beide beherrscht als Haupt und Leiter Gott Helios, der unbesiegte, der in der Sonne sein leuchtend Abbild hat. Er vermittelt beide Welten. Aber er selbst ist ein doppelter.

Als der große Gott Helios ist er (— erstens! —) der oberste der Götter, er hat die Herrlichkeit des nur Guten: er teilt durch seine ewige Tochter Pallas Athene, Pronoia, die Vordenkende, allen Einzelgöttern ihre Kräfte zu: Zeus die Kraft, Äskulap die Heilkunst, Apollo die Schönheit. Zugleich aber ist der große allgemeine Helios (— zweitens! —) auch der Einzelgott Helios am sichtbaren Himmel, sein eignes Abbild! Sein Licht verleiht die Gabe, zu sehen und gesehen zu werden. Er erhält das Leben des Alls durch den Wechsel von Tag und Nacht und den ganzen Kosmos durch den von ihm geordneten Kreislauf der Planeten um ihn selbst als ihren König. So geht alles Gute, unmittelbar oder mittelbar, von ihm aus. Deshalb, weil stets das Gute das Schlechte überwindet,..."

Hier seufzte Serapio leise.

„... ist er der Unbesiegte, Unbesiegbare. Er erhält alles Leben. Er weckt die Verstorbnen auf, zur Verklärung auf einem helleren Stern, dem Lichtgott näher, zu ewiger, nie endender Vervollkommnung. Die Laster des Erdenlebens werden hinweggeläutert: — das ist die einzige Strafe nach dem Tode: die notgedrungene Besserung. Die einzelnen Volksgötter aber, Zeus und Jupiter und Osiris und Teutates, sind Untergötter, von welchen, nach ihrer Eigenart, die einzelnen Völker geschaffen sind: daher gleicht Zeus dem Hellenen, Osiris dem Ägypter, Teutates dem Gallier. Der Mensch jedoch soll stets durch die Einzelgötter hindurch dem obersten ihm im Gedanken erreichbaren Gott Helios dienen: er soll sich durchläutern, durchsonnen, dem Sonnengott selber ähnlich werden!"

Erschöpft, atemlos hielt der Redner inne: — müde warf er die Papyrusrolle zur Seite und sank auf das Ruhebett.

XV.

Tiefe, lange, in ihrer Dauer peinlich wirkende Stille folgte auf den Vortrag. Julian barg die glühende Stirn in beiden Händen, sein Herz klopfte gewaltig. Lang lag er so: — für seine Ungeduld, seine Erregung allzulang währte das eisige Schweigen seiner Hörer. Endlich sprang er leidenschaftlich auf: „Menschen", rief er, „Freunde, ich habe euch (— euch zuerst, euch allein! —) mein Innerstes, mein Bestes, ja mein alles gegeben (— die Frucht des

Grübelns von sieben Jahren! —), und ihr — ihr habt kein Wort darauf? Ich bitte euch, ich flehe euch an, redet! Nur nicht dies starre Schweigen! Sprich, Jovian, mein Jovian, was hast du mir darauf zu sagen?"

Tief auf seufzte der Treue, dann sprach er kopfschüttelnd, traurig: „Vergieb mir. Du weißt ja, ich bin kein Gelehrter. Ich — ich hab' es nicht verstanden!" — „Nicht verstanden! Was mir, wie ich voraussetze, bald jeder Bauer hinter dem Pfluge, jeder Winzer mit der Hippe verstehen soll? — Aber du, mein Grübler, mein Zweifler, Serapio, was sagst du?"

Jedoch Serapio schwieg und schloß die Augen; auch er seufzte. „Antwort will ich, Germane!" rief Julian ungeduldig. „Was — was hast du mir darauf zu sagen?"

Da sah der Gefragte auf mit ernstem Blick, und nach langem Zögern sprach er: „armer Freund!"

„Was soll das heißen?" rief Julian, außer sich, mit pochenden Schläfen. „Das soll heißen: ..." Der Franke sprang auf: „oh Julian! Freund! Freund meiner Seele! Du bist verloren. Du und all dein Trachten." — „Was fällt dir ein?"

„O zürne nicht, daß ich die Wahrheit sage. Das Ganze, o Julian, ist dein eigenstes Hirngespinst. Aber auch nur dir eigen! — Dichtung, Philosophie, Mystik und — Aberglaube. Kunstvoll und glänzend zusammengesponnen. Es schimmert wie in Tau und Sonnenschein ein Spinngewebe. Aber es verträgt wie dieses nicht die leiseste Berührung! Du bist und wirst bleiben dein einziger Bekehrter. Du bist zugleich dein Oberpriester und deine ganze Gemeinde. Den Philosophen muß deine mystische Phantastik abstoßen, den frommen Heiden deine Verflüchtigung der altgeliebten Götter in bloße Symbole, den Juden, den Christen schon deine Vielgötterei, während doch der

Begriff der Gottheit die Mehrzahl ausschließt. Was also bringst du? Wissenschaft? Von Beweisen hast du nicht die Spur eines Schattens eines Scheins! Religion? O Freund, soll die Mutter, deren Kind in Tod drohendem Fieber liegt, zu deiner „Idee" beten oder zu Gott „Helios Nummer Eins" oder zu „Helios Nummer Zwei?" Soll der Blinde diesem deinem Helios danken? Welches deiner Götter-Symbole hat ein Ohr, ein Herz für Hoffnung, Wunsch und Furcht? Und damit willst du das Christentum und das Heidentum ersetzen? Armer Freund! Du bist verloren!"

Abermals entstand ein langes, banges, schmerzliches Schweigen.

Tief, nicht in seiner Eitelkeit, diesmal in seinem edelsten Kern war Julian getroffen: er ging an das Fenster, sah zu dem dunkeln Nachthimmel empor und zerdrückte eine Thräne in den Augen.

„Ganz allein — auf Erden! Nur Helena ... dort ... auf jenem Stern."

XVI.

Die Freunde begriffen seine Enttäuschung: sie schonten, sie ehrten seinen Schmerz. Schweigend, kopfschüttelnd tauschten sie ernste Blicke. Nach geraumer Weile erhob sich Serapio und trat zu ihm, der an der Fenstersäule lehnte: er legte ihm sanft die Hand auf die Schulter und sprach leise: „Vergieb, Julian! Ich war zu derb: bin ich doch ein Barbar! Und dann bedenk'! — ich kann mich ja irren — irren über die Wahrheit deiner Gedanken. Und über ihren Erfolg bei den Menschen!"

Da wandte sich Julian rasch, ergriff seine beiden Hände

und sah ihm in die Augen: "Hab Dank, Freund. Du bist gut. Du meinst es gut mit deiner Aufrichtigkeit. Und deine letzten Worte bestätigen, was ich mir in diesen wehebittern Augenblicken sagte: "unfehlbar ist auch Er nicht, der germanische Zweifler. Und ich kann, ja ich werde dennoch Recht behalten!" Ach! Nicht um meinetwillen, nicht zum Triumphe meines Geistes! Es muß sein: soll das Römerreich nicht untergehn, muß es sein. — Das Römerreich in meinem, im alten großen Sinn, und diese galiläische Staatsverachtung: — sie sind unvereinbar."

"Gewiß!" bestätigte Serapio. "Und wäret ihr noch die kerngesunden Römer eurer Vorzeit, — diese Lehre, die das Jenseits dem Diesseits, das Beten dem Erobern und Beherrschen vorzieht, wäre nie bei euch mächtig geworden. Wie sagt Achilleus? "Lieber auf Erden der ärmste Pflugknecht als nach dem Tode König über alle Schatten sein." Aber ihr seid krank, krank bis ins tiefste Mark: das Übermaß des Genusses hat euch den Magen verdorben: daher verlanget ihr nach Fasten und nach bitterer Arznei: daher sucht ihr in der Lehre vom Kreuz die Heilung. Daher auch — wer hat zuerst gierig nach jenen Tröstungen gegriffen? Die Frauen, die Sklaven, die Armen, die Bedrängten und die im Gewissen schwer Beladenen. Müde, reuige Ausschweiflinge werden oft — ihre Bekenntnisse beweisen es! — die eifrigsten Christen! Und wahrlich: wer darf leugnen, daß für Kranke bittre Arznei heilsam sein kann!"

"Aber ich will uns gesund machen! Erstehen soll die alte Römerart, und was sie bei verdorbenen Säften begehrte und aufnahm, — bei gesunden soll sie's von sich stoßen. — Doch nun genug von mir und meinen Gedanken. Die deinen möchte ich endlich kennen lernen, Serapio-Merowech, du staunenswertes Doppelwesen." "Nicht wahr?" lächelte der, „Kentaurengleich! Halb Roß, halb Mann. Auf einem barbarischen Germanenleib ein hellenisch-römisch geschulter Kopf!" „Du," sprach Julianus freundlich, „hast dies Bild gebraucht — nicht ich." „Ja, aber," sprach Jovianus in seiner ruhigen, langsamen Redeweise, „ich staune doch schon lang über unsern Freund, diesen batavischen Königssohn. Er ist mir unheimlich. Ein Barbar, der vorgestern Platon anführte! Ein Germane, der gestern uns die Mysterien Ägyptens verkündete! Ein Bataver, der vorhin im Gespräch mit einem Bischof Sankt Paul durch Aristoteles bekämpfte! Ei, wenn die Salfranken anfangen, zu philosophieren, so muß am Ende ich auch noch nachlernen. Aber ich thu's doch nicht. Ich möchte — schon einmal sagt' ich's! — viel lieber etwas glauben können, so recht von Herzen glauben wie deine Mutter, die hohe Frau, Julian. — Du bist ein unerhörtes Wunder, Franke!"

„Doch ganz und gar nicht! Seit vier Jahrhunderten sind viele Tausende — ja weit mehr — von uns freiwillig oder gezwungen in euren Heerdienst, eure Staatsverwaltung nicht nur, in eure ganze Bildung eingetreten, haben sie eure beiden Sprachen gelernt, eure Wissenschaften studiert. Nur fanden sie dann freilich nicht immer, wie es mir — zu meinem Heil! — gelang, den Weg zu den Ihrigen zurück. Bei mir trat nur noch das Besondere hinzu, daß ich so früh zu euch kam. In bildungsfähigster Jugend. Und so lange blieb! — Fünfzehn Jahre."

„Und wohl auch, daß du für jene Fragen der Weltweisheit und des Götterglaubens mehr als andere Anlage und Eifer . . ." „Ja sogar brennende Gier mitbrachtest," unterbrach Julian. — „Und endlich, daß zufällig Constantinus Wohlgefallen gerade an dieser meiner Lernbegierde fand. Er überwies mich zwölf Jahre in allen Hauptstätten christlicher, heidnischer, mystischer, philosophischer Bildung den berühmtesten Lehrern. Zuletzt wollte mich Constantius freilich taufen lassen auf seinen Arianismus! Allein ich entzog mich und eilte zurück in unsre Wälder. Hier aber traf ich zum zweitenmal einen Mann, dessen scharfe, kühne, stolze Gedanken schon dem Fünfzehnjährigen — kurz vor dem Abschied aus dem Vaterhaus! — die Fesseln des Aberglaubens zerfeilt hatten.

Von unsern germanischen Stammgenossen im fernsten Norden, jenseit des suebischen Meeres, kam ein wagemutiger Seefahrer, — ein Königssohn aus dem Lande der Suionen, den Rhein herauf gesegelt auf seinem Drachenschiff. Schöneren Mann habe ich nie gesehen. Das fand wohl auch Mergundis, meine holde Schwester. Er blieb den ganzen Herbst und Winter in unserer Halle. Als der Lenzwind ihm die Segel schwellte, führte er die Schwester als seine Gattin mit fort ins Nordland. Dieser Jarl Swan war der kühnste Mann im Schlagen und Denken. In den vielen, vielen Tagen und Nächten, da ich, der Knabe, seinen mächtigen Worten lauschte, zerrannen mir die hehren und die schönen Gestalten unserer Götter und Göttinnen in eitel Luft. Der Überlegne gewann mich ganz für seine befreienden Gedanken. Jarl Swan glaubte weder an die Asen noch an Christus, dessen Lehre er auf seinen langen Fahrten an euren Küsten kennen gelernt, sondern, wie er kurz sagte, „an sich selbst, sein Schwert und die Notwendigkeit."

So kam ich in eure Welt hinein: schon als Knabe befreit von dem holden Reiz, dem lieblichen Zauber des Aberglaubens: — aber auch des Glaubens! Sonst hätte doch wohl die Lehre der Kirche oder eines eurer Mysterien oder auch eine eurer Philosophien sich der empfänglichen, suchenden Seele bemächtigt. Nun aber hatte ich denken gelernt: mitleidlos, rücksichtslos denken, jede süße Selbst=

täuschung durchbohrend, wie ein Messer eine Papyrusrolle. Und so allein ward es möglich, daß ich mir, unabhängig von allen Religionen, fast auch von allen Philosophemen, die ich kennen lernte, eine eigne Weltanschauung aufgebaut habe, die wenigstens den einen Vorzug hat: den, daß sie mich ganz befriedigt. Und welche Wonne war es, welche Freude des Geistes, als nun — kurz bevor Julian in Gallien erschien — das schöne Paar aus dem Nordland zu Besuch kam, den alten Vater noch einmal zu sehen und als ich, ein gereifter Mann, meinem Befreier, meinem Schwager Swan sagen konnte: „ja, du hast recht. Was ohne Hilfe griechischer, römischer, christlicher Bücher dein kühnes Denken dort in deinem fernen Eisland gefunden hat, — all meine jahrelange Forschung hat es nur tiefer und tiefer begründet und von allen Seiten her bestätigt."

„Wohlan denn," nahm Julian das Wort, „verkünde sie uns endlich, diese Weltanschauung, die du uns bisher so hartnäckig verschlossen gehalten hast. Sieh, Freund, ich hab' euch die letzten Gedanken meines Geistes anvertraut, — hab' ich nicht damit ein Recht auf das Gleiche er=worben? Es hat mich tief geschmerzt, daß ihr beiden — meine Liebsten! — so ganz und gar verwerft, was ich mit soviel Anstrengung ergrübelt habe. Aber dieser Schmerz, — er muß verwunden werden: die Zukunft wird entschei=den, ob meine Lehre wirklich nur mein Hirngespinst, un=befriedigend für Geist und Gemüt der andern ist: ich halte fest an meiner Überzeugung. Aber mächtig verlangt es mich nun (— das mußt du einsehen! —), die deine kennen zu lernen, sie an der meinen zu messen. Bitte, sprich."

„Ja, du hast ein Recht darauf," erwiderte Serapio. „Und dein Recht — es soll dir werden. Obwohl...! Ich weiß es: du und dieser gute Jovianus da, — ihr werdet wenig Freude daran haben. Ja, euch entsetzen an den grausamen Ergebnissen. Ich mach es kurz. Satz für Satz zu beweisen, — es würde mehr Stunden erheischen, als diese Nacht uns noch gewährt, so viele Stunden als ich Jahre brauchte, um diese Überzeugung nicht zu erlernen — eine solche ist nur ein windig Gedankengespinst — nein, sie zu erleben. Denn die Probe über die Lehre des Philosophen ist — sein Leben: ihre befriedigende, tröstende Kraft in den furchtbarsten Prüfungen. — Diese Probe — meine „Philosophie" (wenn ihr es so nennen wollt!) hat sie bestanden: ich sag' euch am Schlusse, wann und wie. Also! Die Welt ist. Sie ist nicht bloß ein Schein, wie eure Skeptiker und Sophisten lehren. Da sie aber ist, ist sie ewig. Das heißt: anfanglos, endlos. Und hier stehen wir schon an der Grenze unseres Denkvermögens. Wir müssen die Ewigkeit denken und können sie doch nicht denken. Also: wir werden die Welt nie begreifen. Aber solange Menschen denken, werden sie die Wahrheit suchen. Sie müssen. Sie müssen sie suchen im Gemüt, im Glauben, — das heißt: die Religionen sind notwendig: sie enthalten alle die Eine Wahrheit, daß das Ewige ist. Und sie enthalten daneben alle — Irrtum. Die Menschen müssen aber auch das Ewige suchen im Begriff. Das heißt: die Philosophien sind notwendig: auch sie enthalten alle jenes Wahre. Und alle daneben — Irrtum.

Viele Religionen und viele Philosophien stellen einen Gott als Schöpfer des Seins auf. Unmöglich! Denn er ist ja selbst: er kann doch nicht sein eigner Schöpfer sein. Andere Religionen — so die meiner Stammgenossen — und andere Philosophien lassen Gott oder Götter erst aus dem ewigen Urstoff erwachsen. Ebenso unmöglich! Denn das ewige Sein bleibt auch hierbei unbegreiflich. Jenes ewige Sein ist selbst das, was die Leute Gott nennen oder vielmehr: das ewige Gesetz dieses ewigen Seins ist Gott.

Nicht ein alter Mann über den Wolken. Ober zwölf Herren und Frauen und Jungfräulein auf dem Olymp oder in Asgardh. Welche Gotteslästerung! Gott nach dem Bilde der Menschlein hier — auf diesem winzigen Teil des Alls — zu gestalten! Aber freilich: überall haben die Menschen ihre Götter nach ihrem eignen Bilde geschaffen: Zeus ist ein ins Übermenschliche hinein verherrlichter Hellene, Wodan ein solcher von den Unsern.

Tief verhaßt ist mir die unwürdige Vermenschlichung der Götter, gerade weil ich „fromm" bin! Das heißt: von tiefster Ehrfurcht für das Göttliche erfüllt. Und seht, die Religionen sogar stellen ein Schicksal auf, ein Gesetz, das hoch über dem Willen und der Kraft auch der Götter thront.

Denn — gebt acht! — — du fragtest mich einmal verwundert, o Julian, wie es zugehe, daß meine Volksgenossen, Alamannenkönige, die doch sicher nie Homer gelesen, ganz ähnlich wie Homer über den Göttern ein unpersönlich Schicksal herrschend glauben? Das geht so zu: — bei uns wie bei euch. Die Phantasie muß eine Vielheit von Göttern gestalten: — sie verträgt es nicht, daß Eine Gestalt des Krieges und der Ernte, des Winters und des Sommers, der Geburt und des Todes walte. Auch Christen und Juden, die auf eure Vielgötterei so stolz herabschauen, stellen zwischen Gott und den Menschen wenigstens Viertelgötter: Erzengel, Engel, Seraphim, Cherubim, bald werden auch die Heiligen Achtelsgötter werden: nicht der Kirche, aber dem Volk. Ferner fordert das menschliche Herz ein Gottesherz, an das es im Gebete sein Fürchten und Hoffen legen mag und sein Schuldbewußtsein. Die Menschen kennen aber kein anderes bewußtes Wesen als den Menschen. Deshalb gestalten alle Völker überall und immer ihre Götter nach dem Bilde des Menschen, nach dem eignen Bilde.

Von der Vermenschlichung unscheidbar ist aber die Verschuldung: alle Leidenschaften der Menschen tragen sie in ihre Götter hinein: Liebe und Haß, Rache, Eifersucht, Zorn: so sprechen Juden und Christen von ihrem zornigen, eifersüchtigen Gott, von Vatermord und Ehebruch Jupiters zu schweigen. Aber diese zahlreichen und arg vermenschlichten Götter befriedigen nicht mehr das Menschenherz und den Menschengeist: — sie empören beide. Der Krieger betet um Krieg zu Ares, der Landmann um Friede zu Demeter: — welche Gottheit wird siegen? Der Gatte, der ein Mädchen verderben will, betet zu Aphrodite, die Ehefrau um die Treue des Gatten zu Hera: — wer wird siegen? Nun versucht man, Zeus, Jupiter, Wodan, als den Alleinmächtigen und als heiligen Gott, als „Allvater" hinzustellen. Ach, er findet keinen Glauben. Wenn Frau Hera Zeus in Liebesseligkeit einschläfern und während seines Mittagschläfchens allerlei Unfug anstellen kann, — was hilft seine Obmacht? Und soll man von Zeus dem Stier, dem Schwan, dem Goldregen Schutz der Keuschheit, der Ehe erhoffen? „Fort darum mit all' den vielen von Leidenschaften hin und her getriebenen Göttern," ruft das Bedürfnis nach Einheit, nach gesetzlicher Notwendigkeit, das des Philosophen; „fort mit den schuldigen Göttern," schreit das Sittliche, das Gewissen im Menschen. Und so wird über die vielen Götter das Eine bewußtlose Schicksal gestellt: die Heimarmene, das Fatum, die Urdh. Lieber ihm, lieber der blinden Notwendigkeit sich unterwerfen, als zwölf einander widerstreitenden schuldvollen Göttern und Göttinnen! Allein — es hilft auch nicht auf die Länge. So unabweisbar drängt die Phantasie in der Religion — deren mächtigste Helferin und verderblichste Verunstalterin! — zur Vielheit und zur Vermenschlichung des Göttlichen, daß die kaum gewonnene Eine unpersönliche

Notwendigkeit des Schicksals alsbald wieder vervielfältigt und verpersönlicht wird in drei Parzen oder drei Nornen.

Bei uns Germanen aber ist in leisem Beginn eine wunderbare Lehre: — viel zu tief und zu heldenhaft großartig, als daß sie bei euch hätte entstehen mögen. Ihr Hellenen und Römer behaltet eure vielen liederlichen Götter und (— ausgenommen wenige! —) desgleichen Göttinnen in alle Ewigkeit, so daß sich ernste, philosophische, sittlich strenge Männer schon bald ein halb Jahrtausend lang vom Glauben des Volks abwenden. Wir Germanen aber, — mein Schwager brachte aus dem Nordland die Anfänge dieser noch geheimen Lehre! — wir haben all' unsere Götter und Göttinnen zum Tode verurteilt, weil die schuldig gewordnen unserem sittlichen Ernst nicht mehr genügen. „Götterdämmerung" nennen sie das im Norden. Es ist eine großartige That! Denn wir verurteilen darin ja — uns selbst: nein, viel mehr als uns selbst: — unsere Wunsch- und Traumbilder, unsere Selbstverherrlichung. Denn was sind Wodan und Donar und Paltar und Frigg und Freia anders als wir selbst: — ich sagte es schon! — ins große gemalt und verherrlicht.

Ich sag' euch: wer mit solcher Liebe und mit solchem Ernst wie ich seines Volkes Götter erfaßt hatte, mit so glühender Begeisterung, und sie dennoch zuletzt als holde Traumgebilde fallen lassen mußte, — den können auch die Geheimnisse des Serapis, die Wunder Moses und des Jungfrauensohnes und auch, o Julian, dein Helios, — dieser Hälbling von Mystik und Philosophie! — nicht mehr gewinnen. Diese bunten Spiele der Einbildungskraft, sollen sie dem quälenden Drang des Menschen nach dem Wissen, nach dem Begreifen von Gott und Welt genügen?

Unmöglich! Bei den Völkern nnd bei allen einzelnen

von uns, die solcher Entfaltung fähig sind, wird die Religion so notwendig ersetzt oder doch ergänzt durch die Philosophie, wie auf die Blüte, wenn sie nicht verkümmert, die Frucht folgt. Aber neben dem Wissen bleibt die Ahnung, für jenen ach! nur allzu großen Rest des Göttlichen, den auch der Wissende nie, niemals erreichen wird. Und wehe dem, der solcher Ahnung spottet! Er ist seicht: und die ewigen Sterne finden nicht Tiefe genug in ihm, sich darin zu spiegeln.

Wenn nun aber alle Religionen und alle Philosophien Gott nicht zu fassen vermögen, — warum ihn suchen? Weil wir müssen. Gott selbst werden wir nie begreifen: wohl aber Stücke seines Waltens im Rauschen des Waldes wie der Schlacht. Und diese Stücke müssen wir gierig suchen: der kleinste Splitter genügt, uns in frommem Schauer der Ehrfurcht das unausdrückbar Erhabene Gottes ahnen zu lassen.

Und wie waltet Gott? Durch Gesetze, durch Notwendigkeiten, die sich so unvermeidlich vollziehen, wie der Donner dem Blitz folgt, wie der Schleuderstein endlich zur Erde fällt. Daher ist auch die Freiheit des Menschen nicht Willkür, sondern Notwendigkeit. Frei sein! Was ist's? Es ist: seine Eigenart darleben können. Unfrei sein, in ihr gehemmt werden. Die geträumte Freiheit — als reine Willkür — unterbricht die ununterbrechbare Kette von Ursache und Wirkung durch das Wunder. „Also," — höre ich schon deine Pontifices wie die Bischöfe gegen mich eifern, — „also giebt es keinen Unterschied von Gut und Bös. Also fröhnen wir doch lustig allen Lüsten und Lastern. Denn ohne Zweifel leugnest du auch das Leben nach dem Tode, die Belohnung und Bestrafung. Und dein Gott — dein sogenannter — (jeder nennt nämlich den Gott des andern den „sogenannten") leitet, ist er ein

starres Gesetz, auch wohl nicht mit Weisheit und Gerechtig=
keit die Welt? Das ist ja zum Verzweifeln." Gemach!
Die Pfütze muß stinken, die Rose muß duften, aber wir
meiden doch jene und lieben diese. Und wir töten den
Wolf, obwohl wir wissen, daß er unsere Schafe zerreißen
muß. Der Mensch muß das Gute thun um der Pflicht
willen, um der Vernunft willen: das Böse ist widerver=
nünftig. Es führt unvermeidlich zum Wahnsinn, zur Ver=
nichtung der Menschheit. Aber freilich wechseln die Auf=
fassungen der Völker und Zeiten von Gut und Bös wie
die von Schön und Häßlich. Uns ist Blutrache Pflicht,
den Christen ist sie Sünde. Der Einsiedler hat keine
Tugend, sage ich, denn Tugend setzt Leben mit andern
voraus: — den Christen gilt der fromme Einsiedler als
gar gewaltig tugendsam. Wer aber das Gute thut aus
Berechnung auf den Lohn im Elysium oder im Himmel,
handelt nicht sittlich, sondern höchst unsittlich.

Und die Seele? Sie ist an ihren eigensten Leib ge=
bunden: meine Seele kann nicht in Julians Leib stecken.
Deshalb lehren die Christen ganz folgerichtig die Auf=
erstehung des Fleisches. Es ist nur nicht jedem gegeben,
daran zu glauben. Die Gier nach dem „ewigen Leben"
ist selbstisch: die Unsterblichkeit ist die Tochter des Selbst=
erhaltungstriebes und der Todesfurcht. Der Leib aber ist
dem Tode verfallen: und — hast du je der zerschlagnen
Lyra Stimme wieder gehört?

Und was Philosophen und Priester bis zur Ermüdung
untereinander streiten, ob Gott, wie sie sagen, „persön=
lich" oder „unpersönlich" sei, — das ist für mich ganz
sinnlos. Wie dürfen wir Menschlein hier auf Erden den
Unterschied, den wir zwischen uns und Tieren, Pflanzen,
Steinen aufstellen, in jenes unausdenkbar Erhabene hinein=
tragen, das wir Gott nennen? Aber freilich, wir haben

ja sogar den Unterschied von Mann und Weib in das Göttliche verlegt! Auch du, Julian, mit Helios und Pallas Athene! Gewiß ist Gott nicht „Stoff", — „Hyle", sagt Aristoteles. — Aber ist er um deswillen „Geist" nach dem Bilde des Menschen?

Und nun erhebt mir nur auch kein Gejammere weiter über die Trostlosigkeit solcher Lehren! Nicht das Erwünschte, — das Wahre gilt es zu suchen. Und, ist es denn wahr, daß auf Erden stets das Gute siegt? Hat Gott nicht zugelassen, daß euer Römervolk etwa ein Jahrtausend lang alle andern Völker mit jedem Mittel der Gewalt und List geknechtet hat? Was hatte dein Vater verbrochen, Julian, was die andern Opfer jener blutigen Mainacht? Gestern trug man zu deinem Oribasius ein reizendes Kind, das unter den furchtbarsten Qualen im Sterben lag: eine Schlange hatte es gebissen, da es für die Mutter Blumen pflückte. Wo blieb da der Schutzengel, der ungesehen kein Haar von unsrem Haupte fallen läßt? Heute ward ein armes Geschöpf von sechzehn Jahren vor deinen Richter gestellt wegen Kindsmords. Das unschuldige Mädchen war, da es im Walde Reisig sammelte, von einem Räuber vergewaltigt worden. Und die Engel ließen es zu! Ja, sie ließen sogar das Gräßliche zu, daß sie von dem verabscheuten Unhold ein Kind empfangen und in Schmerzen gebären mußte, ganz ebenso wie ein Eheweib von dem geliebten Gemahl. In Verzweiflung hierüber hat sie das Neugeborene erwürgt. Wohl hast du sie begnadigt: aber Gott hatte keine Gnade für sie gehabt. Sie hat doch das Scheußlichste erdulden und neun Monate fort schleppen müssen. Und unversehrt lebt der Schurke und freut sich der geraubten Lust. Wo ist da die gerecht waltende Vorsehung? Wollen wir die Wahrheit nicht sehen? Dann laßt uns doch das Denken aufgeben.

Wohlweislich verlegen daher die Christen die ausgleichende Gerechtigkeit in das Jenseits und nennen die Wege Gottes „unerforschlich". Letzteres ist ungefähr dasselbe, was ich sage. Nur mit einem Unterschied. Ich habe erkannt, daß das Glück der Menschen durchaus nicht der Zweck der Welt ist, sonst wäre sie ein höchst mißlungnes Stümperwerk. Sondern es will sich ein ewiger Wille vollenden. Ihm dient der Trotz wie der Gehorsam. Ihm muß das Böse, ihm will das Gute dienen."

„Das ist ja aber trostlos!" unterbrach Jovian, tief aufatmend. „Keine Unsterblichkeit, keine Freiheit, kein Gott, wenigstens keiner mit einem fühlenden Herzen, keine Hoffnung, daß das Gute siegen müsse, kein Vater im Himmel, zu dem man im Schmerz beten, dem man Wunsch und Furcht vortragen kann! Merowech, warum lebst du dann?"

„Weil ich das Gute thun, das Wahre suchen, das Schöne genießen kann, will, muß. Weil es — trotz allem Weh! — des Lebens lohnt. Weil mir Gott seine ganze große herrlich schöne Welt geschenkt hat, darin meine Eigenart darzuleben. Das thu ich gern. Mit Freude thu' ich's. Mich freut es, meinem alten Vater helfen, meinem Volke, meinen Freunden dienen zu können. Es beglückt mich, das Wackere zu thun. Ich lebe nicht für mich, ich lebe für die Meinen. Aber nicht für die Menschheit: die ist ein hohler Schall! Der Mensch dient der Menschheit, indem er seinem Volke dient. Einen Menschen im allgemeinen hab' ich noch nicht gesehen. So will ich leben, so will ich sterben: furchtlos und treu.

Du fragtest mich neulich, Julian, ob ich, ein Freund, ein Schüler des Philippus, denn nicht wenigstens an die Weissagungen, die Bedeutung der Sterne glaube? Ja, jener edle und weise Mann wollte mich für diesen poesie=

vollen, schönen Wahn gewinnen. Allein er mußte verstummen, als ich ihm vorhielt, daß von zwei Zwillingsbrüdern, in derselben Minute, also mit dem gleichen Horoskop für beide, geboren, der eine ein Leben voll Tugend und Unglück, der andere ein Leben voll von Lastern und von Glück geführt habe.

Ihr seht: meine Lehre ist alleräußerste Entsagung: der Verzicht auf Glück und Lohn, im Leben und nach dem Leben. Die Pflicht erfüllen, um der Pflicht willen.

Ich bin nicht euer Herakles: aber gleich ihm hab' ich in der Jugend schon zwei Schlangen gewürgt: den Aberglauben und die Todesfurcht. Und sagt nicht: „Der hat jetzt gut reden. Trifft ihn der Augenblick des Schmerzes, der Gefahr, klammert er sich doch an irgend einen Trost." Nein, meine Freunde. Ich sagte euch schon einmal: ich liebte ein herrliches Geschöpf. Das höchste Glück, das mir im Leben gewinkt hatte, ich schlug es aus, um der Pflicht, um meines Volkes willen. Es that weh. Aber nicht einen Augenblick hab' ich geschwankt. Und als ich dort — bei Straßburg — vom Rosse stürzte — die Wunde schmerzte sehr! — ich dachte im nächsten Augenblick zu sterben: mein ganzes Leben zog da wie im Fluge noch einmal durch meine Gedanken: da sagte ich mir: „und es war doch schön. Und es reut mich nicht. Und obwohl ich jetzt der Vernichtung anheimfalle, für ewig — ich sterbe für mein Volk, so sterb' ich gern. Ich bin so zufrieden mit meinem Lose, als glaubte ich daran, die Walküre trägt mich jetzt in Walhalls ewige Wonnen."

Ich bin kein Dichter. Obwohl mir nachts, wann ich, einsam wandelnd, in die Sterne schaue, Gedanken kommen, die mir von selbst bald zu Stabreimen, bald zu lateinischen Versen werden. So hab' ich mir neulich nachts meine Gedanken kurz zusammengefaßt in diese schlichten Zeilen:

„Entsage ganz: so bist du frei von Schmerzen!
Zerbrich der Selbstsucht schnöde Zwingherrschaft,
Begreife das Notwend'ge, und sei frei.
Dem Gott, dem Ew'gen, diene treu und stark.
Dem Ganzen opfre dich, dem du gehörst.
Das höchste Gut des Mannes ist sein Volk,
Ihm sollst du leben, sollst du sterben auch!
So wird der Friede ziehn in deine Seele:
Wunschlos versöhnst der Welt du dich und Gott,
Und lebst und stirbst, ein jeder Zoll ein Held."

Tief bewegt, heiß erregt sprang nun der sonst so streng Verhaltene auf.

„Verzeiht, ihr Freunde! Allzuviel hab' ich euch vorgeredet von Merowech, Nebisgasts Sohn. Aber ihr habt's gewollt. Ihr werdet fortab nicht mehr zu leiden haben unter meiner Geschwätzigkeit. Und du, Julian, nochmals, vergieb! Wir wissen doch alle nichts von Gott: wir suchen ihn im Umhertasten, im Dämmerdunkel: — warum sollst du nicht ebensogut das Richtige ertastet haben wie ich? Und so sag' ich zum Abschied — denn bald schon graut der Morgen! — nur noch eins: Götter glauben ist kindlich. Gott leugnen ist Wahnsinn. Gott suchen ist alles."

Er schritt rasch zur Thüre hinaus. Tief ergriffen blieben die beiden andern zurück.

Nach geraumer Weile sprach Jovian, sich erhebend: „Das ist gewaltig. Aber eiskalt. Ich könnt' es nicht ertragen. Dabei würd' ich verzweifeln. Nein, ich muß glauben können, muß zu einem Gotte flehen, reden können, von Herz zu Herz, wie von Mensch zu Mensch. Lieber an jedes Wunder glauben, als diese — diese — wie soll ich sagen! — diese abgrundtiefe Entsagung!"

„Ja," bestätigte Julian, sich langsam aufrichtend, „es ist wirklich allzu trostlos. Es ist übermenschlich, wie des

Galiläers Lehre widermenschlich ist. Das Menschliche aber brauchen wir Hellenen und Römer. — Weißt du, Freund Jovian, was des Germanen Lehre ist? Barbarisch ist sie, wie das ganze Volk. In dem endlosen Winter Germaniens, unter Eis und Schnee und dem grauen, alle Freude verfinsternden Nebel mag solch grausam Grübeln erwachsen: unerleidlich ist es für uns Kinder einer freundlicheren Sonne. Phöbos Apollo, Helios, unbesiegter, wir können nicht dein entraten! Verscheuche mir mit deinen Strahlen morgen beim Erwachen das düstere germanische Nebelgewölk aus dem Nordland. Wir wollen zu schlafen suchen, Jovian, und lächelnd träumen — von dem Schönen."

XVII.

Die Fragen der Wissenschaft und des Glaubens wurden aber nun in den Gedanken des Herrschers in den letzten Zeiten seines Aufenthalts zu Byzanz zurückgedrängt durch ganz andere Sorgen. Was ihn schon bald nach seinem Eintreffen in der Hauptstadt des Morgenlandes zumeist beschäftigte und was ihn nun allmählich nötigte, von dort aufzubrechen, das war der immer mehr unvermeidlich scheinende Perserkrieg.

Er berief nun seine Feldherren in seinen Palast zu Byzanz und forderte Jovian auf, vor diesem Kriegsrat den ihm längst übertragenen Bericht über die große Frage zu erstatten. „Denn," sagte er bei Eröffnung der Beratung, „falls mir die Götter nicht verstatten, den Feldzug lebend zu vollenden, ist es mein Wille, daß Jovianus ihn zu Ende führe: er soll mein Nachfolger — auch hierin — sein. Beginne, Magister Militum."

Nun berichtete Jovianus: „Ich erinnere kurz an die Vorgeschichte des bevorstehenden Feldzugs. Der König der Könige, „der Genoß der Sterne" — wie er sich nennt — Sapor, der Sohn des Hormisda, herrscht gewaltig schon viele Jahre über die unermeßlichen Länderstrecken dort im fernen Osten, die das alte Perserreich allmählich unterworfen oder doch zur Schatzungspflicht und zur Waffenhilfe herangezwungen hat.

Dieser Herrscher ward gekrönt, noch bevor er geboren war: als sein Vater gestorben, versicherten die Magier, das Kind, das seine Witwe demnächst gebären werde, sei ein Knabe: das hatten sie in den Sternen gelesen. Die Königin ward in vollem Herrscherstaat auf einem Purpurwagen, den zahme Löwen zogen, in die Mitte der Heeresversammlung gefahren: die Magier legten des Verstorbenen mit Perlen und Edelsteinen übersäetes Diadem auf ihren Leib und alle Satrapen und Feldherrn und die Könige und Fürsten der unterworfenen Reiche und die vielen Zehntausende von Kriegern knieten nieder und leisteten ihrem noch ungebornen Herrn den Schwur der Treue.

Und ein großer Herrscher ward Sapor! Fast noch ein Knabe, züchtigte und unterwarf er die räuberischen Araber der Wüste an seiner Südgrenze, und eroberte bald darauf sein Nachbarland im Norden, Armenien, das Reich der Arsakiden, das uns lang ein treuer Bundesgenosse gewesen war. Nun wandte sich der Großkönig unmittelbar gegen unsere Grenzlande selbst. Von seiner stolzen Hauptstadt Ktesiphon am Euphrat bis vor die Thore von Antiochia trug er jahre=, jahrzehntelang seine Waffen! Vergebens versuchte Constantius, ihn zurückzudämmen: in neun blutigen Schlachten wurden die Legionen jedesmal geschlagen, am schwersten bei Singara, wo Constantius selbst sie befehligte! In einem maßlos hochmütigen Schreiben — in Purpurselbe war es eingeschlagen und mit Goldtinte geschrieben — verlangte nun „des Mondes und der Sonne Bruder" als Nachfolger des Darius Hystaspes alles römische Land in Asien und auch in Europa bis zum Flusse Strymon in Makedonien . . ."

„Warte," unterbrach Julian zornig, „über den Tigris, über den Indus, bis an den Ganges will ich dich jagen, Großkönig der Prahler."

„Aus besonderer Gnade wolle er sich jedoch mit der Abtretung von ganz Armenien und Mesopotamien begnügen. Das war doch auch Constantius zu stark. Aber alsbald erschien Sapor im Feld an der Spitze von Hunderttausenden, gefolgt von zwanzig dienenden Königen des Morgenlandes. Er erstürmte unsere stärkste Feste in jenen Landen, — Amida — dann auch Singara und Bezabbe, und führte fünf römische Legionen kriegsgefangen mit sich fort ins fernste Parthien. Vergebens rückte nun Constantius selbst heran, Bezabbe wiederzugewinnen: nach langer Belagerung mußte er schimpflich abziehn und bis Antiochia zurückweichen.

Nach diesen Erfolgen haben die Perser von ihren neu errungenen Gebieten aus nicht nur im Norden bis nach Bithynien gestreift, nein, selbst Antiochia, die üppige Hauptstadt Syriens, einmal überrascht und geplündert; ja im Süden haben sie ihre Parther-Rosse gegenüber von Byzanz in den Wassern der Propontis gebadet und gedroht, das nächste Mal auf unsern eignen Schiffen überzusetzen und die Stadt des großen Constantinus zu erobern. Das ist der Stand der Dinge, den Constantius bei seinem Tod unserem Imperator hinterließ."

„Er ist demütigend genug," rief Julian. „Wohlan, wir zahlen's heim! Alexander hat gezeigt, wie weit auch in das Morgenland ein Heldenwille bringen mag. Wie?

Aus dem fernsten Süden, aus Afrika von den Mauren, aus dem Norden von den Bosporanen, aus dem Morgenlande von Armeniern, Diven und Serer-Diven, ja aus Indien und aus der Insel Taprobane, die an dem äußersten Ostrande der Erde im Meere leuchten soll, wie ein Demant, sind Gesandte bei mir eingetroffen, dem Reich der Römer verehrungsvolle Grüße, mir reiche Geschenke darzubringen: — und altrömische Provinzen sollen Jahr für Jahr von den parthischen Reitern durchflogen werden? Nein, bei Mars dem Rächer!

Zwar schickte Sapor auf die Nachricht, daß Constantius einen — andersgearteten! — Nachfolger erhalten habe, eine Gesandtschaft, die Friedensverhandlungen anknüpfen sollte. Aber ich ließ diesem Erben des Cyrus und des Xerxes sagen, Gesandte und Briefe seien überflüssig, da ich demnächst selbst eintreffen werde in seinem Palast zu Ktesiphon."

„Nun," mäßigte Jovian, „ist Sapor im Wege des Vertrages dahin zu bringen . . ."

Aber heftig sprang Julianus auf: „Nein Magister Militum! Nichts von Verträgen, nichts von Übereinkunft! Erst ein Sieg, ein glänzender, erst die volle Demütigung des Großsprechers: — dann mag ihm (— nach seinen Bitten um Frieden —) gewährt werden, daß er unter Geiselstellung gelobe, unsere durch meine Siege vorgeschobene Grenze nie wieder zu verletzen! O meine Freunde! In meinem Alter hatte der Makedone schon Persien bezwungen: sollen Römer den Griechen nachstehen? Und nicht allzuweit möchte ich selbst zurückstehen hinter des Philippos Sohn! Wilde Alamannen und Franken haben wir geschlagen am Rhein: sollen wir nicht diese weichen Morgenlandleute bezwingen? Mir fehlt der Bukephalos und der Glaube, des Zeus Ammon Sohn zu sein. Aber unbesiegte Götter schweben auch um meinen Helm. „Julianus Persicus Parthicus": — nicht übel würde es lauten, dünkt mich. Erhebt euch, Waffen-, bald wieder Siegesgenossen. Wehe dir, Asia, der Adler Roms fliegt gegen dich heran! Alle Götter, die bei Marathon und Salamis, am Granikus und zu Arbela die Scharen der Hellenen zum Siege geführt, sie werden auch mit uns sein."

Mit allen gegen Eine Stimme ward der Krieg gegen Persien beschlossen: Julians glühende Begeisterung riß alle mit fort. Nur Jovian hatte verlangt, vorher noch einmal den Weg der Verhandlung mit Sapor zu betreten. Er ward überstimmt; scheidend sprach er zu dem Imperator: „ich wünsche dir Glück zu diesem deinem ersten Sieg im Perserkrieg. Und Glück zu den weiteren! Du wirst es brauchen! Freund! du weißt wohl kaum, — ich hab' es ausgerechnet — wie weit der Weg ist nach Ktesiphon. Und der Rückweg wäre weiter als der Angriffsweg."

„Es giebt für mich keinen Rückzug aus diesem Kriege."

„Möge dies Wort kein Omen sein!"

XVIII.

Am Abend des Beschlusses des Perserkrieges sprach Julian zu den beiden Freunden: „Unser Weg an die persische Grenze führt über Antiochia, die erste Stadt von Syrien. Dort will, dort muß ich lange Zeit verweilen, die Verwaltung des ganzen Morgenlandes zu ordnen, auch die Rüstungen, näher der Grenze, zu betreiben."

„Antiochia?" warnte Serapio nachdenklich. „Ich kenne die Stadt. Ich weilte dort einmal dreiviertel Jahre.

Wenig werdet ihr, du und das Völklein der Antiochener, euch befreunden. Wähle anders!" — „Unmöglich! Dort laufen, wie alle Straßen der Landschaften, so alle Fäden der Verwaltung zusammen." „Hm," meinte Jovian, „schlecht werdet ihr euch vertragen. Man sagt, — ich las es jüngst — die Antiochener jagen jeder Lustbarkeit nach, faul sind sie, schaulustig, wohllebig, prachtgierig, leichtsinnig, geschwätzig, weichlich, wollüstig." „Mag alles sein," sprach Julian. „Ja ich glaube, es ist so. Und daneben sind sie die frommsten Galiläer. Desto notwendiger ist es, daß ich dort erscheine, ihnen die Tugend zu bringen und die Götter! Und wie freue ich mich, dort meinen Liebling wiederzufinden . . ." „Artemidor!" rief Serapio. „Ja, das ist der liebenswürdigste und schönste aller Hellenen, dem schlanken Hermes des Praxiteles vergleichbar, den ich jüngst bewunderte." — „Und als Künstler erreicht ihn keiner, auch nicht Georgios von Milet, obwohl dieser neulich einen Alexandros, der zu Roß einen Löwen erlegt, auf einer Gemme dargestellt hat, nicht größer als der Nagel meines Daumens. Ich bezahlte hohen Preis dafür."

„Das, o Julian," erwiderte Serapio, „scheint mir nur ein Kunststück, kein Kunstwerk. Ich würde dem Milesier als Kaufpreis nur eine einen Daumennagel schwere Goldmünze gereicht haben. — Ich sah Artemidor lange nicht mehr in dem Palast. Wo ist er?"

„In Daphne bei Antiochia; und, wie er schreibt, in eifrigster Arbeit. Ich habe jenes altberühmte Heiligtum des Apollo, das in traurigen Verfall geraten sein soll, wieder herzustellen beschlossen und meinem geliebten Wahlsohn das Amt übertragen, auch dort das Häßliche zu ersetzen durch das Schöne und den Sieg des göttlichen Lichts."

Nachdem Julian noch in umsichtiger Weise für die Grenzwehr Thrakiens gegen die gotischen Völker an der Donau Sorge getragen, verließ er — an den Iden des Mai — Byzanz und verlegte seine Hofhaltung nach Antiochia. Die Monate, die er zu Byzanz verbracht hatte, sollten die einzige glückliche, unbewölkte Zeit seiner kurzen Herrschaft sein.

Auf seinen abergläubischen Sinn blieb es nicht ohne Eindruck, daß von dem Augenblick an, da er aus dem Palast am Bosporus aufbrach, eine ganze Reihe von unheilverkündenden Zeichen sich an seine Fersen heftete. Bei dem Ritt nach dem Hafen stolperte Argos, sein weißer Hengst, und stürzte auf beide Vorderfüße zusammen; er mußte ein andres Pferd besteigen. „Ein böses Omen! Nie kehrt er zurück!" raunten die Leute um ihn her, zwar vorsichtig, leise: aber seine üble Neigung, stets auf die Urteile der Menge, auf deren kleinste Äußerung über ihn zu achten, hatte sein Ohr geschärft in langer Übung: er verstand jedes Wort. Er erschrak: die Auslegung des Zeichens war ja zweifellos richtig! Bei der kurzen Überfahrt aus dem Hafen von Byzanz nach Chalkedon setzte sich auf den purpurbewimpelten Mast seines Eilschiffs laut krächzend ein Rabe und war durch all' den Lärm der vielen Menschen lange Zeit nicht zu verscheuchen.

Julian erbleichte, als er wieder aus dem Geflüster der Ruderer die Worte verstand: „der Totenvogel! Der Imperator stirbt." Serapio bemerkte den finstern Eindruck auf den Freund: „abergläubischer Philosoph!" tröstete er. „Uns Germanen ist Wodans Vogel glücklicher Angang. Nimm an, es gilt mir." — „Nicht doch: stets dem Obersten an Bord gilt das Omen!" erwiderte Julian ernsthaft. — „O Freund, schilt mir nie wieder über den Aberglauben der Christen!" Aber ungleich tiefer traf ihn — nicht nur als ein Anzeichen des Unheils, als ein Unheil selbst! — ein anderes.

Sein Weg nach Antiochia führte über Nikomedia. Er freute sich innig, diese Stadt wieder aufzusuchen, das erinnerungsreiche Vaterhaus, vor allem aber Maximus wiederzusehen, den geliebten Lehrer. „Lysias hat mich," pflegte er zu sagen, „aus dem galiläischen Grab auf die Oberfläche der Erde, Maximus aber von der Erde in den höchsten Himmel zu den Göttern gehoben." Er sandte Boten voraus, in dem Elternhause selbst Wohnung für den Imperator zu besorgen, Maximus Ehrengeschenke, darunter einen Becher in Gestalt eines goldenen Schiffes, zu überbringen und die Bitte, in jenem Hause bei ihm zu wohnen, damit er von seinem Gespräch möglichst viel genösse.

Schon auf der Reise von Byzanz nach Nikomedia erhielt er die Nachricht von Erdstößen, die sowohl in der Hauptstadt als in manchen Städten Kleinasiens einigen nicht erheblichen Schaden angerichtet hatten: fast schwerer wog ihm das auch hierin liegende üble Vorzeichen für den eben beschlossenen Krieg.

Als sich aber im Abendrote der Zug des Augustus den Thoren von Nikomedia näherte, sprengten Boten und einige Bürger der Stadt ihm eilfertig entgegen und ihr Führer, ein Priester der Athena, sprach: „o Herr, ziehe den Zügel an! Wende dein Roß! Reite nicht ein in die trauernde Stadt, daß nicht Trümmer und Tod ihre schwarzen Schatten auf deinen Weg werfen."

„Was ist geschehen?" fragte Julian bestürzt. „Kann ich nicht in meinem Elternhause den Göttern opfern?" — „Nein, o Herr! Dein Elternhaus, — es ist nicht mehr. Ein Erdbeben — heute morgen. Alle andern Gebäude stehen unbeschädigt, jenes, ... es liegt in Trümmern, auch der neu von dir errichtete Hausaltar." Schmerz zuckte über Julians bleiches Antlitz. „Wehe! Ein traurig Anzeichen! — So werd' ich bei Maximus wohnen. Wie nahm er die Geschenke auf?" — „O Herr, zürne mir nicht! Die Geschenke... dort die Sklaven bringen sie zurück. Maximus ist..." — „Was ist mit meinem Lehrer?" — „Tot ist er. Der einzige unter allen Einwohnern! Erschlagen von..."

„Von wem?" fuhr Julian zornig auf. „Von den Galiläern? Schon einmal bedrohten sie sein Leben! Wehe ihnen! Erschlagen von wem?" — „Von dem Altar deines Hauses, den du Apollo neu errichtet hast. Maximus stand davor, ihn für deinen Einzug zu schmücken, zu bekränzen, das erste Opfer darzubringen, umgeben von deinem Gesinde. Da kam der Erdstoß: der hohe Marmorstein schlug um: — ihn allein hat er getroffen." „Er! Er selbst ward das erste Opfer," stöhnte Julian in bitterem Weh. „O Maximus! Und für mich! Um meinetwillen!" Er stieg vom Pferd, warf sich in das Gras neben der Straße und weinte laut.

Die Freunde und Oribasius, der Arzt, hatten Mühe, ihn zu beruhigen, ihn wieder in den Sattel zu bringen. „Eusebia — Helena — Philippus — Maximus!" seufzte er. „Sie scheinen mich nachzuziehen!" Und er befahl, die Stadt Nikomedia zu umgehen.

„Es ist unheimlich," flüsterte Jovian Serapio zu. „Das andere — Roß und Rabe — das ist nichts. Aber es scheint doch fast, als ob Christus wirklich auferstanden sei und hoch vom Himmel herab den Götterdienst und Götterdiener sichtbar strafe." — „Auch du, Jovian? Halte dir deinen hellen Kopf nüchtern und frei von jedem Aberglauben! Hörst du, von jedem! Mir ist, unser Freund wird klarer Köpfe um sich bedürfen. Er ist überreizt. Wer weiß, was ihm Antiochia bringt an Aufregungen. Perserpfeile, Reiterangriffe möchte ich ihm viel lieber wünschen."

Zunächst brachte ihm nun schon jeder Aufenthalt unterwegs, zumal in den größeren Städten wie Nicäa, Ankyra, Archelais, Tyana, Faustinopolis, Pylä, Tarsus und Ägä zahlreiche Ärgernisse. Bereits hier vernahm er gar viel von den Klagen der Christen über Verfolgung, über grausame Handhabung seiner neuen Gesetze: — Klagen, die ihm alsbald in Antiochia hoch über dem Haupte zusammenschlagen sollten.

Es zeigte sich, daß die mit der Ausführung betrauten Beamten, die man nicht wohl aus Christen oder Christenfreunden hatte wählen können, geschürt von den „hellenistischen" Priestern, arge Willkür und Rachsucht walten ließen. Der junge Herrscher sah seine bestgemeinten Beschlüsse mißbraucht, seine Gerechtigkeit für alle in Bedrückung der Christen verkehrt. Das verbitterte ihn, erfüllte ihn mit Mißmut. Andererseits reizten christliche Eiferer durch blindes Toben auch gegen seine gerechten Anordnungen seinen Zorn. Aber immer noch siegte wieder in ihm die angeborne Güte des Herzens, der edle Schwung der Seele, die begeisterte Liebe zu dem Reich. Und auch die griechische „Leichterregbarkeit" kam ihm dabei zu Hilfe. Ein paar freundliche Eindrücke verscheuchten rasch wieder jenes Gewölk und riefen ihm den etwas spielerischen Witz zurück, an dem er sich gern ergötzte.

In Ankyra trat der Arespriester der Stadt an ihn heran mit der aufdringlichen Anklage auf Hochverrat gegen den Präfekten von Galatien, der in den bangen Tagen nach des Constantius Tod und vor dem Übertritt seines Heeres zu Julian nach dem Diadem getrachtet habe. Als Beweis führte er an, der Präfekt habe sich bereits einen Purpurmantel angeschafft. „Du weißt, oh Imperator, das ist durch ein Gesetz des Constantius mit dem Tode bedroht!"

„Ich weiß, o Vortrefflicher. Aber ich, als Philosoph, bin nicht so eifersüchtig auf die vornehmste Gewandung. Der arme Präfekt! Nun hat er sich vergeblich in Kosten gestürzt und wahrscheinlich keine vollständige Purpurtracht. O, da, in jener Arca liegen, glaub' ich, ein paar Purpursandalen. Bitte, bringe sie ihm mit meiner Entschuldigung, daß ich ihm zuvorgekommen bin. Ich thue es nie wieder."

In Ägä baten die vereinten Rhetoren, er möge einen Tag länger verweilen, eine Lobrede auf ihn anzuhören, die sie gemeinschaftlich verfaßt hatten. „Soviel Mühe macht es, mich zu loben," lächelte er, „daß sich vier an die Arbeit machen müssen?! Nein, ihr Schweißbeladnen, ich lasse mich nur loben von denen, die auch den Mut haben, mich zu tadeln. Mein Lobredner heißt Serapio: — dort steht er."

In Hierapolis ward ihm der bisherige Präsidialis in Ketten vorgeführt: er war beschuldigt, durch Zeugen überführt und durch seine eigne Handschrift, daß er auf die erste Nachricht von Julians Erhebung zu Paris von Constantius sich als besonderes Gnadengeschenk für die treue Stadt Hierapolis das Haupt des Empörers erbeten habe. Zitternd, mit schlotternden Knieen, stand der Mann vor ihm. „Ein schlechter Geschmack," meinte Julian. „Ich würde mir etwas Schöneres erbitten. Übrigens: ich habe ja seinen Wunsch erfüllt und meinen Kopf selbst in diese Stadt getragen." — „Aber, o Herr, deine Genugthuung...?" — „Soll ich etwa seinen Kopf nehmen? Er ist auch nicht schön! Löst ihm die Ketten!"

In Cyrus erhoben zahlreiche Provinzialen bürgerliche und Strafklagen wider den ehemaligen Präfekten Thalassius und ließen dabei einfließen, daß dieser Mann ganz besonbers den unglücklichen Gallus in die Hände seiner Henker gespielt habe. „Ich weiß es," erwiderte Julian, „und ich hasse den Mann. Schweigt mit euern Klagen, bis er mir genug gethan, den er am schwersten verletzt hat. Ich aber begnadige ihn. Man soll nicht sagen, daß nur die Galiläer ihren Feinden verzeihen. Nun klagt bei andern Richtern, nicht bei mir."

In Antiochia, wo er Mitte Juni eintraf, hielt er ganz regelmäßig Gerichtssitzungen ab. Man pries die Gerechtigkeit seiner Entscheidungen. Man sagte, die Göttin der Gerechtigkeit, Adrasteia, längst wegen der Frevel der Menschen von der Erde in den Himmel geflüchtet, sei unter dem Schilde Julians wieder herabgestiegen in das Reich der Römer. Die Leute lobten zumal die Mühe, die er sich gab, die Streitenden zu gütlichem Vergleich zu bringen. Doch fiel es auf, daß er sorgfältig bei jedem Rechtshandel, auch bei solchen, die mit der Religion gar nichts zu thun hatten, nach dem Bekenntnis von Kläger und Beklagten fragte und deren Antworten hierüber in einer besonderen Liste vermerkte. „Warum thust du das?" forschte Jovian, in die lange Rolle blickend. „Jedes Vierteljahr werde ich feststellen und durch öffentlichen Anschlag bekannt machen, welche Religionspartei die meisten Vergleiche aufweist. Bis jetzt sind die unversöhnlichsten die Juden: — „„Auge um Auge, Zahn um Zahn."" Dann kommen die Feindeliebhaber, die sanften Galiläer, welche die Güter dieser Welt verachten: sie zanken und wuchern mit den Juden um die Wette. Die versöhnlichsten sind die sündigen Hellenisten. Solche Ergebnisse erfreuen mein Herz, ich kann's nicht leugnen, zumal dies Antiochia ja als eine Hochburg der Galiläer gilt."

Das sollte aber die einzige Freude sein, die er in Antiochia erlebte. Als ein abermaliges Unheil bedeutendes

Vorzeichen mußte ihm schon die Art seines Empfanges in dieser Stadt gelten. Wie sich sein Reisezug der nordwestlichen Vorstadt näherte, schollen ihm dumpfe Klagetöne, unterbrochen von schrillen Schmerzensrufen, entgegen, statt der fröhlichen festlichen Einholung, mit der ihn die andern Städte begrüßt hatten. Er erschrak und seine Züge verfinsterten sich noch mehr, als seine zurückeilenden Vorreiter berichteten, die Stadt begehe an diesem Tag ein Fest der tiefsten Trauer: der Tod des Adonis, des jugendlichen Lieblings der Aphrodite, werde heute hier begangen. „Ja, ja," sprach er, kopfnickend, „die Lieblinge der Götter sterben früh."

XIX.

Jede Stunde der knapp bemessenen Muße, die der viel bedrängte Imperator der Arbeit und den Sorgen abgewinnen konnte, verbrachte er an der Stätte, die er zu einem großen den Göttern geweihten Kunstwerk zu gestalten beschlossen hatte: in dem Tempel und Hain zu Daphne, nicht ganz zwei Stunden östlich von der Stadt.

Gleich am Tage seiner Ankunft war er hinausgeeilt, hatte den geliebten Bildhauer in die Arme geschlossen und ihm seine begeisterte Bewunderung ausgesprochen all' der Werke der Schönheit, die sein Wahlsohn in diesen Monaten hier geschaffen hatte. „O Herr," rief der Jüngling, strahlend vor Glück über den Beifall seines Gebieters, „welche Wonne ist es, jetzt zu leben, unter dir zu leben, für dich und für die Herstellung der Schönheit, der heitern Lebensfreude, welche die Gräberverehrer von der Erde hinweg zu den Göttern vertrieben hatten! In gar vielen Städten deines Reiches hab' ich schon in deinem Sinn geschafft. Überall, auf allen Straßen und Strömen wie auf der See, sieht man in Wagen und Schiffen die geraubten oder geflüchteten Götterbilder von Marmor oder Metall in die verwaisten Tempel und Haine zurückkehren. Überall erheben sich wieder zerstörte Altäre, man sieht aller Orten Opferfeuer, Weihen, Reigen bekränzter Jünglinge und Jungfrauen, die bei dem sanften Ton der Flöten in den heiligen Hainen sich zu fliehen, zu suchen, endlich zu finden scheinen zu gemeinsamer Anbetung der Götter. Aber hier hatte ich nicht ganz leichte Arbeit. Und nicht ganz ungefährliche."

„Wer hat es gewagt, Hand an dich zu legen?" brauste Julianus auf. „Aber was frage ich! Selbstverständlich die Galiläer. Du wardst angefallen?" „Nur zweimal," lachte der junge Künstler, „und nur einmal ein wenig geritzt." „Erzähle! Berichte! Während du mich umherführst in dem Tempel, in den Nebengebäuden, in dem Garten, in dem Haine. Ist mir doch alles neu: — nie weilte ich hier." — „Wenn du verstattest, beginnen wir mit dem Hain, beschauen dann die weiten Gärten und schließen unsere Wanderung ab in dem Tempel."

Und indem er nun den Ankömmling mit klug gewählter Steigerung der Eindrücke in den großartigen Anlagen vom Einfachen zu immer Schönerem geleitete, erzählte Artemidor: „Du weißt, schon die Nachfolger Alexanders haben dieses Heiligtum gegründet, das über sechs Jahrhunderte dem Dienste Phöbos Apollos geweiht war. Die Wahl des Ortes war nicht Willkür: denn die fromme Sage will, daß in diesem Walde die holde Daphne, von Apollos heißem Werben verfolgt, auf ihr Flehen von Vesta in den Lorbeerbaum verwandelt wurde. Es ist so schön, das zu glauben."

Julian lächelte wehmütig: „und wie viel schöner noch, die Bedeutung zu begreifen! Vernimm! Ewig schmückt sich der Gott mit dem Laub der verwandelten Geliebten: denn, ist auch das Glück der Liebe verloren, — ewig, immer grünend — ist der Liebe Gedächtnis und die Liebe selbst. Aber das begreift nur, wer eine Helena verloren hat. — Sprich weiter. Doch nein! Verweile noch! Sieh! Wie wunderschön ist dieser Reichtum an Quellen, krystallhellen Wassers voll! Und daher, trotz der argen Dürre dieses Sommers, dieser köstlich grüne Rasen! Und dort die herrliche Gruppe von Cypressen, von Platanen! Was glänzt dort so weiß aus dem dunkeln Lorbeer des Hintergrunds?" — „Tritt näher! Es ist eine Daphne, die ich hier gearbeitet: — dir zur Überraschung. Sieh, dieser uralte, mächtige Lorbeerstamm soll der Baum ihrer Verwandlung sein: er ist längst hohl . . ." — „Ah ich verstehe! Wie sinnig! Von den Sohlen aufwärts bis zu den Hüften lässest du sie schon verwandelt sein: aber aus dem Hohlstamm ragen der schlanke Leib der Jungfrau, die zarten Brüste und das holde keusche Antlitz. Wie fein erdacht! Ich danke dir, mein Liebling. — Horch, welch entzückender Gesang der Vögel in jenem Myrtengebüsch!" — „Ja, die Nachtigallen! Unzählige haben von jeher diesen buschreichen und quellenreichen Hain zum Lieblingssitz erkoren." — „Und hier . . . was flutet so berauschend von dorther durch die weiche Abendluft? Welch süßer Duft?" — „Es ist der Rosenwald der Aphrodite! Geduld! Wir schreiten darauf zu. Ich fand eine schöne Bronzestatue der Göttin, versteckt unter altem Gerümpel, wohl geflüchtet vor den Christen. Denn sie ist nackt. Siehst du, hier steht sie, hier, unter den Rosen." — „O wie herrlich! Nein, nicht nackt ist die keusche Göttin: denn ihre Schönheit deckt sie zu. — Und da drüben! Der mächtige Wasserfall, der dort von dunkelgrünen moosigen Felsen niederschäumt! Und unten faßt eine schöne Nymphe die ganze Flut zusammen in silberner Amphora. Aus der fließt die gebändigte Kraft sanft dahin als starke Quelle." — „Es ist der Kasta= lische Quell." — „O laß mich niederknieen, die heißen Schläfe kühlen mit dem heiligen Naß." — „Ja, heilig! Weissagung spendet der Quell: aus einem Lorbeerblatt, das er unter frommem Gebet hineingetaucht, las Hadrian seine künftige Größe. Aber ach, auch dies Orakel ist ver= stummt. Constantius hatte bei Todesstrafe verboten, es zu befragen." — „Ich werd' es wieder reden machen! Perserfiege soll es mir verkünden." — „Nun, bitte, diese Marmorstufen neben dem Wasserfall empor. Sieh, hier weithin schaust du nichts als Wald. Vier Stunden hat er im Umfang! Er ist die Zuflucht in der Glut des heißen Sommers. Er gewährt auch süßen, sichern Ver= steck den Liebenden, die noch das Geheimnis suchen müssen," schloß der schöne Jüngling errötend. „Und Daphnes Geschick," lächelte Julian, „mag die Mädchen warnen, allzuspröde die heiße Werbung abzuweisen! — O wie herrlich! Rings, so weit ich sehe, nur wogende dunkel= grüne Wipfel!" „Bloß dort, rechts, — bitte, wende das Haupt, — hab' ich durch den allzuverwilderten Wald — denn seit bald dreißig Jahren nahm sich keine Hand mehr dieser Stätte an! — einen Ausblick schneiden lassen. Schau hin!" — „Ah, was ist das? Welch glänzende Gebäude! Welch schimmervolle Bahn! Hohe Götterbilder stehen zu beiden Seiten." — „Es ist ein Stadium, eine Rennbahn, ein Ringplatz für Wagen und Roß und jeder Raum, dessen olympische Spiele bedürfen. Schon seit Augustus war das Recht, solche hier zu halten, von Antiochia dem heiligen Elis für die Dauer von neunzig Olympiaden abgekauft worden: ein Wohlthäter, ein reicher, Bürger der damals noch fromm göttergläubigen Stadt, Sosibius, hat fünfzehn Talente Goldes gestiftet für die jährliche Feier. — Aus dem so reich von dir mir gewährten Gold habe ich Wagen und wunderherrliche edle Rosse aus Spanien und Parthien angekauft. Lange haben diese schönen Spiele ruhen müssen: der Bischof hat sie verboten und das Geld für die Kirchen verwendet. Aber dies Jahr wollen wir sie erneuen. Wann im Herbst der Tag des großen Apollofestes wiederkehrt, dann sollen mit dem alten Glanz, den Göttern zu Ehren, die olympischen Spiele, ganz wie zu Elis, vor deinen Augen sich vollziehen."

Julian umarmte den Jüngling mit Freudenthränen der Rührung in den Augen. „Herrlich! O wie ich dich liebe! Wie so ganz du mich verstehst!" — „Aber nun, o Herr, laß uns allmählich aus Wald, Hain und Garten die Schritte zu dem Tempel lenken. — Der Abend dunkelt schon herauf. Wir haben uns über eine Stunde weit von dem Heiligtum entfernt." — „Wie verflog mir die Zeit! Aber sieh! Was ist das dort? Mitten in dem schönen Rasen, . . . die vielen Flecken schwarzer Erde?" — „O mein Vater, schreite rasch vorbei! Richte nicht die leuchtenden Augen darauf! Komm, laß uns einbiegen in diesen Gang von Oliven. — Ach, es reichte die Zeit nicht mehr, jede Spur des Häßlichen vor deinem Eintreffen hinwegzuwischen: konnte doch erst vor kurzem der letzte Widerstand des Bischofs gebrochen werden! Der Götterfeind Constantius schritt gleich bei Antritt seiner Herrschaft auch gegen dieses Heiligtum ein. Die Spiele, die Opfer, die Aufzüge, die Weihen, die Orakel wurden verboten, seine Schergen bewachten den geschlossenen Tempel, nachdem sie ihn geplündert, und die Zugänge zu dem Quell Kastalia. Kein Götterdiener durfte die Stätte mehr betreten: sie verödete, der Hain verwilderte, die Gelder, die der Staat oder die

Stadt für Daphne jährlich gezahlt hatten, wurden der Kirche zugewendet. Auch muß leider gesagt werden, daß die Antiochener, ganz dem Galiläer zugewandt, den Ort nicht mehr besuchten, bis Eins geschah, ... ein Greuel vor den seligen Göttern!"

„Ich ahne! Nicht ohne Grund nenne ich jenen Glauben den Gräberdienst. Anstatt das Vergängliche am Menschen durch die reine Flamme verzehren zu lassen, schaufeln sie überall tiefe Löcher in die heilige Erde, entweihend ihren mütterlichen Schos, und überall hin, auch in unsere Tempel und Haine, tragen sie ihre ekeln Gräber: Moder, Fäulnis, Verwesung dahin bringend, wo einst schöne Menschen freudig schöne Götter ehrten. Es ist ein mir ganz besonders verhaßter Greuel und Frevel."

„Er geschah auch hier. Die Knochen eines Bischofs von Antiochia, Babylas, der unter Decius im Kerker gestorben sein soll für seinen Glauben, — diese zuerst schafften die Galiläer in feierlichem Aufzug hierher, begruben sie, gerade gegenüber dem Eingang in den Haupttempel..." — „Wehe, die Götter zu verscheuchen, ihren Dienst zu verunreinigen!" — „Ja, ihn unmöglich zu machen, solange der Greuel währte. Entsetzt flohen die letzten Priester, die letzten Frommen, die sich noch in der Nähe gehalten hatten, den entweihten Ort. Alsbald erbaute der Bischof eine Basilika über den alten Gebeinen; und nun drängten sich alle Christen in der Stadt, in der Umgebung dazu, hier in der Nähe ihres Martyrs bestattet zu werden. Der Hain der Freuden ward ein Gräberfeld." Julian verhüllte, von Schmerz ergriffen, das Haupt mit dem Mantel. „Viele Mühe kostete es mir, trotz der unbeschränkten Vollmacht, die du mir gegeben, den Widerstand der Priester zu brechen. Endlich setzte ich es durch, daß sie — auf deine Kosten! — die Grabkirche abbrachen und die heiligen und die andern Knochen wieder ausgruben und — abermals in feierlichem Aufzug — in die Stadt und die dortigen Basiliken zurückbrachten. Noch konnte ich aber nicht alle Spuren der Ausgrabungen tilgen. — Nun sieh, wir stehen vor dem Tempel. Schau hin, wie der Gott im Scheiden sein Haus und dich, seinen liebsten Priester, zugleich mit seinem goldigsten Strahl begrüßt. Sei willkommen, Herr, in des Gottes und in deinem Hause." Damit führte er ihn die Marmorstufen des herrlichen Tempels hinan.

Die sechzehn korinthischen Säulen des Peristyls aus prachtvoll gelbem numidischem Marmor waren mit handbreiten Bändern von Gold und Silber umfaßt, frommen Weihgeschenken alter und jüngster Zeit. Auch ihre Kapitelle zeigten Vergoldung. Die ehernen Doppelthüren trugen kunstvoll getriebene Reliefs, und als der Jüngling sie aufstieß, drang aus dem innersten Raum, der ebenfalls geöffneten Cella, eine solche Flut strahlenden Lichtes dem eintretenden Herrscher entgegen, daß der, mit einem Ausruf frommen Staunens, geblendet, die Augen schloß und erst nach einer Weile weiter schritt.

Das Licht strömte aus von einer weit über lebensgroßen Statue Apolls aus glänzendstem weißem Marmor, der, das schöne Haupt leicht vorgebeugt, aus goldner Schale einen Segensguß auf die Erde auszugießen schien: und gerade aus dieser Schale strahlte die blendende Fülle des Lichts. Das gewaltige Bild füllte die ganze Mitte der halbrunden Cella, deren Wände, aus den erlesensten bunten Steinarten zusammengefügt, in allen Farben schimmerten: blitzende Edelsteine und schillernde Perlen, rings über das Gestein der Wände verstreut, mehrten das unwiderstehliche Licht.

Von dem Schauer tiefster Andacht ergriffen, sank

Julian auf die Kniee mit dem Ausruf: „o nimm meine ganze Seele hin, Phöbos Apollo!" Und er betete lang zu dem Gott empor, beide Arme hoch zu ihm erhebend.

XX.

Nur hier in Daphne, nicht in Antiochia, sollte der junge Augustus Erfreuliches erleben in den neun Monaten seines Aufenthalts an dem Orontes: vielmehr ward diese Zeit die bitterste seiner kurzen Herrschaft. Aus mannigfaltigen Gründen ward sein Verhältnis zu den Antiochenern gleich von Anfang an ein ungünstiges, ja zuletzt ein höchst feindliches: aus Gründen, die sich scheinbar, — aber auch eben nur scheinbar — widersprachen. Antiochia war damals zugleich eine der eifrigst christlichen und eine der allerliederlichsten Städte des Reiches: etwa wie Rom im Zeitalter der Borgia oder Paris im siebzehnten Jahrhundert: hat man doch Antiochia geradezu „das antike Paris" genannt. Der Widerspruch erklärt sich einfach aus dem höchst Äußerlichen des dort geübten Christentums. So verstieß Julian zugleich gegen die beiden herrschenden Eigenartigkeiten des bigotten und vergnügungstollen, lustüppigen und glaubenseifrigen Völkleins. Er spürte alsbald den scharfen Gegensatz der Leutchen zu seiner Art heraus. Er wußte ihn nicht genau zu zergliedern: aber Jovian erinnerte ihn, wie vor kurzem ein würdiger Römer alten Schlages aus Tibur bei Rom sein Amt als Präfekt hier niedergelegt habe: — „wegen Unbegreiflichkeit seiner Amtspflichtigen."

Seit der Imperator zu Byzanz sich offen zu dem

Götterglauben bekannt, die heidnischen Tempel wieder ge=
öffnet, gar manche den Christen ungünstige Maßregel ge=
troffen hatte, die dann in der Ausführung, gegen seinen
Willen, von heidnischen Eiferern, zumal eben Priestern,
freventlich mißbraucht wurden, war er selbstverständlich
und mit Recht verdächtig, ja verhaßt geworden den fromm=
gläubigen Christen, aber auch der schon damals viel größeren
Zahl von Scheinchristen: das heißt den vielen, die, aus
irgend einem Grund äußerer Vorteile, seit dreißig Jahren
in die Kirche eingetreten waren. Von dem weitaus größten
Teile der Antiochener ward daher schon der Ankömmling
mit Mißtrauen, Furcht und Haß empfangen. Es gab hier
nur ziemlich wenige Heiden: auch jenes Adonisfest war
unter Constantius in ein Erntefest umgewandelt worden,
wobei man dann freilich sehr unpassend die einmal über=
lieferten Trauerchöre beibehalten hatte. Und als nun
gerade in den ersten Wochen seines Aufenthalts immer
zahlreicher aus allen Provinzen des Reiches berechtigte und
unberechtigte Klagen über die Verfolgung der Christen ein=
liefen, — da machten die Antiochener den Augustus ohne
weiteres, ohne Unterscheidung des Begründeten von dem
Erfundenen oder doch arg Übertriebenen, ohne Trennung
des von ihm Gewollten und des gegen seinen Willen
Gefrevelten, verantwortlich in leidenschaftlicher Hitze, mit
einer Geschwätzigkeit und Erfindungsgabe des Hasses, aber
auch mit einem geistreichen Witz und einer Freude an
treffendem Spott, die man ja auch an den Parisern mit
ebensoviel Recht tadelt wie lobt.

Andererseits aber fühlten sich diese frommen Eiferer in
ihrem hier seit Jahrhunderten herrschenden üppigen, un=
gezügelten Genußleben auf das empfindlichste verletzt durch
diesen Jüngling von einunddreißig Jahren, der den Philo=
sophen spielte, den Asketen wie nur irgend ein christlicher

Mönch, der, obwohl unverheiratet, sie gar nicht sah, die verführerischesten Weiber der wegen ihrer Frauenschöne gepriesenen Stadt, kamen sie ihm auch noch so empfänglich, ja zuvorkommend entgegen, woran sie es wahrlich nicht fehlen ließen. Er ließ die schönste Hetäre der Stadt, die üppige Laura, die sich in sein Schlafzimmer geschlichen hatte, in ein fernes Nonnenkloster sperren — denn sie war Christin und eine eifrige, häufigen Ablasses bedürftige Kirchenbesucherin, — und verbot ihr bei Todesstrafe, Antiochia jemals wieder zu betreten. Da ward der Haß ihrer Freunde — und sie hatte deren nicht wenige! — groß gegen diesen Fühllosen, diesen Heuchler, der wahrscheinlich der beneidenswerten Versuchung nur deshalb widerstanden hatte, weil er, durch frühere Ausschweifungen erschöpft, ein Greis geworden vor der Zeit! So legten sich die Frommen in einleuchtender Begründung jenes auffallende Benehmen zurecht. Sein ganzes Auftreten, seine Lebensweise schien ein fortwährender stiller Vorwurf zu sein gegen das leichtlebige, genußfrohe Völklein, das Aphroditen und Bacchus, wenn nicht mehr öffentlich in deren Tempeln, nicht minder eifrig in den verschwiegenen Häusern diente.

Aber es blieb bei dem stummen Gegensatz nicht stehen. Julian erließ, angeekelt durch die Sittenlosigkeit Antiochias, eine Reihe strenger Verordnungen, die sich zum Teil ausdrücklich gegen die Bewohner „der Lasterstadt der Galiläer" wandten. Diese Bezeichnung machte Julian unsägliches Vergnügen: — er rieb sich lächelnd die Hände, als er sie dem vertrauten Schreiber vorgesagt hatte. Das war Jovian, der ihn vergebens bat, den Ausdruck zu tilgen: „es wird groß Ärgernis erregen," warnte er. „Ei was, sie ärgern mich unaufhörlich, Tag und Nacht: es freut mich, sie auch einmal ein wenig zu ärgern, die gottseligen Dirnenbeschützer." „Nun, du ärgerst sie auch weiblich!" meinte Serapio, hinzutretend. „Sie ärgern sich und sie spotten über die unaufhörlichen Opfer, die du den Göttern — schon um der Opferzeichen willen — darbringst: sie meinen, kehrst du siegreich aus Persien zurück, wird nach deinen Dankopfern im ganzen Reich ein ungeheurer Viehmangel ausbrechen." Julian lachte: „nicht übel! Ich möchte ihnen antworten: „ich opfere in den Tempeln Tiere, — ihr opfert Menschen in den Klöstern."

Jedoch auch zu des Herrschers empfindlichen Ohren selbst drangen die wenig ehrerbietigen Bemerkungen der zungenfrechen Menge. Einmal schritt er, in feierlichem Aufzug, in der Tracht des Pontifex Maximus, aus dem Palatium nach dem von ihm wieder eröffneten Tempel des Ares: der Zug wurde aufgehalten durch einen der voranfahrenden Wagen, der, allzuschwer beladen mit Opfergaben, in der Straße niederbrach und nicht sofort beseitigt werden konnte. Da liefen die Antiochener, geärgert durch den Opferdienst, in hellen Haufen zusammen, stauten sich zu beiden Seiten der Priester, die allein — ohne die treuen Leibwächter — den Augustus begleiteten, und ließen nun ihre Bemerkungen so laut werden, daß er sie hören mußte.

„So kurz das Männlein selbst, so lang sind seine gespreizten Schritte! Schau nur, wie's daher stelzt wie ein Reiher." — „Nein, dem Zwerg Cercops gleich, der Otos und Ephialtes, die Giganten, spielt." — „Hei, der lange Bart des Kynikers gleicht einem Walde." — „Ich glaube, dieser Wald ist auch nicht unbewohnt." — „Wieso? Wer wohnt darin?" — „Kleine Tierlein!" — „Er ißt nur deshalb so wenig, weil er stets fürchten muß, auf seinen Bart zu beißen." — „Deshalb küßt er auch kein Weib! Sein Mund dränge ja nicht durch den Bart!" — „Ja, die struppige Mähne ist das einzige, was er mit dem

Löwen gemein hat!" — „Freilich, er geht nicht in die Arena, weil die Zottelbestien dort ihn für ihresgleichen halten würden." — „Sein Haupthaar ist verwildert wie Dorngestrüpp." — „Seine Nägel abzuschneiden hat der Philosoph keine Zeit." — „Und seine Finger sind gefleckt, wie einer Schlange Haut: — von nie wieder abgewaschner Tinte, ehrwürdig vor Alter." — „Er affektiert." — „Er spielt Komödie." — „Aber schlechte." — „Er lügt. Er lügt den Helden wie den Philosophen." — „Den Helden! Das Männlein da! Der Zwerg! Ich bin gewiß, er hat nie einen Germanen im Kampf gesehen." — „Der eitle Prahler!" — „Der Schmalbrüstling!" — „Die Spitznase!" — „Der Gottlose!" — „Der Gottesleugner!" — Ganz rot vor Zorn war das sonst so bleiche Gesicht Julians geworden unter dem sich von rechts nach links kreuzenden Geschwirr solcher Redepfeile, als endlich eine Schar der Cornuti erschien und ihrem Herrn freie Bahn brach. Aber er vergaß es ihnen nicht, den Recken.

XXI.

Ungleich ernster als solcher Ärger beschäftigte den Herrscher, neben der unablässig betriebenen Kriegsrüstung, die Flut von Klagen, von Anklagen der Christen in allen Provinzen seines Reiches gegen Unterdrückung und Verfolgung durch seine „hellenistischen" Beamten und Priester: — ein Schrei, der viel hundertstimmig hier an sein Ohr schlug. Und mit bitterem Schmerz mußte er wahrnehmen, daß die zahlreichsten und heftigsten Anklagen sich erhoben in jenen Provinzen, für die er zur Durchführung seiner

Maßregeln den nächst Befreundeten bestellt hatte: Lysias! Mit kühner Überschreitung seiner Vollmacht war der Oberpriester des Apollon aus Byzanz vor allem nach Gallien geeilt: — zu Paris erhoben die Christenpriester die heftigsten und, wie es schien, voll begründete Klagen über seine Gewaltthätigkeit. Von da und von Italien aus war er nach kurzem, aber ebenfalls bitter beklagtem Eingreifen in den Provinzen Dalmatien, Thrakien, Pontus, Galatien, Kappadokien, Syrien, in sein geliebtes Heimatland am Nil gereist, wo er die Erweisung königlicher Ehren verlangte: — „als Vertreter des Augustus", wie er das später entschuldigte. Bald nach seinem Eintreffen brach ein wütender Aufstand der Heiden zunächst gegen den arianischen Bischof Gregor aus, der grausam gemordet ward. Aber auch mit dem katholischen Erzbischof Athanasius suchte er alsbald herausfordernd Händel.

Die erdrückende Menge solcher Anklagen zwang den Imperator, mit schwerem Herzen Untersuchung gegen seinen geliebten Lehrer einzuleiten. Er übertrug die Prüfung der übrigen Beschwerden Jovian: — gerade weil dieser in dem letzten Jahr mehr und mehr als Verteidiger der Galiläer gegen Julians Abneigung aufgetreten war, wie dieser nicht ohne leisen Schmerz bemerkte. Die Händel mit Athanasius aber überwies er Serapio, der ohnehin schon mit einem Bericht über diesen Vorkämpfer der Katholiken betraut war. Aber wiederholt hatte der Franke um Aufschub gebeten. „Weshalb? Alle Urkunden, alle Aufzeichnungen über den Alexandriner stehen dir ja aus den Archiven des Staates zur Verfügung." — „Gewiß! Aber die Gestalt des Mannes stieg und steigt mir aus alledem so hoch empor, je mehr ich über ihn erforsche, daß ich fast den Maßstab verliere für solche Größe. Er darf doch nicht seinem Richter unerreichbar über den Kopf wachsen. Gedulde dich noch!

Dieser Athanasius ist entweder einer der ärgsten Heuchler und Ränkeschurken, oder er ist einer der allergrößten Menschen, — an Willenskraft und Geist — die je gelebt haben. Ich möchte dir wünschen, o Freund, ich käme zu dem ersten Ergebnis. Aber ich glaub' es täglich weniger. Geduld noch, kurze Zeit." — „Wohl denn! Jedoch bevor Lysias, den ich hierher vorgeladen, eintrifft, muß ich ausreichend unterrichtet sein." Ungeduldig drang Julian in beide Freunde, ihre Arbeit abzuschließen.

———

Ehe wenige Tage darauf die Berichterstattung der Beauftragten begann, wandte sich der Herrscher lebhaft an Jovian: „Sage doch, Freund, was ist mit meiner Mutter, meiner Schwester? Wiederholt hab' ich sie dringend eingeladen nach Byzanz — seit wie lange hab' ich sie nicht mehr gesehen! — Immer hieß es, die Mutter sei zu schwach, zu reisen. Wann hast du, — denn dir hab' ich all' meine Briefe an beide diktiert! — wann hast du zuletzt Nachricht von ihnen erhalten?"

„Soeben. Ich wollte dir gerade den Brief deiner Schwester vorlegen. Sie ist — gemäß deinem Wunsche, der zuletzt Befehl geworden war, — aufgebrochen von Marseille und auf dem Wege nach Byzanz!"

„Wohl, wohl. Dort soll sie in das von mir gegründete Heiligtum eintreten, das ich der Juno Pronuba geweiht habe, und von den Priesterinnen daselbst tiefer in den Hellenismus eingeweiht werden: denn diese Seele ist mein. Ich lasse sie dem Galiläer nicht! Aber die Mutter? Sie begleitet sie doch?"

„Nein, Julian; sie . . ." Jovian stockte. — „Hält sie noch immer ihre Gesundheit zurück? Ihre Augen wohl . . . ?" — „Nicht doch. Aber . . ." — „Nun, was aber?" —

„Sie ist schon abgereist. Nicht nach Byzanz. Nein. Von Johannes begleitet nach Rom. — Und von da nach Jerusalem." — „Nach Rom? Nach Jerusalem? Was thut sie dort?" — „Nun: — was man dort thut: beten. Sie — sie ist — ich wollte dich bei deinen vielen bittren Erfahrungen nicht auch noch in diese tauchen — vor der Zeit. Aber sie ist — mit deinen Maßregeln — mit allem, was du — seit Straßburg — gethan — nicht einverstanden." „Ja freilich wohl!" seufzte Julian schwer. — „Und so ist sie, — um für dein Seelenheil zu beten, — um ein Gelübde zu erfüllen — aufgebrochen, an die Gräber der Apostelfürsten und an das Grab des ... ihres ... Erlösers zu pilgern." — „O Mutter, Mutter! Auch du! Aber ich konnt' es ja wissen! Und das erfahre ich jetzt erst?" — „Soeben erst, wie ich dir sagte, erfuhr ich's ja selbst." — „Und dieser vielgeschäftige Johannes! Wie ein Eichhörnchen huscht er hin und her! Was hat er immer durch die Provinzen zu eilen?" — „Sei nicht undankbar, Julian. Du weißt, er pilgert stets zwischen Rom und Jerusalem. Und ich meine, du verdankst ihm gar viel, — diesem hin und her eilenden Mönch."

„Ah, Mutter, Schwester — auch nicht auf meiner Seite! So wenig wie die Freunde! Aber Juliana soll, muß mir gewonnen werden! — Ich meine," er sah dem Freund innig in die Augen — „auch du hast keine Freude daran, verfällt dies schöne Geschöpf dem Galiläer?" Jovian schlug die Wimpern nieder. Er errötete stark. „Man muß seiner Überzeugung folgen, Julian. Auch — ohne Grübeln — der Herzensüberzeugung."

Erstaunt sah der Imperator auf den Freund; aber er unterdrückte einen unwilligen Ausruf und mahnte, sich auf dem Ruhebette lagernd: „Wohlan! Beginnt mit euren Berichten. Erst du, Jovian, mit den allgemeinen Klagen der

Galiläer wegen meiner — „Verfolgungen". (Hört es, all ihr Götter!) Dann du, Serapion, über diesen Athanasius, der wirklich „unsterblich" zu sein scheint, solange verfolgt er nun schon Constantin, Constantius und Julian."

„Die Klagen der Christen sind Legion," begann Jovian, auf eine hohe und weite Urne deutend, die Schreibsklaven auf seinen Wink hereintrugen und vor ihm niederstellten. „Ich habe heute nur die gegen Lysias erhobenen mitgebracht: — sieh diesen hohen Haufen! Er hat es — so will es scheinen — am ärgsten getrieben oder treiben lassen. Aber auch andere deiner Beamten und Priester haben deine Aufträge und ihre Amtsgewalt auf das schlimmste mißbraucht: so arg, daß eine allgemeine Gärung unter den Christen aller Provinzen brütet: es würde mich nicht wundern, bräche hier und da offne Empörung aus ..."

„Sie sollen's wagen!" rief Julian. „Ich gestehe" fuhr Jovian innerlich tief bewegt fort, „nichts hat mich den Christen und ihrer Lehre näher bringen können als der Auftrag, den du mir vor Monaten gabst, als die Beobachtung ihres Verhaltens unter hartem, grausamem Druck. Ihre Überzeugungstreue, ihre Langmut, ihre Feindesliebe sind erstaunlich. Das sind nicht mehr die zanksüchtigen, herrschgierigen Bischöfe und Priester der Zeiten des Constantius."

„Ja, ja," warf Serapion ein. „Die verfolgte Kirche war immer großartiger als die verfolgende." Unwillig mahnte Julian: „Ich ein Verfolger! Beende deinen Lobgesang und beginne deinen Bericht." — „Am meisten wird Mißbrauch getrieben mit deinem Gebot der Rückgabe des Landes, das unter Constantius den Tempeln oft entrissen worden ist, Kirchen darauf zu bauen, und überhaupt diesen Tempeln und ihren Priestern den zugefügten Schaden zu ersetzen."

„So?" brauste der Imperator auf. „Soll das vielleicht **nicht** geschehen? Mit Axt und Beil, an der Spitze ihrer Gläubigen, sind Bischöfe in wütendem Anlauf in die säulengetragnen Tempel gedrungen und haben die Bilder der Götter zerschlagen, die Tempelschätze wurden meist dabei geraubt. Sollen die Brandstifter, die Tempelschänder, die Räuber ihren Raub behalten, sich ihrer Gewaltthaten erfreuen? Nein, bei Phöbos Apollo!"

„Wohl. Aber nun reißen die „Hellenisten" ganz ebenso die Basiliken nieder, die an der Stelle der zerstörten Tempel oder doch auf Tempelland errichtet wurden. Und wie wüten dabei deine Priester!" — „Sind es nicht mehr die **Deinigen**?" Aber Jovian überhörte — so schien es — die Frage und fuhr fort: „In allen Städten, die Lysias besuchte, forderte er die Christen auf, die Leichen zu entfernen, die sie seit zwei Jahrzehnten in den Hainen der Tempel bestattet hatten." — „Mit Recht! Denn das war freche Tempelschändung, Entweihung der Heiligtümer, ein Greuel den schönen Göttern!" — „Aber Imperator! Tausende von Gräbern sind's: — in gutem Glauben, mit Ermächtigung von Constantius, errichtet. Erklärten nun die Christen, sie könnten das nicht oder doch nicht sogleich, was that dein Stellvertreter? Er selbst stürmte, mit Schaufel und Karren, rasende Haufen anführend, in diese Friedhöfe, riß die Gräber auf, warf die Knochen auf die Karren und ließ sie abladen ins Wasser oder auf die Abfallstätten. So geschah's in Gaza und in Askalon, in Cäsarea wie in Hierapolis und an vielen andern Orten. Widersetzten sich die Christen, so entbrannte sofort der Straßenkampf: Weiber mit ihren Spindeln, Köche mit ihren Bratspießen durchbohrten die halbtoten Christen, die Heidenpriester schleiften deren Leichen durch die Straßen, schlürften in wahnsinnigem Aberglauben das frische Blut gemordeter Jungfrauen, ja in Gaza mischten sie die zerhackten Fleischfetzen erschlagener Christen mit Gerste und warfen sie den Schweinen zum Fraße vor: in Masuma haben die Priester der Bellona einen Diakon an dem Altar ihrer Göttin geschlachtet und mit seinem Blut ihre Speerspitzen bestrichen." — „Und Lysias?" fragte Julian entrüstet. „Lysias hat überall diese Wut entzündet, hat nirgends etwas gethan, sie zu löschen. Er stand dabei, er ließ es geschehen, obwohl er nach deiner Vollmacht überall die Krieger aufbieten darf: diese selbst — oft barbarische Söldner, weder Christen noch „Hellenisten" — — schritten von sich aus ein und schafften Ruhe. Aber weiter. Die Bischöfe können oft beim besten Willen nicht die ungeheuren Summen aufbringen, die Lysias als Schadenersatz verlangt. Dann geht die Vollstreckung in die Person, in den Leib des Schuldners, hat Lysias erklärt." „So besagt das Gesetz der Römer," sprach Julian, achselzuckend. — „Ja, aber was hat Lysias gethan zu Arethusa in Syrien?" „Ah ja," rief der Imperator zornig, „ich gedenke! Da war es, daß Bischof Marcus mit eigener Hand mit dem Spaten ein wunderschönes Marmorbild der Demeter zerschlug und in ihren Tempel und Hain die Brandfackel warf. Lebt er noch, der Frevler?" — „Durch ein Wunder. Denn da er die von ihm ver= langte Million nicht zahlen konnte, warf sich Lysias mit einer wütigen Rotte auf den alten Mann, ließ ihn furcht= bar geißeln, den Bart ausreißen und setzte ihn zwischen Himmel und Erde, in einem Netz auf hohen Stangen, nackt, mit Honig überstrichen, den Glutstrahlen der syrischen Sonne und den Stichen der Insekten aus." — „Das hat mein Lehrer nicht gethan." — „Nein, aber thun lassen: — er stand dabei, nachdem er die Geißelung selbst befohlen. Jetzt streiten sich Katholiken und Halbarianer um die Ehre, diesen Martyr für sich in Anspruch zu nehmen."

„Fürchte die Martyrer!" warnte Serapio, „mehr als Perser und Parther!" — „Durch solch' Scheußliches gereizt, berühmt sich nun freilich Marcus und alles Christenvolk im Lande laut jener Tempelzerstörung." — „Da siehst du's." — „Sollen solche Leidenschaften, solch wahnsinniges Wüten dein Volk zerspalten? Halt ein, Julianus! Du bist nicht Imperator der „Hellenisten" nur, — aller Römer. Auch den Christen schuldest du Schutz und Recht." „Denk' nach, Julian! Kann dieser Lysias sein Amt behalten?" fragte Serapio. „Nein," sprach Julian ernst; „gewiß nicht! Und solche Dinge geschehen unter meinem Scepter! Große Götter, warum ließet ihr das zu?" „Ich wäre noch lange nicht zu Ende," sprach Jovian, die Papyrusrollen in die Urne zusammenwerfend. „Aber ich meine: es langt. Begreifst du nun, o Julian, daß sich in diesen Wochen mein Herz von deinem „Hellenismus" ab- und den Christen zugewendet hat?" Julian schwieg. Finster sah er vor sich nieder. „Es ist hart," seufzte er endlich, „schlägt das Streben nach höchster Gerechtigkeit zu höchster Ungerechtigkeit aus! — Serapio, nun berichte du über jenen Athanasius."

XXII.

„Mit Athanasius beginne ich," hob dieser an, „mit Lysias muß auch ich schließen. Du befahlst, dir in Kürze zusammenzufassen, was jener gewaltige Priester unter deinen Vorgängern gethan und gelitten. Vor vielen Jahrzehnten war's. Da wandelte der fromme Bischof Alexander von Alexandria am Gestade des Meeres. Er sah einige Knaben, die dort spielten; sie spielten „Priester"; einer unter ihnen nahm an einem kleineren die Handlung der Taufe vor, so richtig, so genau nach allen Vorschriften der Kirche, — er tauchte das Kind ein wenig im Meer unter — zugleich aber mit so weihevoller Begeisterung, mit so tief aus dem Innersten quellender Frömmigkeit, seine Taufrede war so gedankenreich, daß der Bischof, nachdem er mit Staunen hinzugetreten war und erfuhr, daß jener kleinere bis dahin ungetauft gewesen, feierlich erklärte, er sei nun gültig getauft durch diesen wunderbaren Knaben: dazu ist ja Priesterschaft nicht erforderlich, — nur der heilig fromme Wille. Und den habe der junge Täufer im höchsten Maße bethätigt. Der Bischof nahm den vom Geiste Gottes erfüllten Knaben mit sich: er hieß Athanasius.

Bald war der Diakon. Auf dem Konzil zu Nicäa war der jugendliche Diakon der Vertreter seines Bischofs und der Hauptbekämpfer der Irrlehre des Arios. Er war die Seele dieser großen, wichtigsten Kirchenversammlung, der Verfasser ihres Glaubensbekenntnisses. Bald darauf bestieg er — ein Jüngling noch — als Nachfolger Alexander's den erzbischöflichen Stuhl von Alexandria. Und nun hat er über dreißig Jahre hindurch, in unablässigen Kämpfen, unter den grausamsten Verfolgungen, für dies, für das katholische Bekenntnis gelitten und gestritten gegen Constantin, gegen Constantius, gegen dich, gegen die Arianer und ungezählte andere Ketzer. Wahrlich, das Christentum: — es ist Athanasius; der katholische Glaube, — in ihm ist er verkörpert.

Constantin hat den Standhaften verfolgt, er sollte einen arianischen Bischof erschlagen haben: Athanasius stellte ihn frisch und gesund vor seine Richter! Ein erbärmliches Konzil zu Thrus setzt ihn ab. Er wirft sich in eine Barke, segelt nach Byzanz, fällt dem gewaltigen allgefürchteten

Constantin, wie der auf der Straße reitet, in die Zügel, zwingt ihn so, ihn anzuhören: — die Panzerreiter des Imperators weigern sich, Hand zu legen an den Wehrlosen, dessen Rede sie kaum verstehen, dessen Auge aber sie bändigt. Er muß freigesprochen werden. Gleich darauf verbannt ihn Constantin wegen neuer Anklagen auf Hochverrat aufs neue, diesmal nach Trier.

Unter Constantius nach Alexandrien zurückgekehrt, soll er auf dessen Befehl, da der Imperator nun für die Arianer gewonnen ist, getötet werden. Gegen die Kirche des heiligen Theonas, wo der Erzbischof nächtlichen Gottesdienst hält, stürmt Syrianus, der Dux von Ägypten, mit zwei Kohorten heran. Vergebens beschwören den Bedrohten seine Priester, seine Gemeinde, zu fliehen. Unerschrocken fährt er fort, am Altare Psalmen zu singen. Die Krieger erbrechen die verschlossenen Thüren, sie bringen ein, mit wildem Geschrei: ihre Rüstungen schimmern in dem Glanze der Altarleuchter: die Frommen werfen sich ihnen entgegen, sie opfern sich für ihren geliebten Bischof, sie lassen sich schlachten: — und wie durch ein Wunder ist der Bedrohte entrückt." „Ich kenne diese Wunder," spottete Julian. — „Aber solche Treue kennst du nicht — denn du kennst nicht die Germanen! — wie Bischof und Gemeinde sich nun gegenseitig hielten. Zum Tode verurteilt wird er selbst, zum Tode jeder, der ihn birgt. Aber sechs Jahre trotzt der Kühne jeder Gefahr. Er verschwindet zuweilen in der Wüste, unter den Einsiedlern der Thebais, in Felsen und Höhlen. Vergebens setzte Constantius hohe Preise auf seinen Kopf, vergebens schrieb er sogar an die Häuptlinge der Äthiopen, ihm in ihren Wüsten in der Jagd auf den Einen Priester beizustehen, gegen den ein Heer von Beamten, Häschern, Kriegern aufgeboten ward: zu Dutzenden ließen sich die Mönche töten, aber das Geheimnis seines

Versteckes in einer trockenen Wüstencisterne verrieten sie
nicht. Jedoch er taucht immer wieder auf, mitten in
Alexandria, wann die Not der Kirche ruft! Vor den
Augen der Henker: sie können ihn nicht fassen! Unzählige=
male tritt er dem Tod entgegen: zwanzig Jahre verbringt
er in verschiedenen Verbannungen: die andern vermag
Constantius auf der Synode zu Rimini durch Kerker,
Kälte, Hunger, Todesdrohung zum Abfall von ihrer Über=
zeugung zu bringen, auch der römische Bischof verleugnet
zuletzt den katholischen Glauben: auch Liberius nennt aus
Menschenfurcht Christus nur „Gott=ähnlich". Nicht so
Athanasius. Viermal darum von Constantius, „dem
Bischof der Bischöfe," vertrieben, kehrt er viermal als
Sieger zurück, im Triumph eingeholt von seiner treuen
Gemeinde. Mit Wort und Schrift und That hat er, ein
wehrloser Greis, den bluttriefenden Constantius, den grau=
samen Herrn der Erde und so vieler Legionen, überwunden,
den ersten Herrscher eines Staates, den die Kirche besiegt
hat: wer wird der zweite, wer der letzte sein? Offen hat
er ihn den Antichrist genannt und den Imperator, — ihn
und alle seine irrgläubigen Bischöfe, — sittlich und geistig
gedemütigt vor aller Welt. Die Kirche hat gelehrtere
Gelehrte, keinen größeren Mann. Nicht sein Wissen, —
sein Wille, sein Charakter macht ihn allsiegreich: und er
hat in vierzigjährigem Kämpfen und Mühen der Seelsorge
solche Kenntnis des menschlichen Herzens erlangt, daß er
voraussagen kann, wie Feinde und Freunde handeln werden.
Weissagung nennen das seine Frommen.

Zu Fuß — am Pilgerstab, nicht in vergoldeten Prunk=
wagen, von sechs Rossen gezogen, wie seine Amtsgenossen,
— wandert der greise Metropolit von Alexandria Jahr
für Jahr durch die Diözesen seiner hundert Bischöfe von
den Mündungen des Nil bis an die Zelte der Äthiopen,

die vorgeschriebene Prüfung vorzunehmen. Da ist kein Krüppel an der Straße, den er nicht anspricht, beschenkt, tröstet, kein frommer Einsiedler der Wüste, vor dem nicht dieser größte Fürst der Kirche demütig das weiße Haupt zur Erde neigt: das Haupt, das zwei Imperatoren zu beugen nicht vermochten.

Und mit diesem Manne nun beginnt dein Stellvertreter Lysias einen vom Zaune gebrochenen Streit! Im Purpur und mit goldenem Scepter schreitet er in die Tempel, von allen Ägyptern angestaunt und bejubelt als ihr eingeborner Führer. Ich unterdrücke den sehr gerechten Argwohn, daß Lysias es war, der heimlich den Haß der „Hellenisten" gegen den arianischen Bischof Gregor den Kappadoker so lange schürte, bis . . ."

„Ei," unterbrach Julian heftig, „den brauchte es nicht mehr schüren. Der Elende! Mit Schlangenbissen hat er sie gepeinigt, schreibt mir Ammianus Marcellinus, das bischöfliche Amt hat er zu elender Angeberei bei Constantius mißbraucht. Er riet schmeichlerisch diesem Habsüchtigen, alle Häuser der Stadt als fiskalisches Eigen einzuziehen, da ja „sein Vorgänger in der Regierung" — Alexander der Große! — die ganze Stadt aus Staatsmitteln erbaut habe: — vor sechs Jahrhunderten! — Wucher und Gewaltthat wechselten ab bei diesem Musterbischof."

„Wohl! Mußten aber deshalb die „Hellenisten" ihn und zwei Freunde mit den Füßen zertreten und halb tot mit Kamelen an das Meer schleifen und dort verbrennen? Wie sagt euer gedankentiefster Dichter Lucretius? „Solchen Frevel vermag nur die Religion zu befehlen." — „Das war," lächelte Julian, „eine beneidenswert glückliche Anführung eines beneidenswert glücklichen Verses."

Jedoch Serapio fuhr fort. „Du aber, anstatt die

Frevler zu strafen, begnügst dich, in einem deiner Briefe, — wie du sie so gern schreibst! — die „Hellenisten" zu Alexandria zu ermahnen, daß sie von „Hellenen" stammen und daher auch „hellenische" Sitten bewähren sollen. Was würdest du wohl mit christlichen Mördern eines apollinischen Pontifex angefangen haben? Statt dessen glaubst du den völlig unbewiesenen Anklagen, die der wütige Lysias gegen Athanasius schleudert." — „So? Völlig unbewiesen?" zürnte Julian. „So höre, du plötzlich so eifrig gewordener Galiläerbeschützer." Er zog eine Anzahl von Rollen aus einer vor ihm stehenden Arca. „Diese Berichte habe ich erst heute aus Alexandria erhalten. Vernimm! Dein Athanasius ward bei seiner Wiederkehr in Alexandria mit einem Jubelrausch aufgenommen: — Jungfrauen, Greise rangen mit den Jünglingen um die Ehre, seine von Kränzen überhüllte goldene Sänfte tragen zu dürfen. So dankt man meiner Gerechtigkeit! „Es ist ein Triumphzug, dieser Einzug," jubelten die Frommen. „Der Triumphator ist unser Bischof." Und man triumphiert nur über einen vollbesiegten Feind. Wer ist das? Der Staat."

„Ohne Zweifel," erwiderte Serapio. „Der Staat war im Unrecht, als er jenen Mann verbannte. Er ward mit Recht geschlagen. Mit Recht triumphieren die Kirche und das katholische Volk. Warum muß man auch bei euch bald katholisch, bald arianisch, bald heidnisch sein, um Vollbürgerrecht zu haben? Geschieht euch ganz recht! Warum mischt ihr Thoren Staat und Glauben durcheinander wie der Bäcker Milch und Mehl? Ich opfere nie daheim und niemand zwingt mich, zu opfern; niemand frägt mich, was ich glaube. Aber freilich: wir sind nur Barbaren!"

„Ich habe," rief Julian heftig, „allgemeine Duldung

verkündet. Aber Verbrechen, aus Religion begangen, werd'
ich bestrafen."

„Ist es ein Verbrechen, sich von Jungfrauen in be=
kränzter Sänfte tragen zu lassen?"

„Franke, reize mich nicht! — Dein Athanasius wird
ferner beschuldigt, an jenen Mordthaten beteiligt zu sein."
— „Das ist erlogen." — „Er hat sie nicht gehindert." —
„Auch du nicht." — „Weiter! Er hat alsbald nach jenem
Schaugepränge seines Triumphzugs eine Kirchenversamm=
lung seiner hundert Bischöfe nach Alexandria berufen." —
„Das ist sein Recht." — „Das sind allgemeine Heeres=
musterungen der Priestermacht." — „Auch du musterst ja
dein Heer." — „Bedenkliche Beschlüsse sollen dort gefaßt
sein. Ihre Ausführung zu verhindern, werd' ich ihn
wieder aus Ägypten verbannen. Ich schrieb bereits dem
Präfekten" — er ergriff einen Papyrus und las: „beim
großen Serapis! Ist dieser schlimmste Feind der Götter
nicht vor den Kalenden des Dezember aus Alexandria
und ganz Ägypten verbannt, zahlst du, oh Ecdicius,
hundert Pfund Gold." Dieser Bischof bewirkt es, daß
man alle Götter gering schätzt. Soll er doch abermals
ein ganzes Häuflein vornehmer Frauen, bisher Verehrerinnen
der Hera, zur Taufe beschwätzt haben. Ich verlange Ge=
horsam gegen das Gesetz des Staats vor allem und von
allen, auch von Bischöfen. Athanasius hat diese Gehorsams=
pflicht verletzt: aus Alexandria verbannt von Constantius
ist er sofort nach des Constantius Tod dorthin zurückgekehrt:
er hat nicht einmal meine Verfügung abgewartet, die bereits
ergangen war, ihm die Rückkehr verstattend." Jovianus
wandt ein: „er glaubte wohl, gerade nachdem ein Feind
seines Glaubens den Thron bestiegen, dürfe der Hirt der
Herde nicht fehlen." Jedoch zornig fuhr der Herrscher fort:
„den Bürgern aber von Alexandria hab' ich geschrieben, sie

sollten sich schämen, also an Athanasius und an dem
Galiläertum zu hangen. Eine Stadt, von einem Halbgott
gegründet, dem Gott Serapis und der Göttin Isis geweiht!
„Euren Ahnen," schrieb ich, „haben sie Sklavenfron ge=
leistet, jene Hebräer, deren Sproß ihr nun als einem
Gotte dient, Helios und Selene verschmähend, denen ihr
alles verdankt." — Ich will ihn vernichten, diesen Atha=
nasius!" „Julian! Heißest du Constantius?", mahnte
Serapio, „willst du dieses Schwächlings Unrecht und Nieder=
lagen durch jenen Mann wiederholen? Hüte dich! Ich
warne dich!" — „Nein, nein denn! — Aber fort muß er
mir wenigstens aus Alexandria, aus dem Hauptsitz seiner
Macht. Wie schaff' ich ihn fort ohne Rechtsbruch? Ei, ich
hab's! Ich lade ihn vor mein Angesicht, sich zu recht=
fertigen wegen all' dieser Anklagen: da muß er folgen: —
und ich lade ihn erst, nachdem ich aufgebrochen bin gegen
die Perser. — Dann muß er mir nachreisen, immer nach=
reisen bis in den äußersten Osten! Hui, ich will ihn reisen
machen, diesen jüngsten Apostel, weiter als die alten gereist
sind. Ist das nicht ein guter Witz? Lacht doch, Freunde!"
— „Ich lache nicht über Athanasius," sprach Jovianus
ernst. „Und dir, fürcht' ich, werden noch die Witze über
ihn vergehen," warnte Serapio. „Ich bat so dringend:
meide den Kampf mit diesem Mann." — „Aber woher
deine Begeisterung, Bataver, für diesen Ägypter? Warum
verehrst du ihn so tief?" — „Ich verehre höchste Helden=
schaft, wo ich sie finde, ob in der Brünne, ob im Priester=
kleid. Nicht nur wer dreinschlägt, ist ein Held." — „Der
erste, den du fürchtest, Germane." — „Das Fürchten hab
ich wirklich noch nicht gelernt." — „Er greift mich an in
den Beschlüssen jener Kirchenversammlung. Ich verteidige
mich nur!" — „So sprachen von jeher alle Unterdrücker.
Von Julius Cäsar gegen Ariovist, bis auf Julian gegen

die Germanen und gegen Athanasius." — „Wohlan, die Germanen, ... ich habe sie unterworfen." — „O nein. Nur geschlagen." — „Ich werd' auch diesen unterwerfen; oder untergehn." — „Oder untergehn: du hast's gesagt! Athanasius ist das Christentum, ist die Kirche: aber in ihrer Größe, ohne ihre Flecken und Schwächen. — Hüte dich, mein Freund Julian." Jedoch unwillig sprang dieser auf: „Genug! Genug! Ich brenne jetzt darauf, diesen Unsterblichen geistig zu töten. Ich lade ihn sofort, den tief Verhaßten. Das ganze Gift des Galiläertums steckt in dieser Einen Schlange: ich werde sie zertreten."

XXIII.

Schon am nächsten Tage, noch ehe die Vorladung an ihn abgegangen war, traf zu Antiochia ein — Lysias. Er kam höchst unerwartet. Er erklärte, er sei nur herbeigeeilt, neue schwere Beschwerden wider Athanasius zu erheben. Die Wahrheit jedoch war, daß er den Anklagen bei dem Imperator zuvorkommen wollte, die ihm die Beamten in ganz Ägypten angedroht hatten, da er nicht bloß in allen Städten ähnliche Erhebungen der Heiden gegen die Christen aller Bekenntnisse, wie in Alexandria gegen die Arianer, herbeizuführen trachtete, sondern das tief eingewurzelte Ansehen seines Hauses in dem alten Nillande dazu mißbrauchte, Huldigungen und Ehrenbezeigungen entgegenzunehmen, wie sie nur dem Landesherrn gebührten. „Er spielt den Pharao und den Obermagier zugleich, als königlicher Priester tritt er auf," hatte der Präfekt von Ägypten bereits an den Augustus berichtet.

Vergebens versuchte Lysias sich durch die Macht seiner

Rede, gestützt auf das warme Dankesgefühl seines Schülers, zu rechtfertigen. Er verstummte zuletzt unter der Last von Anklagen, von Beweisen, die Jovian sorgfältig gesammelt und klargestellt hatte. Als Julian ihn unwillig fragte, „warum in aller Welt er denn — ohne jede Vollmacht — gleich zuerst in das ferne Gallien geeilt sei?" schwieg und erblaßte er. Aber auch gegen alle übrigen Beschwerden fand er keine genügende Verteidigung, so daß der Herrscher ihm zuletzt — schmerzlich bewegt — erklärte, wie schwer sein Vertrauen durch ihn getäuscht sei. „Überall, wohin du den Fuß setztest, hast du mir zu meinen alten Hassern neue erweckt, die [ach! mit Recht] mich den Verfolger nennen können. Ich kann den Mann nicht strafen, dem ich so viel verdanke: aber jenes wichtigste Amt, meine Stellvertretung, kann ich dir nicht belassen. In die Provinzen darf deine Rachgier gegen die Galiläer nicht weiter ausfahren. Bleibe fortab an meinem Hof und lerne nur meinem Willen, nicht deinen Leidenschaften, dienen. Nach Ägypten vollends kehrst du nie zurück. Ich selbst bin Pharao am Nil." Lysias schied mit einem giftigen Blick. „Warte," sprach er, „Verleugner der Götter, du sollst erleben, daß nicht nur die Christen für ihre Heiligtümer kämpfen können."

Die nicht große Zahl von Heiden in Antiochia hatte sich in der langen Zeit des Aufenthalts des Heidenbeschützers durch Zuzug aus der Nachbarschaft erheblich gemehrt: freilich waren es nicht gerade immer erfreuliche Gäste: gar viele drängten sich jetzt als eifrige „Hellenisten" an den Hof, seitdem dies Bekenntnis eine Empfehlung war, Gunst, Ehren, Ämter, Geld unter solchem Anschein leicht zu gewinnen. Auch die prachtvollen Feste, die Opfer, die Schmäuse, die Julian, zumal in dem nahen Daphne, veranstaltete, zogen viele Leute an, weniger der Andacht als des Vergnügens willen.

In den nächsten Tagen sollte in dem Zeustempel einer Vorstadt, in der nicht viele anständige Leute wohnten, der Jahrestag gefeiert werden, an welchem, der Sage nach, Zeus in Stiergestalt die schöne Europa entführt und sich ihr vermählt hatte. Sehr ausgelassene, ja stark anstößige Gebräuche hatten sich an das Fest geknüpft, bei welchem als Stiere gekleidete Männer und überhaupt recht wenig gekleidete Weiber in der Vorstadt Umzüge hielten, bedenkliche Tänze aufführten und zuletzt, in dem halb dunkeln Tempel, bei berauschender Musik — dem Schlagen des Tympanon — und bei berauschendem Wein die wilde Feier beschlossen.

Julian erfuhr durch den ernsten Jovian von diesen bevorstehenden Dingen: er verbot das Fest für jetzt und für immer. Alsbald zeigte sich gärende Unzufriedenheit unter den Heiden jenes übelbeleumdeten Stadtteils; die Verkäufer von Blumen, Kränzen, Gewinden, von Wein und Lebensmitteln, die Musiker, die Tänzer, meist Sklaven und Freigelassene, schalten über die Vereitelung ihrer Gewinnaussichten, die festlustigen Weiber schürten. Auf den Rat des Lysias, der all' diese Tage in jenen Gassen sich umgetrieben hatte, wählte die Vorstadt eine Abordnung, die bei dem Augustus die Zurücknahme des Verbotes erbitten sollte. Das wenig ehrerbietig vorgetragene Gesuch — Lysias war nicht der Sprecher, nur der Begleiter der Bittsteller — ward ungnädig abgewiesen: und da die draußen vor dem Palaste harrende Menge den Bescheid, den ihre Abgeordneten zurückbrachten, mit lautem Murren aufnahm, eilte der Imperator selbst in die Säulenhalle vor dem Thor des Palatiums und rief laut in die Menge hinein: „Schämt euch, ihr Bürger von Antiochia! Schämt euch eures Verlangens! Wie könnt ihr überhaupt glauben an solche der heiligen Götter unwürdige Geschichten?"

11*

— „Beruhigt euch, ihr Gläubigen," rief Lysias arglistig. „Der Augustus will ja nicht etwa leugnen, daß Zeuß in Stiergestalt Europa sich vermählt hat. Nicht wahr, o Herr, daran zweifelst du ja nicht?" Unwillig rief Julian überlaut: „Nein, solchen Unsinn glaub' ich nicht. Und kein Verständiger glaubt ihn." Da erscholl ein Schrei der Wut, der Entrüstung aus den vielen Hunderten. „Hört ihr's?" — „Der Götterleugner!" — „Habt ihr's vernommen?" — „Unsinn nennt er den großen Zeus Tauros!" — „Er kann nicht mehr Pontifex Maximus sein." — „Er kann nicht Imperator bleiben!" — „Nieder mit ihm!" — „Nieder mit dem Beschimpfer der Götter!" — „Rache! Wir wollen ihn glauben lehren!"

Und sie verliefen sich zwar, da sie unbewaffnet gekommen waren, aber unter wilden Drohungen, bald wiederzukehren. Triumphierenden Blickes folgte Lysias dem Erstaunten in das Palatium. — „Du siehst, wohin es führt, mir zu widerstreiten. Jetzt hast du auch die Göttergläubigen dir verfeindet! Sprich, auf wen willst du dich stützen gegen den Haß der Christen? Niemand steht mehr an deiner Seite, wenn dir nicht etwa aus dem Jenseits der Geist des Maximus hilft, den der strafende Gott erschlagen, den er auch anders glauben wollte, als das Volk!"

„Ich bitte dich, schilt morgen weiter. Heut' abend laß' mich arbeiten. Soeben sind Berichte eingelaufen von zwei Aufständen . . ." „Wo? Wessen?" fragte Lysias gespannt. — „Diesmal — zur Abwechslung! — von Galiläern. Deine Maßregeln in Perinthus haben die dortigen zu solcher Wut getrieben, daß sie (— zum zweitenmal! —) den Tempel der Kybele, der Göttermutter, zerstört haben. Und in Cäsarea haben sie (— in gleicher Erbitterung gegen dich! —) das Heiligtum der Fortuna in Brand gesteckt. Das sind die Früchte deiner . . .

Horch! was ist das?" Im selben Augenblick erscholl
draußen vor den Thoren des Palastes wildes Geschrei:
Waffen klirrten: in das Atrium drang der rote Schein
von Fackeln und Bränden.

Julian sprang auf und eilte hinaus. Da sah er, wie
die Heiden, die Bewohner der Vorstadt, geführt von ihren
Abgeordneten, mit Beilen, mit Spaten und brennenden
Scheiten die Stufen des Palastes hinaufstürmten unter dem
wüsten Geschrei: „Nieder Julian! Nieder der Götter=
leugner! Nieder der Gottlose!" Ein bittres Lächeln zuckte
um seinen Mund, als er die Worte verstanden hatte.
„Auch das noch! Und das thun mir die Meinen an!
O Schmerz und Schmach!"

„Du erkennst," sprach Lysias drohend, „wohin du
treibst: — ohne meine Lehren, gegen meinen Rat!"
„Vergießt kein Blut! Drängt sie nur mit den Speer=
schäften zurück!" rief Julian seinen Leibwächtern zu, die
nun, schnell gesammelt, aus dem Vorhof des Palastes den
Aufrührern sich entgegenwarfen. „Es sind arme, be=
thörte Menschen. Kein Blut! Hört ihr?" Und so ge=
schah's. Mit leichter Mühe und ohne die blanke Waffe
zu brauchen, zerstreuten die Lanzenträger das zusammen=
gelaufne Volk. Aber Julian seufzte tief schmerzlich auf
und bedeckte beide Augen mit der Hand. Grollend schied
Lysias aus dem Palast. „So geht es nicht. Mein Ein=
fluß schwindet immer stärker, statt zu wachsen. So muß
denn also das letzte, das kühnste Mittel gewagt werden."

XXIV.

Viel schwerer als die Unzufriedenheit der wenig zahlreichen Heiden wog aber, daß die Stimmung der Christen zu Antiochia gegen Julian immer feindlicher wurde. Es erfolgten auch hier einige Zeit nach seiner Ankunft wiederholte Erdstöße, die mehrere Gebäude der Stadt niederlegten und ein paar Einwohner töteten. Alsbald predigte über diese „Wunder und Zeichen des Herrn", wie er es nannte, in der Hauptbasilika der Stadt, der des heiligen Ignatius, ein unbekannter, glaubenswütiger Mönch: — er fand großen Zulauf: — auch das Geheimnis, mit dem er sich umgab, zog an: vor allem aber die Glut seines maßlosen Hasses. „Seht ihr denn nicht," mahnte er, „in dem Herrn Geliebte, wie die Erde sich weigert, den Fuß des Gottlosen zu tragen? Wohin er wandert, da erbebt sie vor Entrüstung. Sie bäumt sich dagegen auf, die Sohle dieses Verruchten zu verspüren, der nicht bloß von Dämonen besessen, der selbst ein Dämon ist, wie längst das Volk in Nikomedia raunt, das allerlei Grauenhaftes von seiner Zeugung, seiner Geburt zu erzählen weiß. Eine bluttriefende Verfolgung — wie Diokletian — will er verhängen über alle Gläubigen. Weh uns, kehrt er lebend, siegreich aus dem Perserkrieg zurück! Und nicht nur mit Gewalt unterdrücken, — durch alle Künste der Verführung gewinnen will er eure Seelen für die Hölle. Deshalb hat er in dem gottverhaßten Daphne den Apollotempel, den heiliger Eifer unter Constantius zerstört hatte, erneut; was sag' ich? Prächtiger als je errichtet und mit allen Anlockungen für die Sinne umgeben, — er, der sonst den Freudenverächter heuchelt. Allein seine Tage sind gezählt! Seine und die jenes Tempels der Sünden, des Götzendienstes! Auch geringster

Werkzeuge kann sich der Allmächtige bedienen, den Koloß mit den thönernen Füßen zu stürzen, und er legt seinen Blitz in die rächende Hand auch des niedrigsten unter seinen Knechten."

Die Antiochener vergaßen bei diesen Worten, daß sie in der Kirche gesprochen wurden: fortgerissen von wildem Haß, aufgestachelt von der rasenden Leidenschaft des Priesters, dem der Schaum vor den Mund trat, klatschten sie wütend Beifall, wie im Theater, und schreiend, mit den Armen fuchtelnd, ergossen sie sich aus den Thüren und über die Vortreppe der Basilika herab auf das Forum, hier ihre Zustimmung, ihre Freude, ihren Haß gegen den Gottlosen austobend.

Dieser Hauptplatz der Stadt, ehemals Merkur geweiht und mit einer Herme geschmückt, war unter Constantius dem heiligen Geiste gewidmet, eine Büste des Herrschers war auf den Sockel der Herme gestellt worden. Die ängstlichen Senatoren der Stadt hatten am Tage vor dem Eintreffen Julians das Bild des toten durch eine Büste des lebenden Herrschers ersetzt, schon damals unter lautem Murren der christlichen Eiferer.

Auf diese Herme entlud sich jetzt die Wut der Kirchgänger: im Augenblick war die Büste des Verhaßten angespien, besudelt, zerschlagen, mit den Füßen zu Staub getreten. „Nieder mit Julian! Nieder der Götzendiener! Der Gottlose! Der Dämon!" In hellem Aufruhr, obwohl unbewaffnet, wälzte sich der Schwarm der Männer, denen Weiber und Kinder schreiend folgten, von dem Forum hinweg gen Süden nach dem Palatium, in dem Vorsatz, irgendwie dort ihren Heißzorn zu kühlen.

Horch! Ein Hornstoß! Das war kein römisch Zeichen. Barbarisch scholl es, Grauen erregend! Die Antiochener hatten dergleichen noch nie gehört: auch die Hitzigsten stockten, hemmten den wilden Lauf, blickten erschrocken in die breite Seitengasse, die hier einmündete.

Da erschraken sie noch mehr!

"Barbaren! Wilde! Barbaren! Germanen über uns!" kreischten sie und stoben nach allen Seiten auseinander; die hinteren Reihen rannten Kinder und Weiber über den Haufen: in wilder Flucht stampften sie über die Ächzenden, Fluchenden hin.

Es war die neue Leibwache Julians, die er in den letzten Wochen fast ausschließend aus Germanen in seinem Sold, Angehörigen aller Stämme, zusammengestellt hatte: "die Treuen", "Fideles", hatte er sie genannt. Diese, etwa tausend Helme, zogen soeben aus ihrem Lager, westlich vor den Thoren, zum erstenmal in die Stadt unter dem Schall ihrer heimischen Hörner. Prachtvolle Kriegergestalten in ihrer stammtümlichen Tracht und Gewaffnung!

An der Spitze schritten Garizo, Sigiboto, Ekkard, Sigibrand der Sachse, der von Julian zu des Mannes lebhaftem Erstaunen unter dem Ehrennamen "der Theologos" zum Centurio war befördert worden.

Diese Schar bog jetzt in die von den flüchtigen Frommen geräumte Straße ein und zog auf das Palatium, unter dem schlichten Lagerlied, das vor kurzem bei ihren Wachtfeuern, aus dem Stegreif gefunden, entstanden war:

"Jubelt und jauchzt ihm,
Dem jungen Julianus,
Dem herrlichen Helden,
Dem mildhändigen Herzog!
Folgt ihm, ihr Freien,
Durch Flammen und Fluten,
Prahlende Parther
Und prunkende Perser
Prächtig zu prügeln.
Heil ihm, dem Helden,

Dem Günstling der großen,
Der gabengütigen Götter!
Zu reichem Ruhm
Erhöhet ihn Cru!
Walvater weißt ihm
Zum Siege die Wege,
Der waltende Wodan.

Wir aber wollen ihm freudig folgen
Von Schlachtfeld zu Schlachtfeld.
Jubelt und jauchzt ihm,
Tapfer und bis zum Tode getreu,
Dem jungen Julianus!"

———

Als dem Imperator das Geschehene gemeldet wurde, fragte er nach dem Namen jenes Predigers, und als er erfuhr, man habe nun ermittelt, er heiße Theodoretos, befahl er, eifrig nach ihm zu fahnden. Aber spurlos war der Mönch verschwunden.

Im übrigen lachte Julian und sprach: „Mich freut, daß sie jene Büste auf der Herme zerschlagen haben: sie war allzu ähnlich, das heißt: sehr häßlich. Ruft mir Artemidor, den Bildhauer. Er soll (— auf Kosten dieser treuen Stadt! —) zwölf Büsten von mir schaffen, aber stark verschönerte, mit der Binde und den Strahlen des Apollopriesters. Diese werden auf den Hauptplätzen — vor jeder der zwölf Basiliken — aufgestellt, neben jede eine Wache aus meinen Germanen."

„Herr," meinte sein Quästor, „wir brauchen unglaublich viel Geld für die Kriegsrüstungen. Antiochia ist so reich! Willst du nicht für jene freche Verletzung deiner Majestät dieser mißvergnügten Bürgerschaft ein kleines Strafgeld..." „Nein," lächelte Julian. „Aber der fromme Senat wird jedem Germanen, solange sie hier lagern, täglich einen Sextar guten Weines liefern. Und Sigibrand, dem Theologen, immer zwei."

———

Am Tage darauf ward in das Atrium des Palastes um einen Stein gebunden ein Papyrus geworfen, der eine unflätige Verspottung der Leibesgestalt des Imperators enthielt: zumal sein „ekelhafter Bocksbart" ward darin geschmäht. Sofort verfaßte der Gescholtene eine Gegen=schrift: „Der Bartfeind", und ließ sich durch die Mahnungen der Freunde, doch nicht zum Kampf mit ungenannten Sudelschreibern zu deren Tiefe hinabzusteigen, nicht von der Veröffentlichung abhalten: in zahlreichen Abschriften mußten sie die Buchhändler in den Bädern feilbieten. Es waren ihm darin einige Witze, die er — mit zweifel=haftem Recht — für gut hielt, gekommen: und er mußte sie an den Mann bringen um jeden Preis.

Kopfschüttelnd lasen das seltsame Machwerk Jovian und Serapion. — „Es ist wahr," meinte dieser, „geist=reich sind zuweilen die Wendungen, in denen er scheinbar sich selbst, in Wahrheit die Antiochener verspottet." — „Und wie er ihr Schwärmen für die „Freiheit" geißelt!" — „Ja, Freiheit! So rufen von jeher alle, die andre zu ihrer Weise zwingen wollen!" — „Daß sie ihren Ehefrauen die Freiheit zur Unzucht, ihren Kindern die Freiheit zur Un=gezogenheit, sich selbst aber die Freiheit zum Ungehorsam gegen die Gesetze zuerkennen." — „Wie hübsch ist der Satz: „In dieser guten, frommen und liederlichen Stadt giebt es mehr Schauspieler als Zuschauer. Wäre die Stadt eine Insel, ich nähme sie für die der Phäaken:

— . . . „wo Jünglinge lieben und Greise
Warme Bäder und buntes Gewänd und gepolsterte Kissen,
Ewiglich dreht sich am Herde der Spieß und es dampfen die Schüsseln."

(Nur eine Jungfrau sah ich nicht von Nausikaas Keuschheit!)"

"Und ich trink' ihm einen Becher zu für sein schönes Wort in diesem Büchlein: „die Germanen wissen nicht zu schmeicheln, sondern freimütig und einfach leben dort im hercynischen Wald alle nach gleichem Recht." Soviel hat er nun doch schon lernen müssen: vom Leben mit uns, nicht aus Tacitus, dem er ja nicht glauben wollte! — Aber doch, wie mag er sich mit diesem Gezücht von Frömmlern und Lüstlingen herumbalgen!" — „Wie er die Zeit dazu findet," staunte jener. — „Er stahl sie wieder dem Schlaf." — „Und daneben arbeitet er an den Kriegsplänen bis nach Mitternacht." „Mich wundert mehr," schloß Serapio, „wo er die lustige Laune dazu findet. Es sieht nicht lustig aus in Antiochia! Und nicht in eurem ganzen Reich." „Ja," seufzte Jovian, „er erzwingt sich die Laune." — „Und so ist auch diese Schrift: — meist erzwungenes Lachen."

An einem Morgen ganz früh weckte Julian wieder einmal seinen Kämmerer. „Hörst du die Hähne krähen?" lächelte er. „Wenn diese Vögel so früh aufstehen, können wir's auch." „Du vergissest, Herr," sprach Oribasius, hinzutretend, „daß der kluge Hahn nicht bis spät nach Mitternacht Öl verbrennt, wie ... andere Leute." — „Da! Nimm diesen Ring für die gute Antwort! Gieb mir hurtig einen Mantel. Ich eile zu Serapio." Bei dem Eintreten des Imperators in dessen Gemach fuhr der Franke erstaunt auf von emsiger Arbeit: er verglich auf einer der besten Karten der staatlichen Sammlungen die Übergänge und Heerwege, die vom Niederrhein ab in das Innere Galliens führten: — auf die Namen Xanten und Duysborg (zwischen

Löwen und Brüssel hatte er eben die Schenkel des bronzenen Zirkels gesteckt gehabt, die Entfernungen vom Rhein auf den verschiednen Straßen abmessend.

Julian ersah's: „Ah," sprach er lächelnd, „Erzfeind des Römerreichs! Du missest schon die Wege aus für den Fall meines Todes. Ich darf dir's — nach unsrem Vertrage — nicht verwehren und verdenken! Aber eine kleine Weile möchte ich noch leben, um den Kampf aufzunehmen und auszukämpfen mit deinem großen Schützling. Da! Lies! Heute nach Mitternacht brachte ein Eilbote diesen Brief aus Alexandria: — seine Antwort. Ich flog zu dir. Aus dem Schlafe hätt' ich dich geweckt. Aber du schläfst so knapp wie ich — du arbeitest für . . ." „Für mein Volk. Wie du für das deine," erwiderte der Franke ruhig, nahm ihm die kurze Rolle ab und las: „Deiner Einladung gemäß werde ich bei dir erscheinen. Ich bringe einen Anwalt mit. Einen noch stärkeren werde ich bei dir finden, der mich siegen und dich erliegen lassen wird. Athanasius, durch die Gnade Gottes Metropolit zu Alexandria." — „Nun, was sagst du zu diesem Brief? Zu diesem Priesterhochmut? Zu dieser Kürze? Statt sich zu entschuldigen, giebt er mir Rätsel zu raten auf. Kannst du sie lösen?" — „Nein. — Aber ich ahne keine dir günstige Lösung." — „O laß ihn nur kommen! Ich sehne ihn herbei. Das wird ein Zweikampf zwischen Helios und dem Galiläer." „Ein Kampf der Geister. Mehr aber noch der Charaktere," schloß Serapio. „Wehe dem Besiegten!"

Einstweilen hatte sich das Verhältnis der Antiochener zu ihrem hohen Gast zu offner, haßvoller Feindschaft gestaltet. Eines Morgens fand Julian in dem Garten des

Palastes einen mit einem Pfeil über die Mauer geschossenen Zettel: auf dem stand: „Wir sehnen uns nach Ch. und C."

„Nach Christus und Constantius!" deutete Julian. „O wenn sie doch, diese Antiochener, jener zu sich in den Himmel oder dieser zu sich in die Hölle holen wollte: — nur fort aus meinem Reich!"

Aber es blieb nicht mehr bei boshaften Witzen auf beiden Seiten und kleinen Plänkeleien. Es ward bitterer Ernst. Die lang andauernde Dürre, welche die Ernte auf den Feldern verbrannt hatte, führte Teuerung, zuletzt wahre Hungersnot und, in deren Gefolge, bösartige Seuchen herbei. Zumal die Vorstädte, wo die kleinen Leute, die Krämer und Handwerker, wohnten, wurden von einer Krankheit heimgesucht, die Tausende hinwegraffte: der Hunger rief rote Flecken auf der Haut, hohes Fieber, Delirien, raschen Verfall der Kräfte hervor und jede Berührung der Erkrankten steckte an. Julian blieb nicht verborgen, daß in allen Kirchen diese „sieben Plagen" als die Strafen des Herrn für den Gottlosen ausgepredigt wurden. „Es sind nur vier," spottete er: „Erdbeben, Dürre, Hunger, Seuche: — aber mit der Rechenkunst stehen die Frommen ohnedies nicht gut. Nur sonderbar, daß der Engel des Herrn die Seinen trifft und mich, seinen Feind, verschont."

Gleichwohl war er unermüdlich bestrebt, die Not des armen Volkes zu lindern. Er befahl, — sehr zum Verdruß seines Quästors und seiner Feldherren! — aus den für den Perserkrieg angesammelten Vorräten, die entlang den Legionenstraßen in den Städten und Kastellen von Byzanz bis an den Euphrat aufgehäuft lagen, gewaltige Mengen herbeizuschaffen und unentgeltlich unter die Armen zu verteilen, den Vermöglicheren zu billigen Preisen zu verkaufen. Aber diese Maßregel, die ihm später von seinem darbenden Heere nicht mit Unrecht zu schwerem Vorwurf gemacht werden sollte, wirkte auch in Antiochia ungünstig.

Die Reichen, deren Frömmigkeit weder Wuchereifer noch Genußgier ausschloß, kauften, unter allerlei Verdunkelungen, jene Vorräte in Masse auf, noch bevor sie in die Thore der Vorstädte gelangten, verpraßten sie in den altgewohnten üppigen Gelagen und verkauften das Übrige zu Hungerpreisen an die Armen. Ja, die „Gesellschaft der Tafelfreunde" beschwerte sich bitter bei dem Herrscher, daß er zwar für Brot, Fleisch, Wein und Öl gesorgt habe, aber nicht für Meeräschen und gemästete Ortolane. „Ich wollte fast," rief da Julian, „dies Völklein würde von den Persern belagert und lernte Ratten als Leckerbissen schätzen." Er ließ aus Chalkis, Hierapolis und Ägypten vierhunderttausend Maß Weizen kommen, dann fünftausend, weiter siebentausend, endlich zehntausend Scheffel und schenkte all' dies der Stadt; dann setzte er den Preis für das Maß Getreide um ein volles Drittel zwangsweise herab, so daß fünfzehn Maß Weizen nur einen Goldsolidus kosteten. Dreitausend Joch Ackerland des Fiskus schenkte er der Stadt.

Als alle Verbote und Warnungen nichts fruchteten, zog der Erzürnte die Stadtverwaltung, die Decurionen — größtenteils selbst die Schuldigen — zu strenger Verantwortung. Durch ihren Trotz gereizt, entsetzte er sie alle und berief andere, die es nicht besser machen wollten oder konnten. So im Stich gelassen von der erbitterten, verstockten Bürgerschaft — die Absetzung der Senatoren empörte diese, die einflußreichsten Geschlechter der Stadt, die sie von jeher beherrscht hatten, auf das schärffte — griff Julian zu dem alten, höchst verderblichen Mittel römischer Finanzkünste, das zuletzt noch Diokletian zu schwerstem Schaden des Reiches durchgeführt hatte: er setzte Höchstpreise für jede Art von Lebensmitteln fest, welche die Verkäufer bei schwerster Strafe — sogar Todesstrafe konnte eintreten — nicht überschreiten durften.

Das hatte selbstverständlich zur Folge, daß sofort alle Zufuhr ausblieb. Kein Händler, der nicht mußte, unterwarf sich jenem Zwange: die gewaltigen Vorräte, die auch berechtigte Gewinnabsicht der Kaufleute auf allen Landstraßen zu Wagen, dann zu Schiff von der See her und zumal von Seleucia den Fluß Orontes heran auf der Bergfahrt in die darbende Stadt zu schaffen sich eben angeschickt hatte, — sofort kehrten sie um, sobald die Zwangspreise des Imperators bekannt wurden.

Diese Nachricht steigerte auf das äußerste die Wut der Hungernden gegen den „Gottlosen", der offenbar aus Rache, weil sie treu an ihrem Glauben hingen und seine Eitelkeit oft gekränkt hatten durch ihren überlegenen Witz, absichtlich jene rettenden Wagen und Schiffe verscheucht und die Antiochener mit Bosheit dem Hungertode preisgegeben habe.

Wiederholt rotteten sich die Verzweifelnden auf den Straßen zusammen. Nachts wurden Angriffe auf den Palast unternommen. Grimmig, schonungslos wiesen „die Getreuen", ihrerseits erbittert über den Undank der Stadt und die eigene schwere Bemühung in unablässigem Wachtdienst, diese Versuche zurück.

So sah Julian am folgenden Morgen vom Fenster seines Schlafgemaches aus breite Blutlachen auf dem Platz vor seinem Hause: „Bürgerblut!" seufzte er. „Das erste, das um meinetwillen vergossen wird." Er rief die zorngemuten Germanen von ihrem Posten ab, ersetzte sie durch Byzantiner und gebot diesen, nur im äußersten Notfall die Waffen zu brauchen.

Eines Abends kam Serapio von einem Ritt durch die Stadt, den er an der Spitze einer Schar der „Getreuen" unternommen, mit tief ernstem, mit besorgtem Antlitz zurück. „Was hast du?" fragte der Imperator erstaunt. — „Freund Julian, eine Bitte."
„Es ist deine erste. Sie ist gewährt." — „Sie gilt nicht mir. Ich komme aus den volkreichsten Straßen zurück. Die Not steigt. Mit ihr die Verzweiflung. Und der tödliche Haß gegen dich. Die Blicke nicht nur, schon auch das Geflüster, ja die uns zum Trotz ausgestoßenen lauten Rufe drohen dir den Tod. Dein Leben ist gefährdet." — „Mein Leben schützt Phöbos Apollo!" — „Ach, bei allen Göttern! die es nicht giebt, verlaß dich doch darauf nicht allein! Nimm hier diesen Panzer. Aus bestem norischem Erz. Ich hab' ihn dir sorgfältig ausgewählt unter all' meinem Gewaffen. Trag' ihn unter der Tunika, — solang du in dieser Stadt von ungezählten frommen Hassern lebst." — „Ich fürchte sie nicht." — „Ich weiß. Aber ich fürchte für dich. Sieh, dies war meine Bitte. Du wirst sie gewähren." — „Ich versprach's. Ich muß also. — Nur einmal im Leben," seufzte er, „brach ich mein Wort. Ich weiß noch immer nicht, ob ich damit Recht gethan." — „Jedenfalls ist's nicht zu ändern. Und das möglichst Gute aus dem einmal Gegebenen gestalten: — das ist meine Weisheit. Ich schnalle dir gleich selbst den Panzer an."

XXV.

Einstweilen war der Tag nahe herangekommen, — die Iden des Oktober — an dem, uraltem Gebrauche gemäß, von jeher das große Apollofest zu Daphne abgehalten worden war. Nachdem das Verbot des Constantius es über zwei Jahrzehnte verhindert hatte, sollte es jetzt in früher nie erreichter Pracht gefeiert werden: war es doch ein Fest des Sieges der aus der Vertreibung wiedergekehrten Götter: und das sollte sichtbar werden vor Freund und Feind, die es beide als einen Triumph der Olympier und Julians empfanden. Der Priester Apollos hatte den „Dienst der Gräber" verscheucht, die selig lachenden Götter hatte Julianus zurückgeführt in ihre Tempel und Heine. Die Vorbereitung und die ganze Leitung des Festes war dem jungen begeisterten Bildhauer überwiesen, den Priester und Priesterinnen eifrig unterstützten. Von nah und fern waren fromme — oder doch vergnügungslustige, prachtfreudige — Heiden, Männer und Weiber, herzugeströmt in die grollende Stadt, die jedoch ihren Zorn gegenüber dem täglich sich verstärkenden Heere zurückhalten mußte.

Artemidor hatte, nach Schluß der olympischen Spiele, die den Anfang des Festes bilden sollten, und nach Verteilung der reichen Siegespreise durch den Augustus, ein großartiges Opferfest angeordnet, an welchem dieser und dann jeder seiner Gäste — denn ohne Einschränkung der Zahl waren alle Verehrer des Sonnengottes geladen — sich nach Belieben beteiligen sollten: als Krönung des Ganzen war bestimmt ein Festspiel, von Julian selbst gedichtet, darstellend die Werbung Apolls um Daphne, deren

Flucht in diesen Hain, die Einholung durch den glühenden Verfolger und ihre Verwandlung in den Lorbeerstamm.

Julian hatte dem errötenden Jüngling befohlen: „Du, du mußt den schönsten der Götter darstellen: er selbst hat dich mir zu diesem Zweck zugesandt: wo fänd' ich einen ihm Ähnlicheren? Und die schönste Jungfrau in Kleinasien, die schon seit Wochen zu dem Feste hierher gereist ist, die vielgefeierte Erigone von Ankyra, ... nun, verbrenne nur nicht vor noch heißerem Erröten! Du kennst sie gut: wiederholt sah ich dich mit ihrem Vater, mit ihr selbst im Tempel opfern! — sie wird deine Daphne sein. Aber besorge nichts! Dein Vater Julian wird verhüten, daß die Liebeswerbung dieses Apollo scheitert! Hinter dem Lorbeerbaum werde ich die unverwandelte Daphne-Erigone hervorholen und vor allem Volke die schönste Jungfrau dem schönsten Jüngling meines Reiches in die Arme führen. Ein Sinnbild soll mir euer Liebesbund sein: diese Ehe wird den Sieg des Schönen, der Freude des Lebens und des Liebesglücks für alle Göttergläubigen beweisen. Nein! Bange nicht! Ich hab' es bei ihrem Vater schon erkundet. Kein Befehl, den ein Imperator erlassen hat, ist je so freudig erfüllt worden, als die goldlockige Erigone diesem meinem Gebot Gehorsam leisten wird." — „O mein Vater Julian! Wie gut, wie groß bist du! Wahrlich, wenn es göttlich ist, Menschen beglücken, beglücken wollen, zu beglücken verstehen, — dann bist du ein — ..." — „O schweig! keine Lästerung. Daß uns die Erinnyen nicht strafen! Ich bin ein armer vielgequälter Mensch mit einem wohlwollenden (— das ist wahr! —), aber auch mit einem allzu hitzigen Herzen!"

Der Vorabend des Festes war gekommen. Nicht ein Oktobertag unseres Himmelsstrichs war es gewesen: warm, trocken, von goldnen Sonnenstrahlen durchleuchtet: Helios schien in der That an diesem seinem Ehrentag der Nacht, der Kälte gegenüber als der unbesiegte Gott erscheinen zu wollen. Zu vielen Tausenden waren bereits die Gäste in das große Dorf Daphne geströmt, das im Laufe der Jahrhunderte stadtähnlich um die heiligen Gebäude — über zwanzig an der Zahl — herangewachsen war: die Leute hatten sich dort Nachtlager verschafft, um am folgenden Morgen rechtzeitig die besten Plätze zu gewinnen.

Alle Priester, Priesterinnen und die bei den Spielen, Aufzügen und dem Fest sonst Mitwirkenden mit ihren Gewandungen, Geräten, Opfergaben, die Wagen und Rosse für die Rennen, — all' das war schon draußen eingetroffen und untergebracht, — die schöne Erigone mit andern Jungfrauen in den unmittelbar an die Cella stoßenden Tempelgemächern. Denn schon bei dem ersten Sonnenstrahl des folgenden Morgens sollte der Imperator das Fest eröffnen.

Spät war's in der Nacht. Niemand wachte mehr in dem Palatium als Julian, der in einem jüngst erschienenen Buche des Philosophen Priscus, des Lieblingsschülers des Maximus, über die Unsterblichkeit der Seele las, nachdem er soeben des Curtius Bericht über die Perserkriege Alexanders zur Seite gelegt hatte. Stille war's geworden in dem weitläufigen Gebäude: nur hatte sich gegen Mitternacht ein sehr heftiger Westwind aufgemacht, der an den Holzläden der Fensteröffnungen rüttelte. Bloß den eintönigen Schritt der Wachen auf und nieder den Säulengang vor dem Thore vernahm der nächtliche Grübler. Er ergriff jetzt einen neuen Papyrus, lächelte glücklich vor sich hin und schrieb: „Erst gestern gelang es mir, dich wahr-

haft musischen Jüngling durch ein deiner würdiges Ge=
schenk (— ein sinniges, wie ich hoffe!) zu belohnen. Gold,
Schätze dem Künstler schenken, — es ist überflüssig, unfein,
nachdem ich jede Sorge, die ja auch unschön ist und un=
schön den freien Flug der Phantasie hemmt, von deinen
Schultern gestreift habe. Aber wie dich erfreuen, ohne
dir mit plumpem Gelde die Schwingen zu beschweren?
Lang dacht' ich darüber! Da fand ich's!

In Bithynien liegt mir ein beträchtlich Gütlein — ich
erstand es gestern wieder von dem Käufer — (— um den
doppelten Preis! —): dem Vater meiner Mutter hatte es
gehört. Constantius zog es ein. Der Fiskus verkaufte
es. Ich sah es früher auf der Reise von Macellum nach
Athen. Es ist wunderschön, ein Kleinod, ganz für einen
Dichter in Lied oder in Stein geschaffen! Es liegt eine
Stunde entfernt vom Meer: daher stört dort die Stille
des Orts kein zudringlicher Kaufmann, kein geschwätziger
Seefahrer. Und doch entbehrt der Wohnsitz nicht der
Gaben des Meergotts: nicht des frischgefangnen Fisches,
den du wie aus den Wellen geschöpft erhältst, nicht des
köstlichen Salzhauchs der See.

Und schreitest du von der Villa aus durch schattige
Olivengänge auf die Krone des nahen Hügels hinan, so
erschaust du die blaue Propontis und, darin schwimmend,
die reizvoll lächelnden Inseln. Da magst du liegen auf
dem Rasen des Hügels, in dichtem Thymian, bienenum=
summtem, während die duftige Winde — „Convolvulus"
nennt sie der Römer — um jeden Baum die zarten Kelche
schlingt. Hebst du das Auge, vom Lesen ermüdet, so labt
es der Weitblick auf die licht=blaue See mit den weißen,
den schimmernden Segeln. Um das säulengetragne Haus
zieht sich ein Gärtlein, von rieselnden Quellen gefeuchtet.
Und aber eines vor allem schmücket den Ort, der des=

halb „Rosarium" heißt: nur dort gedeiht eine Art von
Reben, die „Rosenrebe"! Sie wuchert wie Unkraut um
jeglichen Pfahl! Es duften die Blätter, es duftet schon
am Geranke die Traube allherrlich nach Rosen: — nach
Rosen der Saft, in die Kelter gepreßt, nach Rosen noch
viel stärker der Most und der Wein in der Amphora.
Nie kostete ich an Duft und an Geschmack so viel der
Rosen=Lieblichkeit! Und nur dort — auf den wenigen
Morgen — will er gedeihn, dieser Rosenwein. Ein Tempel=
chen steht in der Mitte des Gartens, Aphrodite geweiht:
— ein wahres Heiligtum des Rosendufts. Sieh, mein
Liebling — dies Gut, mein „Rosarium", schenk' ich dir
zur Hochzeit! Dort, in dem Rosentempel Aphroditens,
sollst du mit Erigone den Thalamos beschreiten und . . ."

Erschrocken hielt der Schreibende inne: denn plötzlich
stockten jene regelmäßigen Schritte der Wachen und gleich
darauf schlug an des Aufhorchenden Ohr der schrille, gellende
Schrei: „Feuer! Feuer! Zu Hilfe!" Julian sprang empor,
stieß den Holzladen des Schlafgemachs auf und fuhr ent=
setzt zurück: denn der ganze Himmel schien in Flammen
zu stehen: solche Lohe lag, gerade ihm gegenüber, vor der
Stadt. Mitten in der allgemeinen Helle stiegen zuweilen
einzelne Feuersäulen von schärfer erglühendem Rot empor.

„Das ist im Osten: — nahe bei . . . dort liegt Daphne!"
sprach Julian mit leisem Grauen. Und schon ward es auf
dem weiten Platz vor dem Palaste lebendig: der wieder=
holte Ruf der Wachen hatte die Schläfer in den nächsten
Häusern geweckt: sie taumelten, noch schlummertrunken, aus
den Thüren, mit wirren Fragen, mit Schreckensrufen.

Jetzt jagte, von der Richtung des Brandes her, ein
einzelner Reiter auf den Palast zu. „Hilfe!" schrie er,
Hilfe! Weckt den Augustus! Wo ist er?" — „Hier," sprach
Julian, der schon unten und vor ihm stand. „Was brennt?"

— „Daphne! — Ganz Daphne steht in Flammen! Im Tempel brach es aus. Schon lodern alle Gebäude. Helft! Rettet!" — „Das ist die Strafe Christi," scholl es aus der Menge: „Weh den Götzendienern!" Julian war erbleicht, der Herzschlag drohte ihm zu stocken: aber dieser Ruf gab ihm die Kraft des Zorns wieder. „Weh den Brandstiftern, wehe den Galiläern!" gab er zurück. „Mein Pferd! Mein Pferd! — Du bist's, Serapio? Was hast du da unter dem Mantel?" — „Deinen Panzer! — Komm sofort in den Palast, bis das Pferd gebracht ist. Du mußt ihn anlegen: — in dieser Nacht!" — „Dank! — Tausend Reiter sollen aufsitzen und zu Hilfe eilen! Und tausend Mann Fußvolk folgen. — Jovian, du bleibst und hältst Stadt und Palast in Hut." Gleich darauf sprengte der Imperator, an der Spitze einiger Leibwächter, zum Ostthore hinaus, auf der breiten Heerstraße nach Daphne zu, dessen lodernde Flammen, hoch über den Wipfeln der Bäume emporschlagend, alsbald den Weg taghell beleuchteten. —

In kurzer Frist jagten die Reitergeschwader ihm nach

XXVI.

In dem Dorfe Daphne angelangt, fanden die Helfer unsägliche Verwirrung. Viele Tausende von Menschen: Einwohner, Festgäste, Priester, Tempeldiener, Wagenlenker und Ringkämpfer der olympischen Spiele. Männer, Weiber, Kinder, alles wogte ratlos, hilflos durcheinander. Denn alle erkannten die Ohnmacht der Menschenhand gegenüber dem entfesselten Element.

„Was brennt?" wiederholte Julian, aus dem Sattel springend. „Alles, o Herr!" antwortete ein greiser Priester und raufte sein weißes Haar. „Alles! Der Tempel! Die Tempelhäuser! Das Dorf! Der Garten! Der Hain! Der Wald! Das Stadion! Alles! Der Westwind hat vom Tempel aus die Flammen überall hingetragen." — „Wo ist Artemidor?" — „Man sah ihn zuletzt da oben vor dem Tempel." — „Den Tempel allein rettet! Rasch! Bildet eine Kette! Mann an Mann! Zurück, Weiber! Holt Gefäße, Amphoren, Eimer aus den Häusern! Ordnet euch, ihr Männer, von hier bis an den Bach zur Rechten! Und ihr bis an den Teich zur Linken! Meine Leibwächter zunächst am Feuer! So! Reicht euch von Hand zu Hand das Wasser!" — „Halt, Herr, spring zur Seite!" rief Hippokrenikos, ihn an der Schulter fortziehend. „Was war das?" — „Die Pferde! Die Rennpferde aus dem Stadion! Sie haben sich losgerissen! Da! Da jagen sie geradeswegs in das Feuer, in das brennende Haus!" — „O die herrlichen Tiere! Helft ihnen doch!" rief Ekkard.

„Laßt sie! Laßt alles brennen! Nur den Tempel rettet! Folgt mir! In den Tempel!" — „Herr, das ist unmöglich. Die Hitze ist zu groß!" — „Und der Rauch!" — „Und die stürzenden Dachbalken!" — „Unmöglich!" — „Es muß möglich sein! Folgt mir, ihr meine Germanen! Mir nach! Wir retten den Gott!"

Während sich die mutige Schar nur mühsam Bahn brach durch die thatlos, zwecklos hin und her wogende Menge, die zwischen dem Dorf und dem Tempelhügel sich gestaut hatte, erfuhr sie im Vordringen aus dem Gerede des Volkes, wie der Brand entstanden war: oder doch, was die Leute davon meinten. Von dem Innersten des Tempels selbst, von der Cella, schien das Feuer ausgegangen: reichste Nahrung hatte es hier gefunden in den

Vorhängen, den Wandteppichen des Innenraums, und zumal draußen in den zahlreichen, für die Zuschauer aufgeschlagenen Gerüsten aus trockenem Tannenholz, die mit Decken und Tüchern behangen, geschmückt und verhüllt, von dem Inneren des Tempels an den Hügel herab zu allen Nebengebäuden bis in das Dorf und durch den Garten bis in das Stadion führten. Der heftige Westwind hatte die Flammen, sowie sie aus den offenen Fenstern des Tempels schlugen, unaufhaltsam diese ununterbrochene Reihe von dünnen Latten, von Wolle und Brettern entlang gejagt, nach Osten zu, in die Häuser des Tempels, des Dorfes und darüber hinaus in den entlaubten, von der Sommerhitze getrockneten Wald.

Hier flutete des Wassers die Fülle: aber es hatte gefehlt an Eimern, an Händen, an Ordnung in dem führerlosen Haufen der Einheimischen und der Fremden. Denn Artemidor war bei dem ersten Feuerschein in dem Inneren des Tempels verschwunden und nicht mehr zum Vorschein gekommen.

Endlich hatten Julian und seine Schar den Hügel erstiegen und die weit offenstehende Flügelthüre des Tempels erreicht: furchtbare Glut und erstickender Qualm schlugen ihnen daraus entgegen: die Mutigsten bebten zurück: der alte Voconius rief zurücktaumelnd: „das ist die Hölle der Christen!" — „Auch aus der Hölle hol' ich den Gott! Mir nach!" — Und durch Rauch und Brand sprang Julian voran über die Schwelle. Da blieb keiner zurück, alle folgten. Mit größter Anstrengung gelangten sie bis in die Cella: hier begrüßte sie, hoch über Qualm und Glut hinausragend, das Bild des schönen Gottes.

„Helft! Faßt alle an! Wir tragen den Gott hinaus. Es muß sein!" Damit trat Julian an das Gestell heran. Sein Fuß stieß an einen Menschenleib: er bückte sich:

"Artemidor!" rief er und riß den von Rauch halb Erstickten auf, der mit beiden Armen die Füße des Gottes umklammert hatte: sein Haar war versengt, sein Gesicht schwarz vom Rauch.

Tragt ihn an die Luft! Lehnt ihn an das Fenster dort! — Und ihr andern faßt alle mit an! Ah, was seh ich! Das hat das Feuer nicht gethan! Ein Beilhieb hat des Gottes rechten Arm, hat die Hand mit der Schale glatt vom Leibe geschlagen! Da liegt sie! Hebt dies Beweisstück auf! Die Galiläer! — Faßt mit an, alle!"

Einstweilen hatte sich der Betäubte unter dem kühlen Windhauch erholt: er blickte, noch halb bewußtlos, um sich: er sah, wie es den vereinten Kräften der dreißig Männer gelungen war, die Bildsäule von dem Fußgestell zu heben und sie langsam, Schritt um Schritt, dem Ausgang entgegenzutragen. "Der Gott ist gerettet!" sprach er vor sich hin. "Dort steht Julian selbst: . . . Jetzt darf ich . . . ins Freie." Da schlug aus dem an die Cella stoßenden Wohngemach ein leises Wimmern an sein Ohr. "Was ist das?" rief er. "Oh Entsetzen! Hier — hier schlief Erigone. — Wehe!" Und er riß den Riegel von der Seitenthür, öffnete und sprang in den bei diesem Luftzug hoch aufflammenden Raum.

Einstweilen hatten Julian und die übrigen Träger der viele Centner schweren Bildsäule die unteren Stufen vor dem Tempel erreicht, wo die Hitze nicht mehr das Verweilen unmöglich machte. "Halt!" keuchte Julian, der das Haupt der Statue gefaßt hatte. "Ich kann nicht mehr. Legt nieder! Hier ist der Gott in Sicherheit." Die Erschöpften ließen nun langsam ihre Last sinken.

Da drängte schon, fern der Gefahr, die dichte Menge der Gaffenden wieder heran: der Schreck, die Furcht wichen hier bereits wieder andern Stimmungen: es erschollen feindliche, drohende Rufe: „Laßt ihn nicht durch! Seht! Da kniet er neben seinem Götzen. Der ist ja verstümmelt, so ist's recht! Laßt ihn nicht fort." — „Er verbrenne samt seinem Dämon." Und drohend wogten die Haufen heran. Serapio zog das Schwert: — da wichen sie ein wenig.

In diesem Augenblick ertönte von der Thüre des Tempels ein lauter Schrei: „Zu Hilfe! Hilf, mein Vater Julian! Ich kann nicht mehr!" In dem Eingang zwischen den beiden Flügelthüren ward, in Rauch und Flammen, sichtbar die Gestalt Artemidors, der ein weiß gekleidetes Weib auf dem rechten Arm trug und mit der Linken sich nach vorwärts tastete, vom Flammenschein geblendet, den Weg durch den dichten Qualm nicht mehr erkennend.

Julian wandte sich: Sigiboto, Ekkard, Sigibrand wollten, dem Wankenden entgegen, die Stufen hinaufspringen: — da! ein Schlag, furchtbar, donnergleich: der riesige Querbalken über der Eingangsthür, längst von den Flammen durchfressen, stürzte laut krachend herunter: er zerschmetterte den Jüngling und seine schöne Last. Funken und Flammen und prasselnde Lohe schlugen hoch empor und erfüllten undurchdringbar, selbst für den Blick, die ganze Öffnung des Tempels. „Oh Artemidor, mein Sohn!" wehklagte Julian verzweiflungsvoll. „Und die Braut! — Und mein Schönheitstraum! Alles! alles dahin." Und er hob, unverwandt nach der flammenden Pforte blickend, verzweiflungsvoll beide Arme gen Himmel.

In diesem Augenblick sprang aus dem dichten Haufen des wieder herandrängenden Volkes eine vermummte dunkle Gestalt, ein Mensch mit Zügen, die, von allen Leidenschaften verzerrt, in dem rotflackernden Schein der Flammen wahnsinnig, vielmehr teuflisch aussahen; und mit dem grellen Schrei: „das schickt dir Kloster Hagion," führte er mit aller Macht einen Dolchstoß gegen das Herz Julians. Die scharfe Klinge durchschnitt das Tuch von Mantel und Tunika, aber sie brach an dem guten Panzer.

Und schon lag der Mörder am Boden, schwer von Serapios blitzendem Schwert getroffen, der auf seiner Brust kniete. Nun trat auch Julian heran und beugte sich über den Sterbenden: „ich kenne ihn nicht."

„Aber ich . . . ich kenne dich: Dämon des Abgrunds! Lucifer . . . Höllengeist! Der du, wie du alles Heilige auf Erden zerstören willst, das heilige Kloster zerstört hast! — Ich entsprang deinen Schergen! — Die Heiligen erschienen mir — Verzeihung verhießen sie all' meiner Sünden, — ach! der vielen im Kloster! — wenn ich diesen Götzenhain verbrenne und dich zurücksende zur Hölle, aus der du auf= gestiegen! Fluch dir, Fluch — Lucifer! Nehmt ihn statt meiner, ihr Teufel." Mit letzter, ohnmächtiger Anstrengung warf er den Dolchstumpf gegen Julian. Und er röchelte schwer und war tot.

„Wer war das?" forschten viele Stimmen zugleich aus der Menge. Julian schlug den Mantel des Toten zurück, dessen Kapuze das Haupt bedeckte: ein weißgraues Mönchs= gewand ward darunter sichtbar: im Gürtelstrick stak links ein Kruzifix, rechts ein kurzes Handbeil. „Wer war das?" wiederholte Serapion. Julian wies auf die Tonsur des Toten. „Ein Priester des Herrn," sprach er scharf und laut zu den Antiochenern hin, „des Gottes der Liebe, ein Mönch, Theodoretos. Und ein Lustknabe war er gewesen früher, von andern Priestern des Herrn an Leib und Seele geschändet und verderbt." „Werft den Greuel vor den keuschen Göttern auf den Schindanger," rief Sigiboto, herantretend und ihn mit dem Fuße zur Seite stoßend.

„Nein!" gebot Julian. „Begrabt den Armen ehrbar. Nicht Er hat seine Scheußlichkeit verschuldet. Unnatur muß Unnatur, muß Laster und Verbrechen gebären. — Er hat sich offenbar in dem Tempel einschließen lassen und ihn angezündet. Seine Hand — sein Beil — hat den schönen Gott verstümmelt!"

Da bahnte sich durch die Leibwächter mit wilden Rufen ein Mann, in der Tracht der Apollopriester, Weg. Er faßte ungestüm Julians Arm: er fand keine Worte vor Erregung. „Du bist's, Lysias! Wie du aussiehst! Was willst du?" — „Was ich will? — Ich und die geschändeten Götter? Rache! Rache an den Christen! Willst du nun noch sie schonen? Strafe sie alle! Denn alle sind sie schuldig." — „Nicht doch, Lysias! Der Haß verblendet dich, du rasest! Nur die Kirche ist schuldig! Und die Kirche, in welcher dieser Irre wochenlang die That vorverkündet, angepriesen hat, die Hauptkirche von Antiochia: — sie wird geschlossen."

Drohendes Murren scholl aus den Volkshaufen.

„Und sie bleibt geschlossen, bis, auf Kosten der Galiläergemeinde der Stadt, dieser Tempel, dieser Hain, alle zerstörten Götterbilder wieder hergestellt sind. — Ach, den Toten, der soviel des Herrlichen hier geschaffen hat, — ihn kann nichts mir wiedergeben. Holt, sobald es sicher geschehen kann, das Paar (— o mein symbolisch Brautpaar! —) aus dem Schutt. Die Verbrennung der Reste werd' ich selbst leiten. Leb wohl, mein schöner Sohn, mein Liebling! Wir sehen uns wieder auf einem Sterne, der das Häßliche nicht kennt. — Ihr aber, meine Germanen, ihr haltet abwechselnd hier Wache, wenigstens die Trümmer des Heiligtums vor Schändung und Durchplünderung durch die Galiläer zu bewahren. — Du behältst recht, Serapio: — wieder einmal hat auf Erden das Scheußliche gesiegt. — O, wer schon entschweben dürfte in die reinen Sterne!"

Der Befehl Julians, das Zerstörte wieder herzustellen, blieb unausgeführt. Nie wieder ist Daphne, das schöne Heiligtum der Schönheit, aus den Flammen jener Nacht erstanden. Den „Erneuerer der Götter" riß alsbald sein Schicksal weiter, fort aus der knirschenden Stadt, tief nach Asien und in den Perserkrieg hinein.

XXVII.

Nur notgezwungen verbrachte der Imperator die Wintermonate noch am Orontes: die Jahreszeit verbot den Aufbruch. Auch waren die umfassenden Rüstungen noch nicht vollendet, die der vorsichtige Feldherr für unerläßlich hielt. Sie zum Abschluß zu bringen, war er den ganzen Winter über unablässig bemüht; schon vor dem Brande von Daphne war Jovian entsendet worden, die im Westen und Norden von Antiochia gelagerten Truppen zu besichtigen und allmählich heranzuführen. Auf seine aus Gallien mitgeführten Scharen zwar konnte er sich stolz verlassen: aber die viel größeren Massen der Heere des Constantius, die ja ganz regelmäßig von den Persern waren geschlagen worden, mußten erst wieder mit kriegerischem Geist und mit Selbstvertrauen erfüllt werden. Unablässig mühte sich Julian in den neun Monaten seines Aufenthalts zu Antiochia mit dieser schweren Aufgabe. Er lehrte sie auch gar eifrig wieder beten zu den alten Siegesgöttern Roms, wie er selbst Ares, Ennyo, Bellona, Eris, Deinos und Phobos häufig opferte.

So eifrig der kriegsbegierige Feldherr diesen Pflichten oblag, — den Freunden entging es nicht, daß seine Seele,

die schon seit dem Verluste der geliebten Frau viel von ihrer Freudigkeit eingebüßt hatte, mehr und mehr von Schwermut verdüstert ward. Die Schreckniſſe jener Brand=
nacht, der Tod des geliebten Künſtlers ſchienen nur der ſcharf zugeſpitzte Ausdruck des Scheiterns all' ſeiner Stre=
bungen, Hoffnungen, Wünſche. Verſöhnung, Duldung aller Bekenntniſſe hatte er in ſeinem Reich einführen wollen, und er mußte es erleben, daß nicht nur unter den chriſt=
lichen Bekenntniſſen die alten Gegenſätze fortdauerten, daß der noch ſchärfere der „Helleniſten" und der „Galiläer" neu aufgeriſſen ward, daß man durchaus nicht mit Un=
recht die Regierung des Imperators der Unterdrückung der Kirche beſchuldigte, wenn auch er ſelbſt eine ſolche keines=
wegs wollte. Dazu kam, daß er gegenüber dem voll be=
greiflichen Haß und Widerſtande der Chriſten ſich auf keine Gegenmacht ſtützen konnte.

Die nicht chriſtlich geſinnten waren entweder in dieſen Fragen völlig gleichgültig oder, wenn ſie glaubten, glaubten ſie der Überlieferung der Väter, der Lehre der Dichter und der Pontifices gemäß, die alten Volksgötter, die der ſymboliſirende Philoſoph nicht minder verwarf als er ſich von Jehovah oder Chriſtus abwandte. Er ſtand mit ſeinem philoſophiſch-myſtiſchen „Hellenismus" ganz allein: nur ein halb Dutzend Menſchen, — ein paar Philoſophen, Schüler des Maximus, — teilten ſeine Anſchauungen.

Scharf bemerkte dies ſtets ſich ſteigernde Gefühl ſchmerz=
licher Vereinſamung der lauernde Blick des Lyſias. Als Julian einmal in ſpäter Nachtſtunde, tief aufſeufzend, ſich in dem Leſegemach erhob, ſein einſam Lager zu ſuchen, ſprach der Prieſter: Du biſt ſo traurig, o Freund! An was haſt du gedacht dieſe letzte halbe Stunde? Deine Augen ſahen über die Straßenkarte von Perſien hinaus ins Leere! Meine Fragen hörteſt du nicht! An was —

oder besser wohl — an wen hast du gedacht?" Er drückte ihm warm die Hand. — „Du hast's getroffen, o Lysias. Wieder einmal — wie in alten Tagen (das heißt: in jungen), da du durch alle Schleier hindurch in meine Seele sahst. Weißt du noch, wie du damals, in Macellum, mir an den Augen meine Liebesgedanken absahst? Oh es thut wohl, wieder einmal so tief von dir verstanden zu sein! Zu meinem Schmerz ist das anders geworden. Laß uns, o Lysias, das uns Trennende vergessen, laß uns doch wieder Herzvertraute sein. Ich vertraue dir so gern," — seine Stimme erbebte vor Rührung. „Du hast's erraten! Ich dachte an sie: — an Helena! Die Verlorene! Seither ist nicht mein Lager nur vereinsamt, — auch mein Herz." „Du solltest eben nicht einsam bleiben," meinte Lysias mit scharf spähendem Blick. Aber Julian gab darauf gar keine Antwort. „O wer mir die Tote wieder auferwecken könnte!" „Nun," erwiderte Lysias laut und fest, „das ist nicht unmöglich." So zuversichtlich war das gesprochen, — Julian wandte sich mit staunenden Augen zu ihm. „Was sagst du?" — „Die Wahrheit, wie immer. — Du weißt doch genug von altägyptischer Mystik und Magie, um dich zu erinnern, daß es einen besonderen Zweig solches Zaubers giebt . . ." — „Jawohl, die Nekromantik. Ich weiß! Ist es doch schon von Homer bezeugt, daß die Schatten (— durch Blut beschworen —) erscheinen und sprechen. Aber Odysseus wie Herakles stieg dazu in den Hades hinab . . ." — „Jedoch zu Hadrian stiegen in Memphis die Schatten aus dem Orkus empor und beantworteten seine Fragen." — „Auch das weiß ich. Allein diese Kunst ist (— meinte Maximus —) erloschen, ausgestorben in ihren letzten Kennern: ägyptischen Priestern zu Heliopolis." — „Meinte er? Nun, er meinte gar viel. Wenn ich dir nun aber sage: — nein! Die Kunst ist nicht erloschen. In Einem Manne lebt sie noch, der sie von dem letzten jener Magier überkommen hat." — „Wär's möglich? Wirklich! Und wer? Wo ist dieser Mann?" — „Er steht vor dir." „Lysias!" rief Julian tief erschüttert. „Und das sagst du mir jetzt erst? Nach Monaten! O Lysias, wolltest du nicht fühlen, wie tief du mich schon lang beglücken konntest? Doch ich kann es noch gar nicht denken! Warum hast du mir nicht vertraut, — wie früher!" — „Ach, mein Julian, weil du mir nicht mehr vertrautest wie früher. Sollte ich meine heiligsten Geheimnisse deinem Unglauben, deiner Abweisung, vielleicht gar dem Spotte jenes gottesleugnerischen Franken aussetzen, dem gar nichts heilig ist? Oder deines Jovianus, den ich jüngst in eine Christenkirche schleichen sah? Nein, das Geheimste durfte nicht entweiht werden." — „O vergieb, vergieb! Ich bitte dich! Verzeih, wenn ich dich je gekränkt. Vergiß es! Sei großmütig. Verweigre mir nicht um deswillen . . ." — „Gewiß nicht," sprach Lysias, „mein geliebter Schüler." — „Und du könntest — du wolltest wirklich! — diesen geliebten Schatten — meine Helena, — aufrufen aus ihrem fernen Grabe zu Paris, aus meinem höchsten Herzensheiligtum? Du kannst — du willst?" — „Ich kann und ich will." — „Und es bereitet ihr keine Qual?" „O nein," lächelte Lysias seltsam. — „Und ich werde sie ansprechen dürfen? Sie wird mir antworten?" — „Gewiß. Aber nur auf ganz kurze Zeit, — auf wenige Augenblicke — sonst würde sie allerdings leiden." — „O Lysias, Retter, noch einmal Erlöser meiner Seele aus tiefer Nacht der Schmerzen. Aber wann, — wann kann es geschehen?" — „Noch nicht zu bald. Die Sterne müssen günstig stehen: — wart' es ab in Geduld. Rechtzeitig werd' ich dir die Stunde sagen." — „O mich verzehrt die Ungeduld. Aber ich folge dir: ganz und gar vertrau' ich deiner Kunst und Weisheit. Ja, da du es nun doch geahnt, erraten hast — ich gesteh' es: die Sehnsucht nach Helena verzehrt mich. Die Trauer um sie verschattet mir die Seele. Ach nur einmal sie wieder schauen! Erfüllst du mir diesen heißesten Herzenswunsch: — alles, alles was du begehrst, soll dann geschehen, mein größter Wohlthäter!" Und er umarmte den Priester, küßte ihn auf die Stirn und eilte hinaus. Lange sah der ihm nach. „Triumph!" sprach er endlich. „Bitter war die lange Erwartung, die Enttäuschung. Aber süß ist der Sieg. Und schrankenlos will ich ihn verwerten. Ganz Ägypten muß er mir gewähren!"

XXVIII.

Mit Ungeduld, mit fieberhafter Spannung zuletzt hatte der Feldherr zu Ende des Winters die Nachricht seiner vorausgesandten Boten erwartet über den Zustand der Wege. Endlich trafen die Meldungen ein, daß Eis und Schnee geschmolzen und daß auch der Schmutz der Schneeschmelze von der Sonne soweit aufgetrocknet sei, daß Mann und Roß und Wagen und die schweren Belagerungswerkzeuge — ein Lieblingsmittel von Julians Kriegführung — ohne allzuviel Gefahr der Stockung sich auf den Straßen nach Osten bewegen konnten. Mit Jubel begrüßte Julian diese Nachrichten, reich beschenkte er die Überbringer und so früh als irgend möglich, am vierten März des Jahres dreihundertdreiundsechzig, brach er von Antiochia mit seinen Leibwächtern und andern hier in großer Zahl versammelten Scharen auf, nachdem schon vorher leichtere Truppen des Heeres an verschiedenen Stellen — mittels Brücken und Schiffen — den Euphrat überschritten hatten. Die Anerbietungen zahlreicher Nachbarvölker in allen drei Erdteilen, Hilfstruppen zu stellen, hatte Julian mit den Worten zurückgewiesen: „Rom hilft seinen Freunden, bedarf nicht der Hilfe seiner Freunde."

Als Serapio diesen Satz gelesen hatte, auf den der Verfasser sich sehr viel zu gute that, legte er den Papyrus säuberlich auf den Citrustisch und fragte: „Weißt du, gelehrter Imperator, wie man diesen Satz nennt?" „Was?" fragte Julian bestürzt, „fehlt vielleicht irgend etwas an dem Geschmack des Ausdrucks?" — „Nichts am Ausdruck. Aber an der Wahrheit. Das ist ein . . . —" — „Nun was?" — „Ein Anachronismus von dreihundert Jahren."

———

Nur Tiranes, der Arsakide, der König von Armenien, im halben Unterthanverhältnis zu Rom — „Vasall" würde man ihn im Mittelalter genannt haben — ward aufgefordert, ein starkes Hilfsheer zu stellen und über dessen Verwendung weitere Befehle zu erwarten. Die Mitwirkung dieses Reiches war bei seiner Lage in Rücken und linker Flanke des in Persien eindringenden Heeres wie allbekannt ganz unentbehrlich, und am sichersten glaubte der Feldherr sich vor etwaigen feindlichen Bewegungen des armenischen Heeres zu schützen, führte er es in seinem eignen Lager mit sich fort. Die unterwürfigsten Erklärungen kamen als Antwort aus Kárana, der armenischen Hauptstadt.

Als Serapion einige Zeit später durch das Lager wandelte, die neuen Ankömmlinge, die Jovian herangeführt, musternd, traf er auf eine Schar offenbar germanischer Söldner, — das bezeugten Wuchs, Auge, Haar, Haut und Gewaffen — deren Mundart er nicht verstand. Erst durch einen Dolmetsch erfuhr er ihren Stamm und Namen.

„Ei," sprach er zu Julian, „es scheint doch, Rom kann nicht allein auf eignen Füßen stehen. Du hast ja außer den ältern Söldnern auch noch andre Germanen angeworben: — Goten!" — „Nun ja," meinte Julian hochmütig. „Ich habe ja auch Elefanten gemietet, die ich brauche und die mir Italien nicht gewährt." Serapio schwieg eine Weile. Dann sprach er scharf: „mir ist, diese gotischen Elefanten werden euch noch einmal die Zähne weisen." „Vergieb, Freund!" rief Julian warm. „Ich wollte dich nicht kränken. Du kennst meine üble Neigung zum Witz. Ich — ich habe mir's schon stark abgewöhnt, euch Germanen zu unterschätzen." „Bitte!" lachte Serapio versöhnt und gutmütig, „fahret nur alle in der Unterschätzung fort. Desto sicherer werden wir euch überwinden!"

Der Imperator brachte unmittelbar vor dem Auszug gegen die Perser Ares und Bellona ein Opfer dar. Als bei seinem Abschied von dem von ihm erneuten Arestempel der älteste Priester ihm die Schale des Scheidetrunkes darreichte mit dem Worte: „auf Wiedersehen in deinem vierten Jahreskonsulat," — Julian war zum drittenmale Konsul — da stürzte der Greis plötzlich, vom Schlage getroffen, tot nieder und der rote Wein besprengte wie Blut des Feldherrn Brust. Es erschütterte Julian am meisten von allen, die es mit ansahen. —

Er führte gleich darauf das Heer aus der Stadt in der Richtung gegen den Euphrat. Da fand er an dem „Thor des Morgenlandes" den von ihm neu ernannten Senat von Antiochia aufgestellt, der um die Ehre bat, ihm bis an die Grenze des Stadtgebiets das Geleit geben zu dürfen. Julian nickte und ritt schweigend in der Mitte der festlich gekleideten Decurionen.

Er hatte ihnen vor dem Aufbruch einen als sehr scharf

gefürchteten Präfekten, Alexander, eingesetzt und lächelnd gemeint: der Mann hat nicht gerade besonders diese Präfektur, aber die Antiochener haben gerade besonders diesen Präfekten verdient." Die Heerstraße führte an Daphne vorbei. Als die rauchgeschwärzten Trümmer, die eingestürzten Dächer, die in der Mitte geborstnen Säulen auf dem Hügel von fern sichtbar wurden, zog Julian den Zügel und sprach, mit der Hand auf die Zerstörung deutend: „Halt, ihr Kurialen von Antiochia! Hier wollen wir Abschied nehmen. Ihr versichert mich eurer Treue, eures Eifers: — wohlan, wenn ihr meiner gedenkt, so erinnert euch, bei welchem Anblick wir auseinander gingen. Dort bewährt euren Eifer." Und als daraufhin die Kurialen — in wenig aufrichtiger Wärme — ihn baten, er möge doch nach seiner Rückkehr aus dem Feldzug wieder in ihrer Stadt dauernden Aufenthalt nehmen, erwiderte er: „Nein! Aus Persien zurückgekehrt werd' ich in — Tarsus ruhen." — Es sollte sich erfüllen. Aber anders als er es gemeint hatte.

Das Heer, mit welchem der Kühne auszog, „Asien" zu erobern, war nicht stark: es zählte nur fünfundsechzigtausend Helme. Aber es waren ausgewählt gute, kampferprobte Mannschaften: die Kernscharen bildeten — neben Italiern und Illyriern — Germanen und Gallier, zum Teil neu angeworben, zum großen Teil aber die nämlichen Söldner und Ausgedienten, die sich lieber empört hatten, als daß sie für Constantius nach Asien gezogen waren: dem geliebten Feldherrn, den sie sich zum Herrscher erzwungen hatten, folgten sie gern aus der Heimat: sie hatten ihn nach Byzanz geführt, sie wollten ihn freudig begleiten bis ans Ende der Welt.

Die Wege waren noch immer sehr schlecht: aber die

zur Prüfung Ausgesandten wußten, daß die Ungeduld des Feldherrn günstige Berichte wünschte; und so hatten sie denn günstig berichtet. Gleich die drei ersten Tagemärsche von Antiochia über Litarbe im Gebiet von Chalkis nach Beröa, bald über steile Höhen, bald durch Sumpfland waren höchst beschwerlich: die losen Steine der gepflasterten Legionenstraße waren nur noch durch Sand zusammengehalten: laut schalt Julian über die von seinem Vorgänger verschuldete Vernachläßigung des wichtigsten Heerweges an den Euphrat. In Beröa beschränkte sich der eifrig christliche Senat auf das Unerläßlichste an Ehrenerweisungen. Mit eisigem Schweigen nahmen die Decurionen die Ansprache des Imperators auf. Lysias drängte, sie zu bestrafen. Aber Julian lachte: „nein, statt der Antwort, die mir die Stadt schuldig blieb, soll sie jedem meiner Legionare einen Sextarius Weines verabreichen. Das ist weniger trockene Leistung." Umgekehrt verdroß den guten Geschmack des „Hellenisten" das Übermaß von Huldigung und der zur Schau getragne Eifer des Götterdienstes in der kleinen Stadt Batnä, etwa vier Stunden nördlich von Hierapolis. Nach übertriebenen Opfern für Zeus und Apollo hielten gemietete Rhetoren, die man aus den größeren Nachbarstädten hatte kommen lassen, lange und maßlose Schmeichelreden auf den „göttlichen Julian". Ungeduldig unterbrach der den dritten Redner, „ich besorge, ich sterbe, bevor du all' meine Tugenden erschöpft hast. Ihr Kurialen von Batnä, zur Strafe dafür, daß mich euer kleines Nest solange aufgehalten hat, verabreicht ihr jedem meiner Legionare einen Sextarius Wein." Hierapolis, auf dem Westufer des Euphrat, war als Sammelort bestimmt für alle Teile des großen Heeres: zu seinem bittern Verdruß mußte der Feldherr, der am fünften Mai schon anlangte, hier geraume Zeit auf das Eintreffen aller andern Führer warten: keinem hatte es so geeilt wie ihm. „Nicht eure Straßen waren schlechter, — eure Schritte waren langsamer als die meinen," erwiderte er auf ihre Entschuldigungen. „Nur, daß ich hier einen Philosophen fand, einen Schüler des Maximus, meinen alten Studiengenossen Priscus, nur das rettet euch vor Strafe: er hat mir all' diese Tage über die Tugend der Geduld vorgetragen. Priscus, du begleitest mich ins Feld: ich ahne, ich werde deiner Vorträge noch oft bedürfen."

Schon lange vor dem Eintreffen Julians war die Schiffbrücke fertiggestellt, mit der er sechs Stunden (vier „Parasangen") östlich von der Stadt den mächtigen Strom hatte überdecken lassen. Sonder Unfall ward der Übergang vollzogen. Doch galt es Julian als übles Zeichen, daß zweimal rasch erbaute Baracken einstürzten und jedesmal etwa fünfzig seiner Krieger töteten oder verwundeten. „Nicht schlechte Zeichen, — schlechte Baumeister begleiten dich," meinte Serapio. „Schaff' dir bessere Omina durch bessere Zimmerleute."

Ungesäumt führte Julian das Heer weiter nach Carrhä, östlich des Flusses Scirtus, zweiunddreißig Stunden von Hierapolis. „Carrhä! riefen die Oberpriester Julians erschrocken. „Von hier aus willst du angreifen? Man denkt bei dem Namen nur an die furchtbarste Niederlage der Römer — unter Crassus! — durch die Parther!" — „Ebendeshalb!" lächelte Julian. „Man soll fortab bei diesem Namen an etwas andres denken!"

Während Julian in dem uralten Tempel der in diesen Landschaften hoch verehrten Mondgöttin Selene ein feierliches Opfer brachte, das mehrere Tage in Anspruch nahm, — er opferte hintereinander auch Jupiter, Fortuna, Demeter, dem syrischen Zeus Philius und dem Zeus Cassius — verbarg er unter solchem Schaugepräng unvermerkt wichtige

Entscheidungen. Denn, wie in seinen Feldzügen gegen die Germanen, wandte er auch diesmal mit Vorliebe die Überraschung an: sorgfältig hielt er wieder vor den nächsten Freunden seine Pläne so lange geheim, bis die notwendig gewordne Entscheidung — der Beginn der Ausführung — die Aufdeckung unvermeidbar machte. So hatte er auch diesmal bis zur Stunde die Richtung seines Angriffstoßes völlig ungewiß gelassen: niemand im ganzen Heere wußte, ob die persischen Landschaften nördlich, am Tigris, oder die südlichen, am Unterlauf des Euphrat, sein Ziel bildeten. „Darauf beruht zu großem Teil der Perser Glück im Kriege," sprach Julian, „daß ihre Feldherren dem Gott des Schweigens sich weihen müssen und nur der König seinen Kriegsplan kennt. Auch er — schweigt." Hier, in Carrhä, erwarteten aber die Heerführer bestimmt, seine Absicht durchschauen zu können: denn gerade hier gabelten sich die beiden großen Straßen: nach Norden durch die Provinz Adiabene gegen den Tigris, und nach Süden, nach Assyrien, gegen den Euphrat.

Groß war daher ihr Erstaunen, als der Undurchdringbare statt dessen eine Heeresabteilung von dreißigtausend Mann weder nach Norden noch nach Süden, sondern geradeaus nach Osten entsandte. Nisibis bezeichnete er dem Anführer Sebastianus, früher Dux von Ägypten, als Ziel. Hier sollte er die Grenzen sichern und zumal verschleiern: die gefürchteten parthischen Reiter sollten nicht diesen Gürtel durchbrechen und die Bewegungen Julians erkunden können: in Nisibis sollte er weitere Befehle abwarten. War diese Schar als Vorhut zu betrachten, so ergab sich die Tigrislinie, also der Norden, als die gewählte Richtung des Angriffs. So legten Freund und Feind allgemein den Sinn jenes Befehls aus: auch der Feind.

Nämlich ein paar Kundschafter des Großkönigs, die

als Kaufleute verkleidet das vor der Stadt lagernde Heer aufgesucht und, wie sie wähnten unentdeckt, wieder verlassen hatten. Aber ein Zufall — die Gunst der Götter, sagte Julian — hatte den blonden Serapio, dem niemand die Kenntnis des Ägyptischen zutraute, ein in dieser Sprache geführtes Geflüster der beiden Späher belauschen lassen. Er meldete das Vernommene dem Feldherrn und riet, die beiden zu verhaften. Aber mit seinem Lächeln erwiderte der: „also sie haben es herausgebracht? Sie wissen es, daß ich den Tigris bedrohe? Laß sie nur laufen und König Sapor warnen." „So geht es an den Euphrat," dachte der Germane, aber er sagte es nicht. Er war denn auch der einzige, den es nicht überraschte, als Julian bei dem Aufbruch von Carrhä statt nach Osten oder Norden, nach Süden abschwenkte.

Zwei Tage zog das Heer durch die öde, baumlose Ebene zwischen Carrhä und Davana: am dritten Tage erreichte es Kallinikum am östlichen Euphratufer. Ohne Rast trieb der Feldherr seine Scharen vorwärts entlang dem vielfach gewundenen Strom, bis er nach mehreren Tagemärschen, im ganzen von vierzig Stunden, anfangs April in Circesium anlangte, der äußersten Feste der Römer an dieser Grenze: es war erst der dreißigste Tag seit dem Aufbruche von Antiochia.

Hier in Circesium musterte der Imperator auch die mächtige Flotte, die einstweilen den Euphrat herabgesegelt war: er zählte fünfzig wohlgerüstete Kriegsschiffe, fünfzig Flachbote, die zu Schiffbrücken, aber auch zum Angriff, zum Landen der Bemannung der tiefgehenden Trieren verwendet werden konnten, und nicht weniger als eintausend Lastschiffe, die dem Heere unermeßliche Vorräte von Lebensmitteln, von Waffen und Kriegsgerät jeder Art und von schweren Belagerungsgeschützen nachführten. Fürsorglich hatte Julian gewaltige Massen von Zwieback herstellen und, den Durst in den heißen Ebenen Asiens zu löschen, tausende von Schläuchen mit Weinessig füllen lassen: er trank von jetzt ab nur Wasser, mit solchem Essig gemischt. Wein mitzuführen verbot er. „Wollt ihr Wein," sprach er zu dem durstigen sächsischen Theologen, „so nehmt ihn dem Großkönig und seinen Persern ab. Mein Heerlager ist kein Weinkeller." Und so ließ er eine gewaltige Karawane von Händlern, welche Wein und andere Genußmittel dem Heere nachführen wollten, mit Gewalt zurücktreiben. Die volkreiche und starke Feste Circesium, mit zahlreichen Göttertempeln und -Hainen geschmückt, auch Sitz eines Bischofs, bot den gen Persien ziehenden Römern die letzten Eindrücke römischen Lebens, römischer Bildung. Julian sah hier in den ersten Tagen Serapion in eifrigem Gespräch mit ihm unbekannten Männern, die Haar und Auge und Waffentracht als Germanen bezeugten. „Wer sind die Leute?" fragte er. — „Boten aus der fernen Heimat. Sie bringen wichtige Kunde. Freund Mälo ist gestorben: seine goldlockige Tochter ist sein einzig Kind; die holde Rigunthis bedarf des Schutzes..." „Das heißt wohl des Gemahls?" lächelte Julian. „Ihre Sugambern haben nun meinen Vater zum König gekoren, ebenso drei unserer Gaue: mein lieber Vater ruft; ich soll den Königsstab aus seinen müden Händen nehmen." — „Und die schöne Rigunthis wohl dazu? — Erst ausdienen, dann freien. Ich gebe dir noch nicht Urlaub. Du wirst den Feldherrn, den Freund nicht an dem Tage gerade verlassen, da die Gefahren des Feldzugs beginnen!" Da reichte ihm der Franke die Hand und sprach: „ich will noch bleiben. Aber nicht mehr lange." Hierher hatte Julian die Ausführung eines lange gehegten Lieblingsgedankens verlegt, den er früher nicht hatte verwirklichen können, aber jetzt

hier gekrönt sehen wollte, bevor er in das Ungewisse, in
die Gefahren feindlichen Landes drang.

———

XXIX.

Denn nicht nur die Perser hatten den Imperator in
diesen letzten Zeiten beschäftigt. Serapio, dessen Auge wie
kaum ein anderes in der Seele des Freundes zu lesen
verstand, beobachtete, daß in all' der ernsten Gedanken=
arbeit und der Schwermut des Witwers zuweilen ein
mattes Lächeln Julians bleiche Züge belebte, wann sein
Blick auf Jovian, diesem unbemerkt, verweilte; er nickte
dann wohl leise vor sich hin mit dem Ausdruck geheimer
Befriedigung. Einmal erlaubte sich der Franke, in beider
Gegenwart seine Wahrnehmung auszusprechen: „gieb acht,
Jovian," meinte er, „dir steht irgend etwas bevor. Eine
Überraschung. Eine Freude. So — mit diesem Glanz
der Augen — sieht der Tyrann nur auf Menschen, die er
zu beglücken gedenkt." Julian horchte hoch auf und sah
gespannt auf den Magister Militum. „So ist mir wohl
der Befehl über die Reiter der Vorhut zugedacht," sprach
Jovian ruhig. „Das wäre mir die größte Freude."
„O du Heuchler," lächelte Julian, ihn auf die Schulter
schlagend. „Nur Perserhelme also schauest du, wann du
mit geschlossenen Augen, aber wachend, vor dich hin seufzest
nachts auf dem Feldbett unseres Zeltes? Glaub' ihm nicht,
Bataver! Phöbos Apollo, der Allsehende, deckt mir noch
ganz andere Geheimnisse auf als des Perserkönigs Kriegs=
pläne." Und beide Freunde bemerkten, daß der Imperator
geheime Boten in den Westen, nach Europa sandte, geheime

Nachrichten von dort empfing, die offenbar mit dem Feld=
zug und mit der Reichsregierung nichts zu thun hatten.
Der Aufenthalt in Circesium dauerte geraume Zeit. Auf
geheimen Befehl des Imperators war in dem abgeschlossenen
Hain um den Palast her schon viele Tage emsig gearbeitet
worden: — nur Vertraute hatten Zutritt. In diesen Hain
beschied auf den folgenden Morgen Julian Jovianus,
Serapion und alle Vornehmen des Hofes und des Heeres,
sowie die Priester der auch hier in großer Zahl neu er=
richteten Altäre. Alsbald trat aus einer geräumigen Grotte
des Götterhaines — der Juno Pronuba war er geweiht
— der Augustus, nicht im Philosophen= oder im Krieger=
gewand, — im Purpur und im imperatorischen Schmuck
führte er an der Hand eine schlanke Jungfrau, deren Züge
der weiße Brautschleier völlig verhüllte. Ein reiches Ge=
folge von vornehmen Frauen und Mädchen der Stadt, vor
allem aber von Priesterinnen gebildet, schritt dicht dahinter:
zu ihren süßen Gesängen erscholl aus den bergenden Ge=
büschen der zärtliche Ton der Flöten.

Serapio hatte einstweilen Jovian vor das auf dem
Altar lodernde Feuer geschoben. Julian trat mit der
Verschleierten vor den Altar und begann mit seinem liebens=
würdigen Lächeln: „Gott Helios, der Alldurchschauer,
begnadet zuweilen mich, seinen Priester und treuesten Ver=
ehrer, mit einem leichten Strahle seines durchdringenden
Auges. So hab' ich mit Freuden schon lang ein zartes
Geheimnis entdeckt, das sich in zwei jungen Herzen schämig
vor dem Lichte, vor sich selbst verbarg. Früher, bis die
Götter in unblutigem Entscheiden ihren Schützling (und,
wenn es verstattet ist zu sagen, ihren Schützer) Julian auf
den Thron erhoben, standen der Erfüllung dieses Sehnens
unübersteigliche Schranken entgegen. Die Schranken sind
gefallen durch die Götter und Julian. Freund Jovian,

hier entschleiere ich vor dir und diesen Zeugen das Geheimnis deines Herzens: sieh hier Juliana, meine schöne Schwester, steht vor dir. Hier, nimm sie hin. — Längst hab' ich eure Neigung entdeckt: das war leichter als ein Alamannensieg. — Es ist mir dieser Bund nicht nur eine warme Herzensfreude — er ist mir — wie alles, was für mich Wert haben soll im Leben, ein heiliges Sinnbild: die geliebte Schwester war — durch allerlei Einflüsse (höchst verehrungswürdige!) — fast schon für die finsteren weltfeindlichen Lehren des Galiläers, für die Gräber zurückgewonnen gewesen von den Tempeln hinweg: — aber meinen Briefen gelang es und noch mehr wohl der Liebe zu diesem Jovianus da (— der nie das freie, stolze Römerhaupt dem bekreuzten Wasser in der Taufe gebeugt hatte —), sie wieder für das Leben und die Freude zu gewinnen. Das junge Paar, der Bräutigam, der den Göttern nie ungetreu geworden, die Braut, Aphroditen zurückgewonnen, sollen den Ehebund im Sinne von Zeus und Hera erneuen. Daher steht hier vor euch der Altar des Zeus des Herdes und der Juno Pronuba, festlich bekränzt: ergreift beide gemeinsam jene goldene Schale voll indischen Weihrauchs: opfert Hymen und allen großen Göttern und seid glücklich vermählt."

Brausender Beifallsjubel der Priester, der Priesterinnen, des ganzen Volkes fiel hier ein. Ein Priester des Zeus, eine Priesterin der Hera zusammen reichten dem Brautpaar die duftende Schale. Aber, unabhängig voneinander, gleichzeitig, stießen Jovian und Juliana das Gefäß von sich, daß der kostbare Staub auf den Rasen flog; und Juliana sprach: „Vergieb, hoher Bruder, ich kann nicht opfern! — Reuig bin ich zu Christus zurückgekehrt."

Und Jovianus rief: „verzeih, oh Imperator, ich darf nicht opfern: denn ich bin Christ. Gestern ward ich ge=

tauft." Dumpfes, staunendes, grollendes Gemurmel scholl durch die Menge. Julian ward bleich bis in die Lippen, vor Schmerz und Zorn: „Heimlich! Hinter meinem Rücken! Beide! Und solcher Schmach setzt ihr mich (— nein: die Götter! —) aus vor allem Volk?" — „Ich bin erst heute Nacht gelandet, wie du weißt, o Bruder. Ich habe dich noch nicht sprechen können. Deine Güte führte mich über= raschend vor diesen Altar . ." — „Und wer hat dich bekehrt?" — „Die Mutter — Johannes — und des Ge= liebten Briefe." — „Johannes — der Schleicher! Ich seh' ihn geschäftig hin und wieder laufen! Und du, mein Freund, mein Pollux, weshalb hast du deinen Kastor verlassen? Wer hat dich mir entrissen?" — „Der Geliebten Briefe und das viele, viele Ernste, was ich in diesen Jahren ertragen mußte: — der Verzicht auf sie: — auf alles Glück der Erde, und zumal die Erfahrungen dieser letzten Monate: — die Verfolgung der Christen, die ich durch= forschen mußte, — all' das hat mich zum Christen gemacht." „Wahnsinnige!" rief Julian in tiefem Schmerz, aber auch in heftigem Zorn. „Und ihr konntet nicht einmal," flüsterte er knirschend, „mir solche öffentliche Beschämung zu ersparen, ein paar Körner Weihrauch opfern?" „Die Wahrheit verleugnen, die Überzeugung?" rief Jovian. „Lügen?" fragte die Jungfrau. „Scheinthaten um der Menschen willen?" zürnte jener. „Nein, o Bruder! Nicht also lehrt die Schrift." Julian biß die Lippe. Nach einer Weile sprach er laut: „ihr Senatoren von Circesium, ihr Feldherren, edle Matronen und Jungfrauen, Priester und Priesterinnen ihr der tief gekränkten Götter! Ihr glaubt nun wohl, mein tief verwundet Herz werde jetzt diese beiden Verblendeten zur Strafe trennen, obwohl," lachte er bitter, „der Glaube sie ja jetzt so wenig trennt wie nach meiner Absicht. Aber nein! Ich bin kein Galiläerpriester, der die Herzen verschmachten läßt, wenn er nur seinen Glauben siegen sieht. Schwester, geliebte, schöne, für immer verlorne Schwester, teurer Freund Jovian: — ihr habt mich so tief ins Herz getroffen wie kein Mensch vor euch! Aber ich liebe euch noch immer treu, ihr Bethörten. Wohlan denn," — er atmete tief — "es wird mir nicht leicht. Aber ... — schreitet von dem verschmähten Altare Hymens fort in die nächste Basilika, schließt dort euren Ehebund nach dem Gebrauch der Kirche und laßt euch trauen von dem Bischof. Mich — meine Anwesenheit — braucht ihr ja nicht dazu." — "Vergieb, o Bruder! Du bist sehr — sehr gut. Aber ... ich kann nicht." "Liebst du mich nicht mehr, Juliana?" fragte traurig Jovian. "Von ganzer Seele. Aber ... ich kann nicht." "Und weshalb nicht?" grollte der Imperator. — "Die Mutter — Johannes ... sie drangen in mich: deine Grausamkeit gegen die Christen ... deine Verfolgung des Glaubens ..." — "O hört es, ihr Götter!"

"Haben dein Seelenheil auf das furchtbarste gefährdet. Du bist verloren für ewig, rettet dich nicht die Fürbitte der Heiligen, fromme That und Gebet und Gelübde der Menschen! Und so — so habe ich — wie die Mutter, deine Seele zu erlösen, nach Rom und nach Jerusalem gepilgert ist — so habe ich — um deiner Seele willen — geleistet — das Gelübde der Ehelosigkeit." "Irrsinniger Glaube!" schrie Julianus außer sich. Und auch Jovianus seufzte — "o Juliana — das ist ... sehr hart!" Der Imperator suchte sich zu fassen. Er kämpfte schwer mit sich. "Das," — brachte er hervor — "das ist zu viel. Zu heiß brennt diese Wunde. Seit Helenas Tod hat nichts — hat auch nicht der Brand von Daphne — so geschmerzt. Du, geliebte Mutter! — Jovian! — Die Schwester eine Nonne! Treulos abgefallen all' meine

Liebsten! — Aber nein! Das werde ich nicht dulden! Juliana — dein Gelübde. Ich zerreiß' es. Du selbst wirst es zurücknehmen!" „Das hoffe nicht!" sprach Juliana, sich hoch aufrichtend. „Niemals. Denn wisse: ich wäre doch vielleicht deinen Lockungen verfallen geblieben: — sie sind sehr herzbethörend und ich hab' dich lieb, großer Bruder, und auch . . . ihn. Aber da sandte mir Gott, der Herr, den Gewaltigsten seiner Boten! Wer einmal dessen Wort von Christus gelauscht hat, der läßt von Christus nimmermehr." Die Zornfalte furchte tief des Imperators bleiche Stirn, als er, böser Ahnung voll, mit heiserer Stimme forschte: „und wer — wer ist dieser neue Apostel? Doch nicht . . . nur nicht Er?" Er sah grimmig auf die Schwester. Aber diese sprach, die schönen dunkeln Augen voll aufschlagend, ohne Furcht: „du ahnest richtig: — Athanasius!" „Ah!" rief Julian, „bei allen Schrecken des Tartarus! Dieser Mann ist ein großer Frevler. Er raubt mir Mutter, Schwester, Freund. Die Mutter verschwindet plötzlich aus Jerusalem auf lange Zeit! Endlich melden meine Boten, die sie in meinem ganzen Reiche: suchen — in Gewissensangst entfloh sie aus Jerusalem nach Ägypten zu Athanasius und hält sich dort verborgen." — „Und von da reiste der Große, der Unermüdliche, um der Angst der Mutter für mich abzuhelfen, um meine geringe Seele zu retten, bis zu mir in die Nähe von Byzanz, an jenen mir tief verhaßten Ort . . ." — „Er hat dich dort gesehen, gesprochen? Er hat es gewagt, (— jedem Galiläerpriester, der sich in eine meiner Priesterinnenschule begiebt, droht schwerste Strafe! —) einzudringen in die den Göttern geweihten Räume? — Und eben dort, unter den Augen der Göttinnen Aphrodite und Hera und ihrer Priesterinnen, dort hat er . . ." — „Meine junge Seele zurückerobert für Christus den Herrn. Er sagte, er tauche in die trübe grundschmutzige See, eine Perle zu retten vor Befleckung. Mir graut vor diesen Festen der Aphrodite!" — „So? graut dir? Warte, du sollst . . ." — „Ahntest du, o reiner Bruder, was, unter dem Anschein heiliger Weihen, die Priester dort mit den Priesterinnen treiben! In einer unterirdischen Höhle — nachts — kommen sie zusammen . . ." Julian erblaßte. „Schweig vor dem Volk! Wehe, wehe," sprach er leise zu Serapion. „Auch hier Dinge wie bei Abt Konon und Theodoret? Und — oh ihr heiligen Götter! Unter meiner Herrschaft konnte solches geschehen! Ich, ich habe," sprach er laut, „Mißbräuche abzustellen, nicht der kecke Priester. — Er soll der gesetzlichen Strafe nicht entgehen, der mir an heiliger Stätte die Schwester geraubt. Ich lud ihn längst — wegen anderer Frevel — zur Verantwortung: aber er ist nicht vor mir erschienen und doch längst verschwunden aus Alexandria, niemand weiß, wohin. Sein böses Gewissen scheut seinen Richter." — „Du irrst. Schon morgen hoff' ich ihn wiederzusehen."

„Wo?" — „Hier. Er reist dir schon lange nach aus Ägypten. Er schrieb zuletzt aus Thapsakus, die Stunde sei gekommen, die Wolken ballen sich zusammen um dein Haupt: bald werde er hier eintreffen. O teurer, teurer Bruder, von dem mein sündlich Herz noch immer nicht lassen kann — höre auf mein Flehen." Sie trat ganz nahe und flüsterte: „laß dich nicht öffentlich — nicht vor dem Volk! — ein auf einen Streit, auf einen Kampf der Geister mit diesem Mann. Ich weiß: — ich hab' es oft gedacht, las ich deine Briefe, deine Reden: — du bist der stärkste Geist unserer Tage — stärker als alle: aber nicht, bei Gott! — nicht so stark wie dieser Mann: denn ihn erfüllt der heilige Geist Gottes." — „So? So meinst du?" Furchtbar, drohend stieg ein Gewitter des Zorns auf in Julian.

„Laß ab," mahnte Jovian leise die Geliebte. „Schweig, hohe Jungfrau," warnte ebenso Serapio. „Du reizest ihn immer heftiger." Aber begeistert für den Erretter ihrer Seele, besorgt um den Bruder fuhr das schöne Mädchen immer eifriger fort mit leuchtenden Augen. „Sprich im geheimen mit ihm! — Verantworte dich! — Laß dich belehren! — Aber wag' es nicht, — ich bitte! — dich öffentlich mit ihm zu messen. Du bist rettungslos vor allem Volk verloren! — Er schlägt dich, wie du die Alamannen schlugst." — „Ah, ah, ah! Das ist zu viel," rief er, in wilde Wut ausbrechend, „von der einst so zärtlich geliebten Schwester! Abscheulich! — Nein, bei dem Gott des siegenden Lichtes — nun erst recht! — Aber," so schloß er finster — „du, Entartete, du sollst ihn nie mehr schauen, den heißverehrten Bethörer: — nie mehr seine Stimme hören. — Ihr Matronen, ihr Priesterinnen der Hera, herbei! Werft die Kränze, die bräutlichen Fackeln weg! Ergreift diese Verführte und geleitet sie augenblicklich in die Weiheschule der Vestalinnen, die ich hier erneuert habe. Ich kenne sie genau: ich habe sie erst gestern geprüft: ... sie ist streng, aber sittenrein. Dort bleibt sie, unter schärfster Zucht und Aufsicht der Vestalinnen, bis die Götter ihr bethörtes Herz erweicht haben." „Mein Imperator," rief Jovianus heftig vortretend, „Julian — das wirst du nicht. Das darfst du nicht . . ." Blitzschnell fuhr der herum und herrschte ihn an: „Schweig, Galiläer! Wie lauten sie doch, eure scheinheiligen Heuchlerworte? „Jedermann sei unterthan der Obrigkeit." Ich bin ihre Obrigkeit und die deine, Magister Militum. — Führt die Thörin fort! Rasch aus meinen Augen! — Ihr aber, Domestici des Palastes — ladet auf morgen das ganze Heer und Volk, Männer und Frauen, zumal die Großen des Palastes und des Lagers, die galiläischen Bischöfe

und Priester — hört ihr? vergeßt mir keinen unter diesen!
— dann alle Priester und Priesterinnen der Götter um
die Stunde des Sonnenuntergangs in meinem Palast im
Platanenhain vor der Stadt: alle, soweit Platz ist, sollen
meine willkommenen Zeugen sein, Zeugen bei dem großen
Geisteskampf: nicht zwischen dem Menschen Julian und
dem Menschen Athanasius: o nein, zwischen dem Gott der
Galiläer und den wahren Göttern. Das ist ein Kampf,
wichtiger als mit Germanen und Persern: denn nicht um
die Beherrschung der Erde gilt es hier: — nein, um die
Krone der Welt des Geistes! Phöbos Helios, der du da
eben leuchtend durch die Wolken brichst (— ich nehme das
Omen an! —), du wirst, die Finsternis durchbrechend,
siegen. — Fehle nicht, Galiläer Jovian! Auch dich ersieg'
ich mir zurück. — Komm, Serapio, stütze mich. Bis zum
Zusammenbrechen haben mich die Entrüstung erregt, die
bittern Herzenskränkungen. Du, Germane, bliebst mir treu.
Morgen: ... der größte Sieg der Götter und ...
Julians."

XXX.

Auf das tiefste hatte das Erlebte das weiche, reizbare
Gemüt Julians erschüttert in seinen edelsten Zügen, aber
auch in seinen Schwächen.

Es war ihm Bedürfnis, nachdem er sich erst in der
Einsamkeit seinem Gefühle hingegeben, — viele Thränen
hatte er geweint um die beiden „Verlorenen" — sich auch
einem andern Herzen auszuschütten. Er ließ Serapio
rufen und wandelte, auf seinen Arm gelehnt, — denn er

war stark erschöpft — in dem Schatten des Platanenhaines bei seinem Palatium langsam auf und nieder, das eben Erlebte und das Bevorstehende durchsprechend. „Ah, und die Mutter," klagte er, plötzlich Halt machend. „Ich habe sie ja all' diese Zeit nicht gesehen. Sobald meine „Galiläerverfolgung" begann, weigerte sie sich, mit Juliana an meinen Hof zu kommen. — Sie schrieb mir nur ein paar verzweifelte Briefe, und als diese nicht fruchteten, verstummte sie völlig, ja sie war mir verschwunden. Erst vor kurzem erfuhr ich, wo sie weilte. In Rom, in Jerusalem und dann bei „Ihm", wie die Galiläer den Alexandriner anbetend nennen. Und dieser Johannes! Lysias hatte doch recht, als er mich vom Knaben auf vor dem warnte. Er ist ein „Heiliger" (— auf gut griechisch: ein Narr! —) und eine gute Seele, ja: ich glaube, er würde für mich Scheusal noch immer in den Tod gehen. Aber ein Schleicher ist er doch! Er hilft ganz ruhig der Mutter, den Sohn betrügen; — oder doch, ihm zu dessen schlimmstem Feind entlaufen. Aber, erwisch' ich ihn, sorg' ich dafür, daß Frau Irenen dieser stets bereite Stab für ihre Wanderfahrten abgenommen wird für immerdar. — Und Jovian! — Auch er ist nicht ganz mein! Nicht — o laß mich's wiederholen, es thut dem wunden Herzen wohl! — nicht so — wie du, mein Serapio. Du bist mir treu," — „Solang du lebst. Und solang ich lebe," sprach der andre, den Arm des Wankenden kräftig in die Höhe hebend. „Aber eins lebt länger als du und ich." „Gewiß, der Gott," sprach Julian, sich auf ihn stützend und zu dem Hochgewachsenen emporblickend.

„Du weißt, Julian, ich habe keine Götter. Darum erleb' ich solche Wandelungen nicht wie der wackere Jovian. Aber von Geschlecht zu Geschlecht, von Civilis herab, haben wir's geschworen und gehalten..." — „Nun, was also lebt länger als wir beide?" — "Mein Volk, die Franken. Ihm vor allem gehört mein Glaube, meine Treue." — "Ich verstehe! — Nun, — nach unserem Vertrag, — falle ich, darfst du wieder gegen Rom kämpfen, wenn es dich freuen wird." — "Ich würde müssen. — Und es würde mich auch freuen. — Aber, o Freund, Perser und Parther haben mehr als Einen Pfeil, so sagt man. Einer für dich, einer für mich löst unsern Vertrag. Erwarten wir das Ende. — Zunächst jedoch gilt es, diesen Athanasius bekämpfen. Ich bin gespannt darauf. Verstatte — aber zürne nicht der Bitte: ich weiß, du brauchst keinen Kampfeshelfer und du hast mehr Dialektik in deinen Fingerenden, als dein ziemlich schweigsamer Freund. Allein solltest du im langen Redekampf ermatten — du bist stark angegriffen! — verstatte mir, dem Barbaren, eine kurze Frage zu richten an diesen größten der Christen." "Gern! Nach meinem Sieg — denn ich werde nicht ermatten!" rief er, siegesgewiß, mit leuchtenden Augen. "Ich besorge, dieser Heilige läßt sich mit dir auf Dialektik, auf Logik gar nicht ein." — "Wie kann er? Mit seiner seltsamen Logik $1 = 3$?" — "Spotte nicht! Leichtherzig Griechlein! Bist du schon wieder so oben auf?" — "Ja, ich schnelle immer leicht wieder empor, ward die drückende Last abgenommen, dem Zweig der edeln Olive vergleichbar. Danke dir, du Treuer, du hast mir wohl gethan. Leb wohl. Ich will nun ruhen." "Wenn nur nicht Athanasius" . . ., rief Serapio noch dem Enteilenden nach. Aber hier brach der Treue ab. "Nein, nicht Julian — vielleicht unnütz! — erschrecken, ihn bestürzt machen. Allein geht jener kluge Priester auf . . . auf jene Geschichte ein: — vor allem Volk! . . . dann wird es ihm hart gemacht, zu siegen, dem lieben Imperator der — Wortkunst. Da hilft ihm keine Rhetorik darüber weg. Was dann? Aber ich fürchte, wir kommen gar nicht so weit im Streit um die Lehre. — Nun gehe ich zu dem andern armen Freunde, dem wackern Christen Jovian. Wird er sich freuen, vertrau' ich ihm, daß Julian ihn — trotz des bischen Taufwassers! — noch immer so treu innig liebt, — so innig, wie ich's soeben Julian umgekehrt von dem Magister Militum beteuert habe. Seltsam ist's! — Ich laufe emsig zwischen beiden hin und her: — dem Eingottgläubigen und dem Vielgöttergläubigen: — dem Eichhörnlein Ratatwiskr vergleichbar: aber nicht Zwietracht —, Eintracht stiftend zwischen guten, thörichten Männern. Meine Gottlosigkeit muß den Christen und den Heiden versöhnen."

XXXI.

Am folgenden Morgen war die ganze Christengemeinde von Circesium, unter Führung ihres Bischofs, an den Hafen des Euphrat geströmt, wo der große Ägypter, den Strom herabsegelnd, erwartet wurde.

Aber auch viele Heiden hatten sich dem Zug angeschlossen: aus Neugier, jedoch häufig auch von dem Verlangen getrieben, den unbesiegten Vorkämpfer der Rechtgläubigen zu begrüßen, dessen Ruhm seit Jahrzehnten das ganze Morgenland erfüllte. In feierlichem Geleit wurden der Gelandete und sein kleines Gefolge in das Haus des Bischofs geführt, das all die folgenden Stunden umlagert blieb von dichten Haufen der Gläubigen, die immer und immer wieder verlangten, das ehrwürdige Antlitz des weisen Seelenhirten zu schauen, der nicht ermüdete, ihnen unablässig Segen zu spenden. Schon lange vor der bestimmten Stunde — vor Sonnenuntergang — wogte dann das Volk ebenso auf den großen freien Platz vor dem Palatium in dem Platanenhain. Kein Platz blieb frei, von dem aus irgend ein Blick bringen konnte in den großen, nach außen offnen Thronsal des Marmorgebäudes, der, ein gewaltiges Halbrund, viele Hunderte von Menschen bergen konnte auf den halbkreisförmigen Bänken, die gegenüber dem im Mittelgrund errichteten Purpur-behangenen Thron aufgestellt waren. Diese Bänke waren bis auf den letzten Platz besetzt von den gestern durch den Imperator Geladenen, während die Massen des Volks von den Bäumen des Haines an bis zu der obersten Stufe der Freitreppe vor den offnen Bogen und Säulen des Palastes Kopf an Kopf sich drängten. Als die sinkende Sonne den Horizont erreicht hatte, öffneten sich die Flügel-thüren in dem Hintergrund des Saales, und herein schritt, vom Geschmetter der Trompeten begrüßt, der Augustus in der ganzen Pracht der Gewandung des Pontifex Maximus: ein goldner Strahlenkranz starrte von dem Diadem aus um sein Haupt; das bis auf die goldnen Sandalen wallende Gewand von weißer Seide, mit Purpur gesäumt, war, wie der handbreite Goldgürtel, mit Edelsteinen und Perlen übersäet: ein schwerer Purpurmantel floß über Schulter und Rücken und in der Hand hielt er den langen goldnen Herrscherstab, gekrönt mit goldner Kugel, dem Sinnbild des beherrschten Erdkreises. Hinter ihm schritten die Vornehmsten seiner Feldherren und Beamten, die An-gesehensten der Priester und Priesterinnen, die Senatoren der Stadt, und wurden von den Domestici an die ihnen vorbehaltnen Plätze geleitet.

Der Imperator schritt die sechs hohen Stufen hinan, die zu dem Throne führten, und ließ sich nieder. Er wollte soeben die Verhandlungen eröffnen, als aus der

Innenthüre des Palastes hastig ein Domesticus eintrat und meldete: — „dringende Nachrichten, Herr, Eilboten. Sie sagen, du mußt es gleich . . ."

Der Imperator winkte: da holte der Domesticus aus dem Innern des Palastes drei über und über von Reisestaub bedeckte Männer mit langen Bärten: ängstlich, verstört sahen sie zu ihm auf, die Arme demütig über der Brust kreuzend. „Wer seid ihr? Juden, so will es scheinen! Woher kommt ihr?" — „Aus Jerusalem, Herr!" — „Also von meinem Tempelbau. Er muß schon stark vorgeschritten sein. Wie steht es mit dem Tempel?" — „Ach, Herr, und Wehe! Siebenfach Wehe! Der Tempel, dieser dein Bau . . ." — „Nun, was ist damit?" — „Eingestürzt ist er, der ganze Bau." — „Das wolle Phöbos nicht!" rief Julian tief erschrocken. „O Herr! Ein Erdbeben . . ." — „Nun gut! Aber, nach dem Erdbeben, habt ihr doch wieder aufgebaut?" — „Nein, o Herr! Wir konnten nicht!" — „Was? Ihr Feiglinge!" — „Nein, Herr! Wir waren nicht feige, wir gaben so leicht nicht nach! Ein glaubenseifriger Mann war und dein treuer Knecht unser Baumeister, Simon Alypius, der Levit: er führte immer wieder die verzagenden Sklaven auf die rauchende Baustätte: er legte selbst Hand an, die Trümmer wegzuschaffen: — schon vom Feuer versengt an Mantel und Bart drang er zum viertenmal vor, er allein: nur Simon, der Kriegsknecht, den du ihm mitgegeben, folgte ihm pflichtgetreu: — da that sich die Erde auf unter seinen Füßen — unterirdischer Donnerschall — und der Abgrund hat ihn, den Wehe schreienden, samt Simon lebendig verschlungen. Da stoben alle seine Werkleute in Entsetzen davon. Um keinen Preis legt dir noch jemand Hand an diesen Bau! Es ist der Fluch des Galiläers! Er hat sich erfüllt. Viele Hunderte unserer Glaubens-

genossen haben sich, überzeugt durch diese Wunder, taufen
lassen. Alle aber, auch wir, die wir den Glauben unserer
Väter behielten, alle die Tausende von uns, die du dort
versammelt hattest, uns um den Tempel wieder anzusiedeln,
— mit Grauen, mit Furcht vor dem Galiläer sind wir
auseinander gestoben und haben uns wieder zerstreut über
alle Länder der Erde. Und so verstreut — kein Volk
mehr! — werden wir nun bleiben — ach! fürcht' ich
immerdar! — Wir mußten dir's eilig melden, dich warnen!
Erneue nicht den Versuch! Viel hundert Leichen liegen
unter den Trümmern."

Tief erschütterte die Botschaft den ohnehin hoch Er=
regten. Die zahlreichen Christen in der Versammlung
nickten einander bedeutsam zu. Ein dumpfes Gemurmel
des Grauens lief durch die Reihen. Julian, der auf
seinem Thron in sich zusammengesunken war und leichen=
blaß vor sich hinstarrte, beugte sich zu Serapio: „das
Omen . . . der Fluch des Galiläers erfüllt!" Da flüsterte
Serapio beschwichtend: „Und was ist's nun weiter? Hat
denn nicht gleichzeitig die Erde auch anderwärts gebebt?
Laß die Erde beben! Du darfst nicht beben. Jetzt am
wenigsten! Athanasius wartet." Allein Julian war von
diesem Eindruck aus dem Gleichgewicht geworfen: er hatte
völlig die ruhige Sammlung verloren, die er sich, — nach
einer schlaflosen, bösen Nacht, — mit Mühe errungen: er
war zerrüttet in seinem Denken, fieberhaft erregt. Seine
Hand zitterte, wie er nun mit dem Herrscherstab ein
Zeichen gab.

XXXII.

Da richteten sich die vielen Tausend Augen auf die schmale Seitenthüre des Saales zur Linken des Thrones, die sich nun geräuschlos aufthat: und herein schritt, unter atemlosem Schweigen der Versammelten, eine hoch ragende, eine majestätische Gestalt, die den Kriegern, die an der Thüre Wache hielten, bis an die Helmkämme reichte.

Ein langer, weißer Bart wallte, in zwei breite Wogen geteilt, bis auf den dreimal geknoteten Strick, der das dunkelbraune härene Gewand — die Tracht der ägyptischen Wüstenpriester — zusammenhielt. Das gewaltige Antlitz, von großartigem, aber doch mildem, von edelstem Ausdruck, war gerade auf den bleichen Imperator gerichtet: der Blick der hellblauen Augen schien bis in den Quellgrund der Seele zu dringen. So stand der gewaltige Greis vor dem Thron, ohne das Haupt zu beugen, barhäuptig, barfuß, in der Tracht eines sündigen Büßers: aber vor der Hoheit dieser Erscheinung versank der Imperator und sein Purpurthron und alle Pracht seiner Großen in nichts: alle fühlten: dieser Mann ist unerreichbar groß.

Lange hatte Julian den Blick jener Augen ertragen: aber plötzlich zuckte er zusammen und schloß sie, wie verwirrt. Nach einer Weile erst schlug er sie wieder auf und hob an: „Metropolit von Alexandria, du bist angeklagt bei mir . . ." — „Du bist nicht mein Richter, Flavius Claudius Julianus," unterbrach Athanasius mit klarer, lauter Stimme — sie durchdrang den ganzen Saal, drang weit hinaus zu den Tausenden draußen auf dem Platz; und doch ward sie ohne jede Anstrengung gebraucht. „Mein Gericht ist nur ein allgemeines Konzil der Kirche. Nicht als Angeklagter, — als Ankläger steh' ich hier. Du bist durch den Taufbund der Kirche erworben: als dein Seelenhirt sprech ich zu dir."

Julian machte eine unwillig ablehnende Bewegung: er wollte aufspringen, aber er beherrschte sich und sprach: „Wohlan, ich will dich reden lassen, Athanasius. Man soll nicht sagen, du habest nicht voll Gehör gefunden. Rede denn, soviel du willst. Aber dann . . . dann rede ich."

Und Athanasius begann mit überwältigender Macht der Rede: „Nicht in Worten mit dir zu streiten bin ich hergekommen: unser Streit wird nicht durch Worte, — durch die Weltgeschichte wird er entschieden. Ich scheue sie nicht, deine dialektischen Fechtkünste: ich kenne sie und verachte sie. Ich frage nur: wer und was hat dich, als du fast noch ein Knabe warst, zum Abfall vom Glauben bewogen? — Ein Priester, der, eidbrüchig, jahrzehntelang sich als eifrigen Christen ausgab, während er die Kirche insgeheim auf das grimmigste bekämpfte. Ist das sittlich? Ist das nicht ebenso Heuchelei, wie die mancher unserer Mönche, die er dir aufgedeckt haben soll? Nicht ebenso unsittlich, wie ein wurmstichiger Papst, der später abfiel vom Glauben? Gewiß sind viele unserer Priester arge Sünder: daß die Kirche gleichwohl noch besteht, trotz der Fäulnis so vieler ihrer Glieder, — gerade das beweist ihre göttliche Gründung und Erhaltung durch Wunder. Aber nicht deine Vernunft will ich überzeugen von dem, was über alle Vernunft ist. Nein, o Julianus, nicht deinen Geist: — dein Gewissen ruf' ich an!"

„Meine Ahnung!" sprach Serapio, plötzlich hoch ernst zu sich selbst. „Jetzt, Julian, nimm dich zusammen."

„Das ist der Anwalt, den ich hier vorfinde: bald stelle ich den mitgebrachten dir vor Augen. Dein Gewissen will ich aufwecken, nicht deine Schlüsse widerlegen: — deine unsterbliche Seele will ich retten. Deßhalb bin ich hierher gereist, ein alter Mann, so weit her, mitten durch alle Verfolgungen meiner alten Feinde: der Ketzer, und meiner neuen: deiner Schmeichler. Ich komme, dich zu fragen: mit welchem Rechte kannst du es wagen, — du! — gerade du, der du so schwer gefrevelt, auch schon bevor du Christus verfolgtest, — in diesem Reiche der Römer solche Verwüstung anzurichten, — einen Glauben zu verbreiten, den andern zu verfolgen? Wie kannst du das wagen, Cäsar Julian?"

„Imperator Augustus heiß' ich und bin ich, Vermessener," rief nun Julianus, der wechselnd glutrot und leichenblaß geworden.

„Du heißest so: — du bist es nicht! Du bist der vor Gott dem Herrn tief verworfene Sünder, der die meineidige Hand — siehst du, wie du erbleichst bei diesem Worte, dem Donnerworte Meineid! — ausgestreckt hast nach dem Diadem deines Herrn: — eines bösen Herrn — aber deines Herrn nach Gottes Recht und der Menschen! Du bist der treubrüchige, der pflicht- und ehrvergessene Mann, der dort zu Paris von einem Haufen wahnsinniger Barbaren, fahnenflüchtiger, eidvergessener Soldaten, sich mit einer Panzerkette zum Imperator krönen ließ. Dir und den Deinen flogen die Köpfe vor die Füße, ging es nach dem Rechte. Du bist kein Imperator: und du kannst es nie werden, seit Constantius starb, ohne dich anzuerkennen, und am jüngsten Tage wird der Weltenrichter sprechen: „Meineidiger Cäsar Julian, — schon um deines ungeheuren Treubruchs willen, — fahr' zur Hölle!"

Julian hatte während dieser furchtbaren Worte starke Wandelungen durchgemacht: frühere Aufwallungen des Zorns hatte er rasch niedergekämpft: aber das Wort „Meineid" war ihm ins Mark gefahren und hatte ihn aufgejagt wie ein Feuerpfeil. Er war vom Thron aufgesprungen, er hatte den Kühnen unterbrechen wollen: aber als Serapio nun wiederholt versuchte, den fürchterlichen Redner zu hemmen, winkte er, ihn vollenden zu lassen.

Jetzt schwieg Athanasius und bohrte die wie Diamanten blitzenden Augen so tief in die seines Gegners, daß dieser verwirrt, wie bei seinem ersten Anblick, die langen, dunkeln Wimpern senkte: — freilich nur ganz kurz. Aber kalter Schweiß perlte ihm auf der Stirn, als er nun heiser begann, mit tonloser, mühsam die Worte bildender Stimme: „Ein anderer (— auch ein Galiläer! —) würde dir vielleicht einwenden, Priester: — „es war Notwehr, Notstand: ich hatte nur die Wahl, zu sterben oder den Eid zu brechen. Not kennt kein Gebot:" — und dieser mein Einwand wäre . . ." — „Lüge." Hoch fuhr Julian vom Thron empor: auch alle andern staunten. „Was . . . was soll das heißen?"

„Daß du nicht aus Todesfurcht gehandelt hast. Im Gegenteil. Du sprachst dein „Nein" zum drittenmal, als schon zwei Waffen dein Leben bedroht hatten."

„Wie?" schrie nun Julian außer sich, und unwillkürlich fuhr ihm die Faust an den Gürtel, wo aber heute das Schwert fehlte. „Das weißt du, Priester? Du weißt, daß ich meine Treue mit meinem Leben besiegelt habe, — daß ich eine halbe Stunde lang dem Tod ins Auge sah mit meinem „Nein"? Und daß ich erst, als alle Gefahr vorüber, die Krieger gewähren ließ? Das weißt du, daß nicht Todesfurcht mich bestimmt hat, und dennoch wagst du, mich zu verdammen?"

„Gerade deshalb. Gabst du nach aus Todesangst, — so war's eine läßliche Sünde. Bist du doch kein Christ. Tausende von Christen sogar haben unter den Zangen der Folterer, aus Angst vor dem Tode, nicht standgehalten:

das schwache Fleisch gab nach: nicht alle sind zu Martyrern gefestigt: Gott der Herr wird sie gelind bestrafen: wie ich dich entschuldigen würde, hättest du aus Todesangst gefehlt und dann durch Reue, Buße, Besserung gesühnt."

Jetzt glaubte Julian den Sieg gewonnen zu haben in diesem Gedankenkampf, der ihm furchtbar viel schwerer geworden, als je einer zuvor. Jetzt richtete er sich hoch auf und, stolz herabblickend auf den Greis zu den Füßen seines Thrones, rief er mit wiedergefundener Kraft der Überzeugung und der Stimme: „Hört es, ihr Freunde, hört, ihr Römer all: — das also ist's! Das ist die hohe Sittlichkeit des Galiläers! Also aus Feigheit, aus elender Todesfurcht den Eid brechen, — das ist läßlich, das liegt in der Schwäche der erbsündigen Natur, — das hätte er begriffen und verziehen. Daß aber ein Römer, ein Feldherr und (— ich darf es sagen! —) ein Held, nachdem er dem Tode getrotzt, aus andern Gründen sich entschließt, den Eid zu brechen: das kann er nicht verstehn noch verzeihen, der Priester. Selbstverständlich! Ist er doch kein Mann, sondern ein Wunderthäter, kein Römer, sondern ein Galiläer. Vernimm' es also, wußtest du es nicht bisher: es giebt ein Vaterland, es giebt ein Reich der Römer! Dies ist des Römers höchstes Gut auf Erden: — das Römerreich zu retten (— das verloren war, wenigstens im ganzen Abendland — ganz Gallien an die Barbaren verloren, gab ich die Legionen her! —), das Römerreich zu retten, ja und, allerdings auch (— das war aber erst mein zweiter Gedanke! —), um die alten Götter wieder herzustellen, bracht' ich des Mannes höchstes Opfer dar — das seiner Ehre — brach meinen Eid und rettete das Reich." Erschöpft hielt Julianus inne.

„Und mit dieser elenden Ausflucht hast du dein Gewissen beschwichtigen können? Deine Götter! Waren sie also auf dich angewiesen, auf deinen Eidbruch? Bedürfen sie deiner Hilfe, nicht du der ihren? So schwach sind sie? Das glaubst du selbst nicht! Eine Ausrede vor dir selbst, — eine Selbsttäuschung war diese deine „Pflicht" gegen die Götter. Und dein Eidbruch? Hat er denn deinen Göttern genützt? Nicht Eine Seele hast du für deine Göttergespinste gewonnen! Und alles, was du künstlich in diesen Jahren aufgebaut, — in kurzer Zeit wird es wieder spurlos verschwunden sein: — wie du selbst! Nicht berühme ich mich Unwürdigen, den Geist der Weissagung zu haben: dir aber sage ich, du bleicher Mann im Purpur, — wahrlich, wahrlich, wie eine Wolke wirst du vorübergehen."

„Eine Wolke birgt manchmal Blitz und Donner. Hüte dich, Bischof."

„Zerschellen wirst du und dein aberwitzig Werk an dem Fels der Kirche. Nicht die Pforten der Hölle werden sie überwältigen, geschweige ein witzelnder Rhetor. „Aber das Reich," sagst du! Dich rief das Reich. Ich frage dein Gewissen: Wie? Ist das deine Sittenlehre? Heiligt dir der Zweck das Mittel, das Wohl des Vaterlands rechtfertigt es den Eidbruch? Wahrlich, nicht nur die Kirche, auch fromme Heiden — denn es giebt solche, die ich hoch achte — verwerfen solche Frevellehre mit Abscheu. Aber du, — du bist ja gar kein frommer Heide! Sondern auf Eines läuft alles bei dir hinaus: „das Genie — das heißt Julian! — steht über den Gesetzen der Sittlichkeit, wie sie gewöhnliche Sterbliche verpflichten." Siehst du, wie du zuckst? Das traf wie das Wort „Meineid"! Denn es ist die Wahrheit! Solche Überhebung aber ist — der frevelhafteste Gipfel sündhafter Selbstsucht! Jeden andern hättest du verurteilt, der den Eid der Treue brach: — du selbst wolltest ihn wacker halten, auch unter höchster Todesgefahr, — ich lob' es — bis dir plötzlich einfiel: „ei, ich bin ja Julian, der Geistreiche, der Unvergleichliche, der Liebling der Götter, bin ja nicht jener Magnentius oder Silvanus, den ich verurteilte: — oder mein eigner Bruder, dessen Thun ich scharf verwarf: Ich darf thun, was kein andrer dürfte." Ein frommer Heide hätte gesagt: „mögen das Reich die Götter retten: sie können es, wenn sie wollen: ich rette meine Treue, mein Gewissen: mein Leben für das Reich, aber nicht meine Ehre." — „Du aber — du sahst vor allem dies Menschlein da, diesen Julian, der Diadem und Purpurmantel trug: — du sahst nur dein Bild im letzten Grund deiner Seele. Das war dein erster Gedanke."

Da fuhr Julian zusammen: er wankte, er griff nach der Lehne des Throns.

„Die einfache Mannespflicht band dich nicht genug: für Julian mußte Besonderes gelten: Du sahst in jener Stunde der Gefahren wie in einen dunkeln langen schmalen Gang: da, am Ende des Dunkels tauchte dir plötzlich strahlend auf — deine eigene Gestalt im Purpur: — und du vergaßest alles und griffst rasch nach dem Purpur. Und du brachst deinen Eid!" fuhr der Furchtbare unerbittlich, einen Schritt näher tretend, fort: „nicht aus menschlich verzeihlicher Todesangst, aber auch nicht — vor allem — wie du dir vorlügst, aus Liebe zu dem Reich und deinen Göttern, sondern weil du, — eben du! — der herrliche Julianus, deren Retter sein solltest. Hätte ein anderer damals, das Reich zu retten, sich empört, — du hättest deinen Eid gehalten und ihn bekämpft für Constantius. Aber du! Dich wähnst du berufen zu allem Höchsten: — diesem Rufe — dem Tubaruf der Ruhmsucht! — folgst du, auch wenn er zum Verbrechen lockt. Du bist treulos, ehrlos, meineidig, eidbrüchig geworden, o Julian, — nicht um Roms, nicht um der Götter willen: — aus dem tiefsten Kern deines Wesens heraus: und der ist: — grenzenlose Eitelkeit."

Da stöhnte Julian ganz leise: — er wollte sich ermannen: — aber er brach in sich zusammen: — schwer sank ihm das Haupt vornüber auf die Brust: dabei fiel das goldne Diadem von seiner Stirn und klirrte, dreimal auf den Stufen des Thrones aufschlagend, zuletzt mit hellem Schall auf den Marmorestrich: — Jovian bückte sich rasch, hob es auf und reichte es ihm hin: — der aber wies es mit der Hand zurück: „behalt es, Jovian! Es war ein Omen," flüsterte er leis.

„Auf, Imperator!" mahnte Serapio leise, ihn an der Schulter emporrichtend, „ermanne dich. Und straf' den Priester Lügen."

„Ich kann nicht, Freund! — Ach er spricht wahr! — Ich sah — zuerst — gemäß meinem Traum — mich, mich selbst, mein bediademtes Haupt! Ja, — das, — das hat mich entschieden."

Ein dumpfes Gemurmel ging durch die Reihen: „Seht — er wankt! Er schweigt: — er muß verstummen: — er fühlt sich schuldig." Diese Worte drangen bis zu Serapio und Jovian: Beide fuhren auf. Und jener begann: „Nicht also, Römer! Ihr seht es ja, der Imperator ist plötzlich erkrankt." „Kein Wunder," fuhr Jovianus fort. „In dem gerechten Zorn über solche Beschuldigung." „Wie willst du denn wissen und abwägen," sprach Serapio, „du seelenkundiger Priester, — hat er dir Beichte darüber abgelegt? — wie schwer in jenem Entschluß die Sorge für das Reich, wie schwer die Rücksicht auf den eignen Ruhm — nicht auf das Leben! — wog? Freilich gehört dazu nicht bloß die Erkenntnis: „Gallien, das Abendland ist verloren, — geb' ich nach" (— glaub es nur, Priester, glaubt es, ihr römischen Männer, mir, dem Franken, ich verstehe mich d'rauf: Gallien war verloren, verloren an mein Volk, gab Julianus nach! —): Sondern dazu mußte treten das Selbstvertrauen: „und ich, ich bin der einzige, der es retten kann." Wohlan, hat er es nicht — für diesmal noch — gerettet? Der Erfolg hat ihn gerechtfertigt." „Jawohl," fiel Jovianus ein. „Seine Schuld, — war Schuld dabei, — ist solcher Helden-Ehrgeiz Schuld: — sie ist gesühnt. Das Urteil Gottes hat entschieden: sonst hätte ich ihm nicht gedient. Gott hat in seiner That kein Verbrechen gesehen." „Glaubst du?" fragte Athanasius drohend. „Nein, junger Krieger. Gott hat anders, hat gegen den Meineidigen entschieden. Er hatte ja Gott einen Bürgen gestellt, eine Geisel für seinen Eid. Wohlan, Gott hat für ihn, den Hauptschuldner, die Strafe noch aufgespart — auf kurze, kurze Zeit! — Gott hat sich an den Bürgen gehalten. — Hast du vergessen, unseliger Sohn, als du nach dem blutigen Purpur griffest, wie dein Treueid gelautet hatte? So ganz hat dich die eitle Gier dahingerissen, daß du alles vergaßest: — auch die eigne Mutter?"

Julian fuhr auf, beide Arme kurz erhebend.

„Du schwurst Treue bei den Augen deiner Mutter: — brächst du die Treue, solle sie erblinden. Wohlan, sie ist erblindet. Und diesen Anwalt hab' ich mitgebracht." Bei diesen Worten rauschte der Vorhang des Seitengemaches und, geführt von einem Mönchlein, tastete eine hohe Gestalt in grauem Büßerkleid, eine immer noch schöne Greisin, auf langen schwarzen Stab gelehnt, sich in den Saal.

„Mutter! Mutter!" schrie Julian außer sich, stürzte die Stufen des Thrones hinab und eilte, beide Hände vorgestreckt, auf sie zu.

„Zurück! Hinweg von mir. Rühr' mich nicht an, Julian Apóstäta! Du bist nicht mehr mein Kind, du Ausgestoßener! Um deines Eidbruches willen hat mich Gott geblendet! Und welchen Frevel ludest du, nachdem du dich in deinen frevelhaften Purpur gehüllt, noch auf dies Haupt! Du Verleugner Christi, deines Herrn, du, abtrünnig von Gott und den Heiligen im Himmel, abtrünnig von Eid und Treuepflicht auf Erden, abtrünnig von dem heiligen Taufbund, abtrünnig von Mutter und Schwester, ein Verfolger der Gerechten, ein Beförderer aller heidnischen Greuel, Julian Apóstäta, nimm deiner Mutter, der geblendeten ..."

„Halt, Frau," rief gebieterisch Athanasius, ihren drohend erhobenen Arm herunterreißend. „Nicht also. Nicht ihn zu verfluchen führt' ich dich hierher. Ausstoßen mußte ihn, — mit schwerem Herzen! — seine geistliche Mutter: die Kirche — bis er sich gebessert. Du aber, Weib, das ihn geboren, du sollst ihn nicht verfluchen: — retten sollst du ihn, ihm seine arme Seele zurückreißen von der Schwelle der Verdammnis. Deshalb, — nicht, um hier ein Schauspiel aufzuführen! — aus Erbarmen mit seiner unsterblichen Seele, hab' ich dich hierhergebracht. Versuche, was du vermagst über deinen Sohn, alte, bejammernswerte Frau."

Julian war inzwischen von seinen beiden Freunden wieder die Stufen auf den Thron hinaufgeleitet worden. „Meine Mutter!" stöhnte er, „blind! Geblendet ... aber nicht von Constantius. Die wunderbaren Augen erloschen! Seht, wie sie nun so bleiern aussehen! Wie sie ins Leere stieren! Mich, ach mich suchen sie."

„Es sei," begann die Greisin. „Auch das noch! Ich will's — für ihn — versuchen. — Führe mich, führe mich näher zu ihm hin, Johannes: — wo — wo sitzt er auf dem angemaßten Thron? — Mein liebes Söhnlein, gebenkſt du noch der erſten Jahre, der Jahre der Kindheit — vor jener Mordnacht? Du warſt mein Liebling aus den dreien. Und du — du konnteſt nicht einſchlafen, hatte dich die Mutter nicht geſegnet: — zum Abſchied küßteſt du mir immer beide Augen. Oh Julian, — glaube mir, — du findeſt von heute an keine Stunde ruhigen Schlum= mers mehr, bevor dich die Mutter wieder geſegnet hat. O, wie viel lieber ſegnet als verflucht ſie! O mein Sohn, mein Sohn, rette deine Seele! Noch iſt's nicht zu ſpät. Dieſer heilige Mann ſagt, Gottes Barmherzigkeit iſt ſo unendlich, daß ſie auch dir — auch jetzt noch! — verzeihen kann. Ich verlange nicht, daß du dieſen Purpur ablegſt, der dir ja ſo teuer ſcheint: — teurer, als der Mutter Augenlicht. Behalt' ihn! Kannſt du doch nur auf dem Thron gut machen, was du auf dem Thron angerichtet. Sprich nur einmal hier vor mir: „Herr, mein Gott im Himmel, ver= gieb mir meine große Schuld um Jeſu Chriſti willen, deines Sohnes, der auch für mich am Kreuze ſtarb."

„Mutter — Mutter — alles was du willſt, — nur nicht das Unmögliche. Ich kann nicht glauben an den Chriſtengott."

„So? du kannſt nicht?" rief die Greiſin, plötzlich wieder in den vorigen Zorn zurückfallend. „Du kannſt noch immer nicht? Und hat er denn nicht vor deinen Augen ſeine Wundermacht bewährt an meinen Augen? Nicht vom vielen Weinen, wie Philippus warnte, ſind ſie erloſchen (— nur um deine Sündenſchuld, deine Greuel, hab' ich freilich geweint Tage und Nächte lang all' dieſe Zeit! und auch ſo, daher, wären ſie um deine Schuld erloſchen —), nein, Gott der Herr hat ſie ausgelöſcht um deines Eidbruches willen. Du ſchwurſt bei ihrem Glanz, du brachſt den Schwur: — ihr Glanz erloſch. Und du willſt noch nicht glauben?" — „Ich kann nicht, Mutter!"

— „Du kannſt nicht? Nicht nach dieſem greifbaren Wunder? Ah, ſo iſt es denn wahr, das Fürchterliche, das Grauenhafte, das im Volk der Gläubigen über dich geflüſtert wird, ſo laut, daß es ſogar bis zu mir, der unſeligen Mutter, drang?"

Sie riß ſich plötzlich los von des Johannes Arm, machte ein paar Schritte in der Richtung, woher ſeine Stimme ſcholl, ſtand jetzt dicht vor dem Thron und hob drohend den ſchwarzen Stab. Ihre Züge verzerrten ſich ſo furchtbar, ihre Lippen zuckten ſo krampfhaft, daß alle Anweſenden ſich entſetzten: „ein Gott ſpricht aus ihr!" murmelten gar viele.

„Was, Mutter, was für ein Gerede?"

„Kein Gerede! Oh ich fühl' es jetzt — fühl' es mit Schaudern in dem Leibe, der dich getragen hat, — wie es ſich in mir windet! — es iſt wahr, wahr! Oh ich Unſelige! Hör' es, Athanaſius, du frommer, hört es, all' ihr tapfern und weiſen Männer des Römerreichs! Wohl hat ihn dieſer Leib geboren: — aber ſein Vater war nicht mein edler Gatte Julius."

Ein Ruf des Grauens dröhnte durch den Saal.

Julian ſprang auf: „Mutter! — Mutter! — Schände nicht dich ſelbſt!" Aber dieſe fuhr fort: „Nein, ... in meines Gatten Geſtalt ... umfing mich ... im Dunkel der Nacht ... ein anderer: — Satanas, der König der Hölle, hat mir dieſen Dämon gezeugt. Diene ihm nicht, du Volk von Rom, du dienſt in ihm der Hölle!"

Da ſchrillten zwei ungeheure Schreie durch die weite Halle.

Die Mutter brach in ein laut ſchallendes, nicht endendes Lachen aus, ſchlug um ſich mit Händen und Füßen: Schaum trat ihr vor den Mund. Athanaſius ſprang hinzu: „ſie iſt von Dämonen beſeſſen. Tobſucht nennen's die Ärzte.

Hinweg mit ihr." Gleichzeitig aber war Julian emporgeschnellt vom Stuhle mit einem gräßlichen Schrei. Er warf das Haupt in den Nacken, ballte die beiden Fäuste, schlug nieder vor dem Thron und rollte in Zuckungen und Verzerrungen die Stufen hinab.

Die Freunde, die Höflinge bemühten sich um ihn, sein Arzt Oribasius beugte sich über ihn: "es ist ein Krampfanfall," sprach der; "es faßt ihn manchmal so: tragt ihn zu Bett."

Einstweilen hatte sich der weite Marmorsaal geleert und der Platz vor dem Palaste. Mit allen Zeichen des Entsetzens, schreiend, weinend, hänberingend, untereinander und mit den nächsten redend, verkündeten die Zeugen die grauenhaften Geschicke des Sohnes und der Mutter. Dieser Tag hat viele Wurzeln der Liebe zu Julian ausgerissen in dem Herzen seines Volkes. Und er selbst hat sich im Innersten nie mehr ganz erholt von diesem Donnerstreich.

XXXIII.

Nachdem Serapio den Freund in den Händen des Arztes und der Diener sah, wandte er sich und schaute Athanasius nach, der, umwogt von den Christen, denen sich, erschüttert, gar viele Heiden anschlossen, von dem Bischof in dessen Haus geleitet wurde.

"Sein Zug ist ein Triumphzug, ohne Zweifel," sprach der Germane zu sich selbst. "Hm," grollte er, "soll dieser Vorkämpfer der Kirche denn mit so ganz unbestrittnem Siege, so ganz unverwundet aus dem Streitfelde ziehen? Nein, das soll er nicht." Er eilte dem Bischof nach, schloß sich dem großen Haufen der Frommen an, die sich an des Greises Schritte hefteten, sein Gewand zu küssen trachteten, sich vor ihm auf die Knie warfen und um seinen Segen baten, den er abermals, ohne müde zu werden, unablässig spendete.

Der starke Franke drängte sich durch die Menge und schaffte ihm Raum, so daß er die Thüre des Bischofshauses leichter erreichen konnte. „Ich danke dir, mein Sohn," sprach die herzbezwingende Stimme. „Du bist von dem blonden Volke der Germanen, nicht? Ich sah viele von euch zu Trier. Wartet nur: auch in eure dunkeln Wälder wird die Botschaft des Heils bringen: auch ihr werdet glauben. Denn es wird Ein Hirt und Eine Herde sein."

„Ich habe starke Zweifel. — Darf ich Eine Frage stellen?" — „Gern, mein Sohn." — „Wie kommt es wohl, daß die letzten Worte eures Gottes am Kreuze lauteten: „mein Gott, mein Gott, warum hast du mich verlassen?" Oder gar, wie es in dem Evangelium des Petrus heißt: „warum hast du mich zu Schanden werden lassen?" Ohne Besinnen erwiderte der Bischof: „Bedenke, lieber Sohn, daß in diesem Augenblick der Herr die Sündenlast der ganzen Menschheit trug. Wie furchtbar mußte er die Sündenschuld empfinden!" — „Ohne je eine Sünde begangen zu haben?" — „Gewiß." — „Genügt dir, großer Athanasius, diese Erklärung?" — „Vollauf: denn es giebt keine andere." — „Vielleicht doch! Und ist er wiedergekehrt! wie er verhieß, vor einem Menschenalter nach seinem Tode? — Ich, oh Athanasius, werde nicht mit geweidet werden in jener großen Herde."

Schwer war der Schlag, vielmehr die Reihe von Schlägen, die den Erneuerer der Götter hier in Circesium getroffen. Sein heller Geist hatte sich einen Augenblick verdüstert unter dem Abfall, dem Fluch, dem grausen Geschick seiner Nächsten, unter der zermalmenden Verurteilung durch diesen in den tiefsten Seelengrund schauenden Priester: der Glaube an seinen Stern, an die besondere Gunst der Götter war tief erschüttert. Aber die Jugendkraft des Zweiunddreißigjährigen überwand doch noch einmal die harte Anfechtung: im Frieden der Muße zu Byzanz hätte vielleicht der Schmerz um das Verlorene, der Zweifel im Gewissen, das verzagende Grübeln obgesiegt: aber das erste, was den Zusammengebrochnen aus seiner ohnmachtähnlichen Betäubung weckte, das war — der Trompetenschall eines Reitergeschwaders, das an seinem Palast vorbeizog.

„Die Tuba!" rief er und sprang von dem Lager auf — „die Tuba ruft mich: wie damals zu Paris. Das Heer verlangt nach seinem Feldherrn: — es soll ihn nicht vergebens rufen."

Und so war es das Mächtigste und zugleich das Edelste, was in dieser Seele Gewalt hatte: — die Begeisterung für das Vaterland, für den römischen Ruhm, die römische Heldenschaft war es, was den Schwergetroffnen noch einmal aufrichtete: die Fülle kriegerischer Arbeit, der Ernst kriegerischer Pflichten ließ ihm gar nicht Zeit, seinem Schmerz, seinem Zorn, seinen Zweifeln, seiner Demütigung sich hinzugeben.

Athanasius ward nach Alexandria entlassen, die Untersuchung wegen der früher erhobnen Anklagen eingestellt, der Antrag des Lysias, wegen des Auftretens in Circesium gegen ihn die Klage wegen »laesa majestas« zu erheben, heftig abgewiesen.

Freilich hätte schon die Nichtanerkennung der Imperatorschaft ein Todesurteil gerechtfertigt. Aber statt dessen empfing der Metropolit von Ägypten auf seine Bitte die

Erlaubnis, die Mutter Julians mit in seine Kranken=
stiftung nach Alexandria nehmen zu dürfen, da sie unter
allen Menschen nur ihn erkannte und die Heilung durch seine
Einwirkung noch am meisten Wahrscheinlichkeit versprach.

Juliana ward auf des zürnenden Herrschers Befehl
in eine jener von ihm gegründeten oder erneuten Pflanz=
schulen für Priesterinnen gebracht, in einen Tempel der
Vestalinnen zu Kale, einer Vorstadt von Circesium, dessen
Vestadienst unter Leitung einer ehrwürdigen Matrone,
Kallixena, schon lange hohen Ruhmes genoß.

Julian hatte sich für die Bethörte ein Probejahr vor=
gesteckt: blieb sie nach Ablauf dieser Frist, unerachtet der
günstigsten Einwirkungen des „Hellenismus", standhaft bei
dem neuen Glauben Jovians, so hatte die zärtliche Liebe
des Bruders bereits beschlossen, das eigensinnige Paar gleich=
wohl zu vereinen: das Gelübde der Ehelosigkeit wollte er
durch einen Machtspruch aufheben. Nur kurzer Frist hatte
es bedurft, bis Julians Herzensgüte über seinen Zorn und
Serapios Fürsprache über die Verhetzungen des Lysias
auch hierin den Sieg davongetragen hatten. Aber die
Schwester noch einmal zu sehen, wie sie bat, — das konnte
sich der Tiefverwundete noch nicht abgewinnen.

Auch die Bitte des Johannes, die kranke Mutter nach
Alexandria begleiten zu dürfen, ward kurzweg abgeschlagen.
Der Augustus war heftig erbittert über das vielgeschäftige
Mönchlein, dessen Hin= und Wiederwandern zwischen dem
Gewaltigen von Alexandria, Mutter, Schwester und Jovian
er einen großen Teil der Schuld an deren Abfall und an
dem ganzen Unglück zuschrieb. So ward Johannes auf
Julians Befehl in dem zu Circesium befindlichen Kloster
eingebannt auf Lebenszeit. „Er soll mir nicht mehr hin
und wieder huschen, dieser Apostel des Unheils," grollte
der Imperator.

XXXIV.

Nach wenigen Tagen hatte sich der Erschütterte so weit erholt, daß er das Heer weiter zu führen vermochte: — nun in Feindesland. Denn die Grenze zwischen dem Römerreich und dem Persischen bildete der Fluß Chaboras oder Araxes, der hier, bei Circesium, von Norden her in den Euphrat mündet. Alter römischer Kriegsbrauch verlangte bei dem Überschreiten der Grenze ein Geldgeschenk und eine Ansprache des Feldherrn an das Heer: Julian spendete freigebig jedem Krieger einhundertdreißig Silberstücke, war aber auch nicht der Mann, solche Gelegenheit zu einer Rede zu versäumen! Er ritt mit seinem Gefolge die Reihen der auf dem römischen Ufer aufgestellten Krieger entlang, hielt dann an der Brücke, brachte hier den Grenzgöttern Roms ein Opfer dar und redete den zu ihm berufenen Führern eine Rede, von welcher die Wahrheit der Empfindung, die Glut der Begeisterung die sonst von ihm so übertriebene Künstelei fernhielt. Er sprach von dem alten Ruhm der römischen Adler, die er gleich von Anfang an Stelle des constantinischen Labarum den Legionen wiedergegeben habe, von der uralten Feindschaft der Parther, von dem neuerlichen Übermut der Perser. Er schloß mit den Worten: „Sieg und Beute kann ich euch nicht versprechen: — beide gewähren nur die unsterblichen Götter, die den Himmel, den weiten, bewohnen. Aber als ihr Vorkämpfer zieh' ich in diesen Krieg. Und Eines sollt ihr wissen: heute, bei dem ersten Strahl des Morgenlichts, hab' ich ein Gelübde gethan wie die großen Ahnen: Curius, Mucius, Decius: ich habe mich selbst den Göttern als Opfer dargebracht für den Sieg Roms: sie sollen Rom den Sieg geben und dafür mein Leben nehmen.

Denn das sollt ihr erkennen in des Geistes und Herzens Empfindung: nur als Sieger oder als Leiche führt ihr Julian aus Persien zurück. Nun folgt mir in den Sieg oder in den Tod."

Damit sprengte er, allen voran, bei schmetterndem Trompetenschall über die Brücke.

Da ward der Jubel groß unter seinen Treuen, zumal den Germanen und den Kelten: hoch hoben sie die Schilde grüßend über die Helmkämme und riefen: "Nichts fürchten wir unter einem Feldherrn, der auch im Kampf und im Ertragen mehr leistet als wir selbst." Mit begeistertem Zuruf folgte ihm das Heer: sowie der letzte Mann auf persischem Boden stand, befahl der Feldherr: "Halt! Kehrt!" Vor den Augen des ganzen Heeres stand die Brücke in Flammen. "Ihr seht, meine Freunde, die Flucht ist euch abgeschnitten. Ihr müßt vorwärts, müßt siegen. Rückwärts weichen führt euch in das Grab dieser Wellen."

Jedoch hatte der Vorsichtige, schon um den Nachschub von Kriegern und Vorräten zu sichern, die Besatzung von Circesium auf zehntausend Mann erhöht und die Befestigungen verstärkt.

———

Eine Stunde nach diesen Vorgängen erreichte ihn, durch Eilboten aus Circesium nachgesandt, auf dem Marsch ein siebenfach versiegeltes Schreiben aus Rom. Er hatte die sibyllinischen Bücher im dortigen Tempel der Vesta über das gegen die Perser geplante Unternehmen befragen lassen: jetzt erst kam die Antwort, sie lautete: "er möge ja dies Jahr die Grenze seines Reiches nicht überschreiten!" Er erbleichte: dann zerriß er den Papyrus in ganz kleine Stücke, auf daß niemand im Heere von der Warnung vernehmen sollte.

———

Von dem Überschreiten der Grenze an hielt das Heer genau die von dem Feldherrn vorgeschriebene Zugordnung ein: bisher zwar hatte man keinen Feind gesehen: aber jetzt war jeden Augenblick der Überfall der gefürchteten parthischen Reiter zu erwarten, die den Legionen in den besten Zeiten Roms so manche blutige Niederlage beigebracht hatten.

Vor allem trug der Feldherr dafür Sorge, daß nicht, wie in früheren Fällen, die Schwerbeweglichkeit des Zuges, zumal die Hemmung durch die Gepäckwagen, den Legionen verderblich werden konnte: er ließ die einzelnen Abteilungen solche Zwischenräume halten, daß die Länge des ganzen Zuges, der doch nur fünfunddreißigtausend Helme zählte, zehn römische Meilen — vier Stunden — betrug.

Die Mitte bildete der Kern des Fußvolks unter dem alten Severus, auf dem rechten Flügel befehligte der Franke Nevitta eine Heersäule von mehreren Legionen, die, entlang dem Euphrat, meist in Augenweite von der zu Thal segelnden Flotte, zog. Den linken meist bedrohten Flügel bildete Reiterei, größtenteils Germanen, unter Serapio. Die Nachhut befehligte der Alamanne Dagalaif.

Das Gepäck ward unter sehr starker Bedeckung nachgeführt: — denn für dieses war, abgesehen von dem Heere der Perser, ganz besonders die Raubsucht der arabischen Reiterhorden aus den benachbarten Wüsten und der Sapor unterworfenen oder verbündeten Saracenen zu fürchten. Hier bei dem Gepäck ward auch mitgeführt die große und mannigfaltige Menge verschiedenartiger Belagerungswerkzeuge, auf die der Feldherr für diesen Krieg ganz besonderen Wert legte.

Der Unermüdliche hatte in mancher Nachtstunde, wann er sich in Maximus müde geforscht, durch Abwechslung Erholung suchend, über allerlei Verbesserungen der alt hergebrachten Geschütze und Geschosse nachgesonnen; und einzelne der von ihm eingeführten Neuerungen an Ballist, Skorpion oder „Wildesel" (— Onager —), Widder, Katapult und „Hämmerlein" (malleolus) — eine Art von hohlen Brandpfeilen — wurden von den römischen Heeren dauernd beibehalten, noch lange nach dem Tode des sinnreichen Erfinders.

Jovian erhielt, seinem Wunsche gemäß, die ehrenvolle, aber höchst gefährliche Aufgabe, mit einer Schar von fünfzehnhundert Reitern — zum Teil Germanen, denen Fußkämpfer beigemischt waren — den Aufklärungs- und Sicherungsdienst für das ganze Heer zu übernehmen; das heißt also unausgesetzt die Vorhut zu bilden, jedoch auch die linke Flanke (— die rechte deckten der Euphrat und die Flotte —) und die Nachhut in weiten Ringen zu umkreisen und jedes verdächtige Zeichen pfeilschnell zu melden: in einem Feldzug in Asien — gegen parthische und arabische Reiter — wichtiger und schwieriger als bei Kriegführung gegen irgend andre Feinde.

Julians von der alten Imperatorensitte hergebrachte Stelle im Zuge wäre die sicherste von allen gewesen: die an der Spitze des Fußvolks in der Mitte. Allein sein Feuereifer duldete ihn hier nie lang: vielmehr begab er sich an der Spitze seiner berittenen Leibwächter bald an die Spitze, bald an den Schluß, auch wohl an die Flanken des Zuges, wo immer sein Eingreifen erwünscht schien.

Von Circesium an führte der Weg nach Südosten auf dem linken Euphratufer stromabwärts durch eine weite, unfruchtbare, dürre Ebene, einen Teil der arabischen Wüste, darin nur Horden zeltender Araber — »Arabes scenitae« — schweiften. Das Land war durchaus flach, so flach wie der Spiegel eines Meeres; fast nur Wermutbüsche bedeckten den sandigen Boden, aber auch andres Strauchwerk, das etwa kärglich gedieh, nahm von dem starken Salzgehalt des Grundes einen bittern, scharfen Geschmack an.

In der baumlosen Öde trieben sich bloß Antilopen und Wildesel um: oft sah man in der Ferne am Saume des Horizonts seltsame Gestalten sturmgeschwind dahin jagen wie fliehend Gewölk: es waren eilige Trappen und pfeilschnell laufende Strauße: durch Androhung schwerster Strafen nur vermochte der Feldherr die Jagdlust seiner Germanen zu zügeln, die gar oft Reih und Glied verließen, solch nie gesehen abenteuerlich Wild zu verfolgen. Ja, als nach zwei Tagemärschen bei der von den Einwohnern fast völlig verlassenen Stadt Dura Rudel aufgescheuchter Hirsche sich auf der Flucht vor den Verfolgern in den Euphrat warfen, ließen sich Bataver und Friesen nicht abhalten, nachschwimmend die raschen und starken Tiere einzuholen und sie dem Feldherrn lebend als Geschenk zu bringen. Die wenigen in Dura Zurückgebliebenen zogen den Feinden mit Palmzweigen in den Händen entgegen, und für den Imperator brachten sie ein befremdliches Ehrengeschenk: einen furchtbaren Löwen, die Pranken mit dicken Tauen gefesselt.

Nachdem Julian mit seinen Feldherren das Ungeheuer angestaunt, befahl er, auf die Bitten des „Kleeblatts" und Sigibrands, des Theologen, vor einer Reihe seiner Germanen die Seile zu durchschneiden. Es geschah. Der Löwe stemmte das entfesselte Haupt gegen die Erde, erhob ein furchtbar Gebrüll, sträubte die Mähne, peitschte die Flanken mit dem Schweif, kauerte nieder und sprang dann in gewaltigem Satz gegen die Krieger: augenblicklich brach er, von ihren fünf Wurfspeeren durchbohrt, tot zur Erde. Die etruskischen Zeichendeuter Julians liefen erschrocken herbei, — zu spät wollten sie abmahnen. Denn das Zeichen bedeute: „ein großer Herrscher, der angreife, werde fallen." „Bah," meinte Julian, „Sapor griff zuerst an: ich verteidige mich nur durch den Angriff." Serapio aber lachte. „Schade, daß ich nicht aber= oder götterglaübisch bin." — „Weshalb?" — „Ich könnte das Zeichen so deuten: Germanen, die treu zusammenstehen, bezwingen den stärksten Feind."

Auch der folgende Tag, — der siebente April, — brachte ein „Göttervorzeichen".

Gegen Sonnenuntergang nahte auf raschen Schwingen des Westwinds ein heftiges, kurzes Gewitter. Der einzige Blitz streifte, ohne ihn zu schädigen, einen Troßknecht, der zwei Pferde aus der Tränke führte. Der Mann hieß Jovianus. Daß das Omen nicht dem Troßbuben gelte, sondern dem Magister Militum, und daß es für ihn eine Erhöhung durch die Gunst der Götter bedeute, darüber waren alle Haruspices im Lager einig. Im übrigen stritten sie, ob es für Julians Kriegszug ein „Warnblitz" oder ein „Zustimmungsblitz" sei. Sein Freund Jovianus sprach mißbilligend: „es beweist nur, wie Christi Gnade waltet." „Und ich meine," schloß Serapio, „es beweist, daß nicht alle Blitzschläge töten."

So abergläubisch der Mystiker auf alle Zeichen und Omina achtete, zuweilen überwog doch seine Freude am Witz, zumal, wann es galt, die Seinen vor Entmutigung zu schützen. Bei dem Aufbruch von Dura mußte ihm ein anderes Pferd vorgeführt werden: — der treue „Argos", Eusebias Geschenk, bedurfte nach der Überanstrengung dieser Tage für einige Zeit der Schonung. Als nun der stattliche Brandschecthengst vorgeführt ward, ein Beutestück von Dura, reich aufgezäumt, mit goldenen Zierscheiben und mit Edelsteinen und Perlen an Zügel, Sattel und Bügeln geschmückt, fragte Julian, wie man das schöne Tier genannt habe? „Persia," antwortete Hippokrenikos, der es am Zaume hielt. Sowie aber der Imperator heranschritt, aufzusteigen, scheute das Pferd vor einer blitzenden Waffe, riß sich los, rannte ein paar Schritte dahin, stürzte und schlug, zitternd vor Schreck, um sich, Gold und Edelsteine weithin verstreuend. „Ein böses Zeichen," murmelten die Römer. „Nein, gar nicht!" lachte Julian. „Ihr seht ja: zitternd liegt mir die gestürzte Persia zu Füßen, all' ihre Schätze verlierend."

In der folgenden Nacht ward das ruhende Heer von einem Stoßsturm aus Nordosten überfallen, der den losen Sand der Wüste haushoch aufwirbelte und gar viele der schweren Lederzelte auf die Schläfer niederwarf.

XXXV.

Endlich erreichte man, vier Tage nach dem Aufbruch von Dura, — näher am Euphrat — wieder fruchtbares Land. Die Stadt Anatha, auf einer Insel des mächtigen Stroms gelegen, durch Befestigungen auch auf dem linken Ufer geschützt, machte Miene, den Weiterzug des Heeres zu sperren: allein als die Kriegsschiffe drohend heranbrausten, erschraken die assyrischen und arabischen Bewohner und baten, indem sie als Zeichen der Unterwerfung einen bekränzten Stier übersendeten, um Schonung. Hier wurden Römer befreit, die vor vielen Jahrzehnten in Gefangen=

schaft geraten waren: sie dankten Julian und Mars dem Befreier.

Erst jetzt, bei dem tiefern Eindringen in den Süd⸗ osten, stieß das Heer auf Widerstand: die Perser wollten wenigstens ihre reiche Provinz Assyria verteidigen.

Denn die List Julians war vollständig gelungen: der Großkönig hatte, getäuscht durch seine getäuschten Kund⸗ schafter, all seine ungezählten Scharen gen Norden, an den Tigris, entsendet, den allein er gefährdet glaubte. So war es gekommen, daß die Römer ohne Schwertschlag so tief in sein Reich eindringen konnten bis hundertzwanzig Stunden von Circesium. Die Verteidiger machten sich im freien Feld erst spürbar bei der alten Wallmauer von Makepraktta, die weiland die Könige der Assyrer zum Schutz ihrer Grenzlande gegen die Einfälle der Meder er⸗ richtet hatten: sie lag längst in Trümmern.

Durch Eilboten hatte Sapor seine nach Norden ent⸗ sendeten Heere zum größten Teil zurückbefohlen. Nun end⸗ lich waren der persische Kronfeldherr, „der Surenas", und Malek Rodosakes, der Emir der Araber des Stammes Ghasan, an dem Euphrat eingetroffen.

Jedoch wagten sie, trotz ihrer starken Übermacht, keine Schlacht: sie begnügten sich, den Zug des Römerheeres überall mit ihren ungezählten leichten Reitern zu um⸗ schwärmen, wie die Geier der Wüste den einsamen Wanderer, jeden Zurückgebliebenen abzufangen, auch gelegentlich eine kleine Abteilung anzufallen.

Als bei einem solchen Anlaß Fahrlässigkeit und Feig⸗ heit drei Geschwadern thessalischer Reiter eine arge Schlappe zuzogen, — sie ließen sich von den parthischen berittenen Bogenschützen des Surenas überfallen und eine Standarte abnehmen, — da ließ Julian, der auf die Meldung hin selbst, von der Tafel aufspringend, herbeigejagt war, die

Angreifer zu vertreiben, die ganze Strenge altrömischen Kriegsrechts walten. Die beiden schuldigen Tribuni wurden aus dem Heere gestoßen, zehn der feigsten Reiter hingerichtet, alle aber, nachdem man ihnen die Pferde und die Speere abgenommen, zur Strafe zu dem beschwerlichen und minder rühmlichen Troßdienst bei dem Gepäck verurteilt.

Kleinere Städte, wie Thilutha und Achaiachala, und unbedeutende Burgen ließ der Zug als ungefährlich an dem Weg liegen, andere Städte wie Baraxmalcha, Diakira, Pazogarbana fand man geräumt und verlassen.

Wirksamer noch als ihre parthischen und saracenischen Reiter riefen die Feinde gegen die Eindringlinge ihre Ströme zu Hilfe. Sie durchstachen bei der Annäherung der Römer die Deiche, welche die zahlreichen Kanäle zwischen Euphrat und Tigris verbanden und deren Bewässerungen das Land seine überschwengliche Fruchtbarkeit verdankte, so daß Weizen und Gerste hier das dreihundertfache der Aussaat trugen. Jetzt verwandelten die Assyrer ihr reiches Land in einen See: die Wasser der Kanäle überfluteten alle Straßen und machten sie ungangbar; wiederholt drang nachts die plötzlich bewirkte Überschwemmung in das römische Lager, Mann und Roß ertränkend.

Allein Julians findiger Geist und die unermüdliche Anhänglichkeit der ihm blind vertrauenden Legionen überwanden alle Schwierigkeiten: zu vielen Tausenden wurden die herrlichen Palmen gefällt, die den Reichtum wie den Schmuck der Landschaft bildeten: zählten doch die dankbaren Assyrer der Verwendungen dreihundertfünfundsechzig auf, — „so viele als Tage im Jahr" — zu denen Stamm, Zweige, Blätter, Saft und Frucht der „göttlichen" Palme ihnen bienten. Ganze Wälder dieser Bäume wurden nun gefällt, die unterbrochnen Straßen auszuflicken, die Dämme zu ersetzen, kleinere Kanäle zu überbrücken, Flöße zusammenzufügen, auf denen breitere Wasserläufe überschritten wurden. Julians Erfindung war es, das Schwimmen dieses Gezimmers durch lufterfüllte Schweinsblasen und Schläuche auch bei schwerer Belastung zu sichern. Er selbst schwang so eifrig Axt und Schaufel, daß die des Schreibrohres gewohnte Hand bald schmerzende Schwielen trug. Sein Purpur bleichte, so oft ward er bei der Arbeit von dem spritzenden Wasser durchnäßt.

Eine Erholung schien es den Legionen, als sie, nach Überwindung dieser Schwierigkeiten, endlich Kriegsarbeit zu thun bekamen. Den Weg nach Ktesiphon, der Hauptstadt des Großkönigs, sperrte, etwa zwanzig Stunden weiter Euphrat aufwärts, die starke Feste Piri-Sabor, die zweite Stadt des Landes, groß, wohl verteidigt durch eine hohe Doppelmauer und einen Arm des Stromes: mutig wehrten sich der Satrap Mamerses und die zahlreiche Besatzung. Aber ein neuer von Julian erfundener Sturmbock zerschmetterte schon am zweiten Tage der Belagerung mit einem von dem Erfinder selbst gezielten Stoß eine Mauerecke: durch die Bresche drangen die „Cornuti", von Jovian geführt, in die Stadt und trieben die Verteidiger in die Hochburg hinter der zweiten Umwallung.

Sofort begann der Angriff auf diese: anfangs wurden die Römer durch die Geschosse hoch von der Mauer her stark gelichtet, ein paar ihrer Katapulte und Ballisten durch Felsstücke zertrümmert, andere durch Feuerpfeile in Brand geschossen. Jedoch am Abend des Tages nahte sich, langsam geschoben, aber unaufhaltsam näherbringend, ben erschreckenden Verteidigern ein nie gesehenes Ungeheuer: eine „Helepolis", „Städtebezwingerin", eine ebenfalls von dem Philosöphlein erheblich vervollkommnete Erfindung: auf gewaltigen Rädern, von vielen Hunderten von Kriegern gezogen, ein Kriegsturm, dessen oberstes Stockwerk die Wallkrone überhöhte. Julian stand auf dieser obersten Brüstung, er erteilte, nach unten rufend, die Befehle. Da ward der Tollkühne zu Boden geschleudert von einem Gewölk von Geschossen und schweren Steinen: aber sofort sprang er, stark blutend, wieder auf. Und als er mit eigner Hand das Seil durchhieb, das bis dahin die Zugbrücke zurückgespannt gehalten hatte, diese Brücke dröhnend niederschlug und der Imperator, allen voran, festen Schrittes auf die Mauerkrone trat, — da entfiel den Persern der Mut, sie warfen die Waffen weg und baten um Gnade, die Julian dem tapfern Satrapen und den noch übrigen dritthalbtausend Verteidigern gern gewährte.

Allein nachdem der reiche Vorrat an Getreide, Waffen, kostbarem Gerät unter die Sieger verteilt, anderes für den Weiterzug aufgespart, das Überflüssige in den Euphrat geworfen war, schleuderte Julian selbst die Fackel in die Stadt: „Amida ist gerächt!" rief er. „Ich hatt' es dem Genius Roms gelobt. Der erste Sieg über die Perser! Was werden meine lieben Antiochener sich freuen!"

Altrömische Kriegssitte immer gern erneuend, überreichte er vor dem versammelten Heere Jovian eine Mauerkrone, weil er, auf Leitern stürmend, der erste auf dem Walle von Hoch-Piri-Sabor gewesen war. Und als die Krieger ihn drängten, auch sich selbst diese Ehre zuzuteilen als dem vordersten auf der Fallbrücke, lehnte er das ab, indem er lächelte: „ich bin nur von oben her auf den Wall gelangt!"

Bei dem Nachtmahl lachte Serapio: „Denk' nur, Pontifex Maximus, auch dein Theologe, der Sachse, ist vom heiligen Geist erfüllt: — wenigstens von dem der Enthaltsamkeit und der Einfalt. Sieh nur, er schenkt dir diese herrlichen Perlen." Dabei schüttete er zwei Hände voll der wertvollsten Perlen auf den Tisch.

„Das ist ja ein Vermögen," staunte Jovianus.

„Jawohl. Sigibrand fand in einem halb verbrannten Hause — wohl eines Schmuckhändlers — einen sehr schönen wasserdichten Ledersack: er warf seinen zerrissenen Brotbeutel von Segeltuch fort und füllte den erbeuteten mit Brot und Fleisch, indem er den Inhalt, ‚runde Steinchen, Kinderspielzeug', meinte er, durchs Fenster auf die Straße warf, wo ich vorüberging. Meine Belehrung schlug er in den Wind. „Bring' sie dem gütigen Feldherrn," rief er, „ich mag nichts überflüssiges tragen bei solcher Hitze!" — „Wir wollen sie für den Mann verwahren," schloß Julian. „Nicht alle Theologen sind so uneigennützig."

Allein noch war der Weg nach Ktesiphon nicht frei.

Etwa fünfzehn Wegstunden weiter stromabwärts erhob sich zum Schutz der Hauptstadt eine zweite Festung: Mazamalcha. Ebenfalls eine Doppelmauer von Ziegeln und Erdpech, ein tiefer Graben und sechzehn starke Türme verteidigten die Burg. Sie konnte nicht unbezwungen im Rücken bleiben, sollte Ktesiphon angegriffen werden. Julian übernahm selbst die Leitung der Belagerung, während er Jovian mit einer starken Schar aussandte, bis gegen Ktesiphon und den Tigris hinzustreifen und Überraschung durch ein Entsatzheer zu verhüten.

Bei dem ersten Ritt, welchen der Feldherr unternahm, die äußerste Befestigungslinie zu erkunden, drohte ihm abermals — wie kurz vorher auf dem Kriegsturm — haarscharf der Tod. Zwei vornehme Perser, die, aus Piri-Sabor entkommen, ihn kannten, hatten bei Ormuzd geschworen, ihr Leben zu opfern, diesen unaufhaltbaren Feind des Großkönigs zu erlegen. Wie nun der Imperator gespannt nach vorwärts spähte, die Höhe des Walles abschätzend, sprengten sie plötzlich aus der Pforte eines Seitenturmes mit geschwungenen Krummsäbeln auf ihn los. Beide Hiebe zugleich fing er geschickt mit dem runden Reiterschild und stieß mit dem Schwerte den einen Angreifer vom Roß, während der andere von Nevittas Speere fiel. „Dank dir, Freund!" sprach Julian, ihm die Hand reichend. „Seltsam, daß Zeus Soter zu meiner Errettung sich so gern der Germanen bedient!" Während nun in den nächsten Tagen scheinbar nur die Belagerungsmaschinen die Wälle bedrohten, ließ der Erfindungsreiche in den dunkeln Nachtstunden einen Minengang graben: Serapio, Nevitta und Dagalaif erboten sich, das schwierige Werk zu übernehmen, und vollendeten es vortrefflich zum Staunen der Römer. „Nicht nur Bären, auch Maulwürfe können sie sein, diese Barbaren," sprach Julian verwundert. Unter dem Festungsgraben durch war die Ziegelmauer dahinter erreicht und an einer schmalen Stelle durchbrochen worden. Serapio führte als der Vorderste die drei erlesenen Kohorten, — fünfzehnhundert Mann — die um Mitternacht, einer hinter dem andern, geräuschlos in die lange dunkle Röhre tauchten. Nicht ohne Bangen sah Julian ihre Helme im Schoß der Erde verschwinden: denn bei der raschen Arbeit hatten weder die Stützbalken noch die Luftlöcher überall in genügender Zahl angebracht werden können. Aber unverschüttet, unerstickt, unentdeckt, gelangte die kühne Schar durch den engen Gang.

Schon spürte Serapio den Atem der freien Luft: er

arbeitete sich aus dem schmalen Loch empor: er stand in der Stadt, hinter dem Wall! Er berührte stumm seinen nächsten Hintermann, Voconius, dieser seinen Folger, und so ging es zurück bis zu dem Eingang der Mine.

Jetzt gab Julian, an der Außenmündung gespannt harrend, das Zeichen: die Trompeten schmetterten rings um die Festung her, mit Fackeln brachen die Römer schreiend aus ihrem Lager: ein allgemeiner Sturm sollte mit seinem Lärm die Verteidiger ablenken von der wahren Gefahr. Mit stolzem Gleichmut sah der Befehlshaber der Feste, der Satrap Nabbates, von den Zinnen auf diesen verfrühten Sturmlauf herab: er steckte den krummen Säbel ein, ließ sich eine Lyra bringen und sang höhnend auf die Römer herab:

> „Groß ist, groß ist Julianus,
> Aller Mäuslein größte Maus!
> Aber größer doch ist Sapor,
> Aller weißen Elefanten
> Weißester und heiligster.
> Eher wird Julian, das Mäuslein,
> Stürmen Ormuzds Sternenfeste,
> Die sich hoch am Himmel hinwölbt,
> Als den Wall von Mazamalcha."

Es war sein letztes Wort. Denn im selben Augenblick hieb ihn Serapio nieder. Der war mit einem Teil der Seinen von der Straße in einen der leeren Türme gedrungen, deren Verteidiger alle auf der Mauer standen, leise die Schmaltreppe hinaufgeeilt und nun aus dem Turmthor auf den Wall gelangt. Zugleich hatte Voconius das nächste Stadtthor von innen aufgestoßen und die Stürmer hereingerufen. Da war es aus mit Mazamalcha.

Die Feste ward der Erde gleich gemacht und sofort, aus den noch rauchenden Trümmern hinweg, riß der Un=

ermüdliche sein Heer vorwärts nach Ktesiphon, dem so heiß ersehnten Ziel.

Wie der Imperator bei dem Aufbruch über die Brandstätte auf das Südthor zu ritt, glaubte er, aus einem der halbverbrannten Häuser ein leises Wimmern zu vernehmen. Augenblicklich war er aus dem Sattel, schon stand er in dem vordersten Wohnraum des Häusleins: da lag über den mit Asche bedeckten Herd hingestreckt ein schöner Knabe von etwa zehn Jahren, das Antlitz und die braunlockigen Haare von Rauch und Kohlen geschwärzt; er umfaßte mit beiden Armen die Trümmer des herabgestürzten Herdgottes. Julian richtete den Klagenden auf und sprach ihn auf persisch an: aber der Knabe gab durch Zeichen zu verstehen, daß er stumm sei, nicht antworten könne. „Wo sind deine Eltern?" fragte der Imperator.

Weinend deutete das Kind: „Tot! Verschwunden!" — „Wie heißest du, Armer?" Da wandte sich der Kleine zu der von Asche bedeckten Herdplatte und schrieb auf diese mit dem Zeigefinger in lateinischer Sprache: „Infortunatus nannte mich Stummen die Mutter, eine gefangene Römerin." „Nun," rief Julianus, freundlich über des Knaben Gelock streichend: „diesen traurigen Namen will ich nach Kräften widerlegen. Ihr Freunde," sprach er zu den jetzt Eintretenden gewendet, „als meinen Anteil an der Beute von Mazamalcha verlange ich nur diesen armen Knaben. Komm, Infortunatus, gieb mir die Hand. Du teilst fortab mein Zelt! Du sollst nicht ganz Infortunatus bleiben."

―――

Auf dem Wege nach der Hauptstadt des Perserreichs trafen die Vordringenden an den Ufern des Tigris eine Reihe jener mit jedem Reiz geschmückten Gärten — der „Paradiese" —, die dies Volk mit altgepriesener Kunst anzulegen verstand. Bunte Blumenbeete, in allen Farben strahlend, — die Teppichgärtnerei hat hier ihre Heimat — Schattenhaine, plätschernde Springbrunnen überall. In besonderen Jagdgehegen des Großkönigs wurden Elefanten, Löwen, Tiger, Panther, Leoparden, Bären, Wild=Eber in Menge gehalten.

Julian ließ hier der Jagdlust seiner Germanen freien Lauf und das Kleeblatt sowie Serapion erschienen am ersten Abend bei den Lagerfeuern ganz unkenntlich in den Fellen der erlegten Ungetüme; der „Theologe" schwitzte unter der Last von zwei Löwenfellen, die er von dem Tigris an die Weser seinen beiden Buben mitzubringen bei Sassenot gelobte. Auch Julian erlegte dort — mit vier Lanzenwürfen — einen mächtigen Löwen, dessen Fell er fortab statt des Kriegsmantels über sein einfaches Lager — eine Schüttung Schilf — spreitete.

Der Feldherr wußte aus der Geschichte früherer Perser= kriege, ja auch noch aus den Niederlagen seines Vorgängers, daß wiederholt die Pferde der römischen Reiterei vor dem Anblick, dem Trompeten — man sagte, auch vor dem Ge= ruch — der Elefanten gescheut und in unaufhaltsamer Flucht das eigene Fußvolk niedergerannt hatten. Er beschloß, die Tiere an Anblick und Anhören jener Ungetüme zu gewöhnen, indem er selbst, seinen Reitern zum Vorbild, unermüdlich viele Dutzende von Pferden, trotz ihres heftigsten Sträubens, einigen erbeuteten und eingekauften Elefanten entgegen= führte, nicht ohne wiederholt von den entsetzt Steigenden, sich Bäumenden, Davonrasenden abgeworfen zu werden. „Welche Beschäftigung für einen Philosophen!" lachte er, sich die schmerzenden Schenkel reibend. „Wie damals das Stangenspringen zu Vienne!"

„Seltsam geht er doch um mit seinen Göttern, der Pontifex Maximus," sprach Serapio lachend zu Jovian. — „Wieso?" — „Er hat für den letzten Sieg Ares zehn untadelige Stiere geopfert; einer riß sich los, ward mit Mühe eingefangen und geschlachtet und erwies nun, wohl weil sich das arme Vieh — mit Recht! — lebhaft geärgert hatte, — ungünstige Zeichen an Leber und Galle. Was thut der fromme Opferer? Ganz unwillig erklärt er Vater Zeus, er werde fortab dessen Sohn Ares nie mehr opfern! Er verklagt den Gott bei dem Vater! Das ist ganz ähnlich wie bei uns daheim ein Alamannenkönig ein Holzbild des Schwertgottes ins Feuer geworfen hat, als er, nach vielen Opfern um Sieg, gleichwohl geschlagen nach Hause kam. Aber jener Gaukönig Eburgrimm gab sich wenigstens nicht für einen Philosophen!"

Damals erfüllte der Name Julians die Perser mit solchem Schrecken, daß er von ihren Malern dargestellt wurde als ein rasender Löwe, aus dessen aufgerissenem Rachen ein allverzehrender Feuerstrom sprühte.

Aber diese seltsam gemischte Seele, dieser kriegerische Stürmer hatte doch gar nichts von einem reißenden Tier. Nicht einmal von einem begehrlichen Menschen! Drei Sommerpaläste des Großkönigs waren auf dem Wege von Mazamalcha nach Ktesiphon angetroffen worden: aus dem ersten hatten die zahlreichen Weiber und Mädchen nicht mehr geflüchtet werden können, die hier die Frauenhäuser Sapors füllten. Dreißig von ihnen wurden gefangen. Lysias suchte Julian am Abend in seinem Zelt auf: er fand ihn, eine Schrift des Maximus auf den Knieen; aber er las nicht: sein Blick ruhte auf einer kleinen Zeichnung, die stellte ein zartes Frauenantlitz mit wunderbar fein geschnittenem Profile dar. Der Witwer hatte selbst diese Nachbildung der Büste zu Paris gefertigt.

„So schöne Beute," begann Lysias, „hat wohl kaum ein Eroberer gemacht: seit deinem Vorbild Alexandros hier, in denselben Landen. Ich habe im Leben nicht so reizvolle Mädchen gesehen als deine Braccati heute gefangen. Ich bin ein alter Mann, aber sogar mich durchzuckte der Anblick." „Ich hörte davon," erwiderte Julian und seufzte. „Willst du sie nicht wenigstens einmal sehen?" fragte Lysias lauernd. — „Nein. — Wozu? — Man soll sie schonen; sie sollen, wünschen sie es, zu den Vestalinnen nach Circesium entlassen werden!" — „Du lebst so einsam! Entbehrst du denn nichts? Mit zweiunddreißig Jahren!" — „O ja. Rufe mir doch endlich (— du hast es schon vor länger als einem Monat versprochen! —) das Schattenbild dieser — dieser da — zurück! — Nur auf einen Augenblick! Und nimm den Dank meines ganzen Lebens dafür!" — „Geduld: Bald kommt die Zeit. Ich muß die Gegenstellung von Venus und Jupiter am Himmel abwarten!"

Alsbald rückte nun das Römerheer gegen die Hauptstadt Sapors heran, das „schätzereiche Ktesiphon", die Winterresidenz der Sassaniden auf dem Nordufer des Tigris.

Sie war eine starke Festung, südlich durch den Strom, nördlich durch Sümpfe, östlich und westlich durch sturmfreie Mauern geschützt. Auf dem Südufer — gerade gegenüber — lag die Zwillingsstadt Seleukia, die alte Kolonie der Seleukiden, in der Sprache der Assyrer „Koche" genannt. Noch gar manches Hindernis aber trennte die Angreifer von ihren Zielen. Zunächst stieß das Landheer auf diese ebenfalls sehr starke Festung Koche, vor der es im Süden festgehalten war. Dann mußte es, um Ktesiphon auch von Norden wirksam einschließen zu können, den reißenden Tigris überschreiten, und endlich schien es geradezu unmöglich, die zur Beherrschung des Tigris unentbehrliche Flotte aus dem Euphrat, auf welchem sie herangeschwommen war, in jenen Strom zu schaffen. Denn der einzige Verbindungsweg zwischen beiden Flüssen, Nahar-Malcha, der „königliche Kanal", zog unterhalb der Schwesterstädte. Und ganz undenkbar war es, die Flotte, unter dem Widerstand beider Festungen, den Tigris zu Berg zu schaffen: so konnten also Landheer und Flotte, durch die Schwesterburgen getrennt, einander nicht unterstützen. Ratlos standen Severus und die alten Berufssoldaten vor der Schwierigkeit. Aber das Philosöphlein fand Auskunft. Der Mystiker und Grübler ließ sich eines Nachts in dem Lager vor Koche, nach Verabschiedung des „ratlosen Kriegsrats", wie er den Freunden lächelnd nachrief, von Oribasius, der jetzt auch die mitgeführten Bücher unter seiner Aufsicht hielt, die Geschichtschreiber aussuchen, die den Feldzug seines großen Vorgängers Trajan wider die Perser behandelten. Er glaubte sich einer Angabe zu erinnern. „Richtig," rief er nach langem mitternächtigen Suchen in Marius Maximus. „Nun werden wir die Leutchen da drüben erstaunen." Am andern Morgen ließ er durch seine Reiter einige Bauern aus den Dörfern stromaufwärts aufgreifen und vorführen. Er hatte während dieser Monate soviel von der Landessprache gelernt, daß er sie selbst — ohne Dolmetsch — vernehmen konnte.

Reich beschenkt entließ er die Erschrockenen. „Es ist, wie ich gedacht. Nun an die Arbeit! — Das halbe Heer greift wieder zur Schaufel: — die andere Hälfte steht in Waffen bereit." Julian hatte sich richtig erinnert, daß Trajan bei seiner Belagerung von Ktesiphon einen Kanal

aus dem Euphrat in den Tigris oberhalb der beiden
Städte gezogen hatte. Dieser lag seit lange verschüttet und
versandet: aber durch die Arbeit von dreißigtausend Händen,
unter Julians unermüdeter Anspornung und Mitwirkung,
ward der Wasserlauf in wenigen Tagen wieder fahrbar
gemacht: und zum Entsetzen der Perser und Assyrer auf
den Wällen der Festen rauschte die Römerflotte triumphierend
auf dem erneuten Kanal von dem Euphrat in den hoch
aufschäumenden Tigris. Julian stand im vollen Schmuck
und Gewand des Imperators am Bugspriet der vordersten
Triere und brachte, unter einem Hagel von Perserpfeilen,
den beiden Stromgöttern einen Weiheguß aus goldener
Schale dar, die er, von ihm selbst gedichtete, griechische
Verse sprechend, schließlich in die Fluten des Tigris warf.

XXXVI.

Heer und Flotte waren nun vereint oberhalb der
Zwillingsburgen. Jetzt galt es aber, das Landheer auf
das nordöstliche Ufer des Tigris zu schaffen. Auch diese
Aufgabe schien unlösbar. Denn nun war endlich ein
Perserheer, ein ungeheures, eingetroffen, entschlossen, nicht so
fast Ktesiphon zu entsetzen als vielmehr der Einschließung
zuvorzukommen, indem es den Römern bereits das Überschreiten des Tigris verwehrte. Der Übergang mußte also
durch Gefecht erzwungen werden: das aber schien unmöglich.

Der Strom ist hier sehr breit und sehr reißend, die
Nordostufer, von schlüpfrigem Lehm, fallen steil, fast senk-
recht ab; die ganze Linie war in wochenlanger Arbeit
durch starke Schanzen gekrönt worden. Und auf und

hinter diesen Schanzen standen einhundertsechzigtausend Perser: erlesene Bogenschützen aus Karduchia, Panzerreiter, ein Wald von Speeren des Fußvolks und hundertachtzehn Kriegselefanten, die, sagt ein Zeitgenosse, ein Feld voll Gerste oder voll Legionen mit gleicher Ruhe und Verlässigkeit zerstampften. Ein Brückenschlag angesichts solcher Abwehr war ausgeschlossen; ebenso eine Landung der tief gehenden Kriegstrieren an den flachen Ufern. Niemand wußte Rat: auch Julian schien diesmal betreten. Er schalt über die schlechte Verpackung der Vorräte auf den Flachbooten und befahl, achtzig solche zu entlasten, den Zustand des ausgeladenen Getreides zu prüfen. Zugleich hielt er vor den Mauern von Koche, die Merksamkeit der Feinde abzulenken, glänzende kriegerische Spiele, auch einen Schwerttanz seiner Germanen, zum Staunen der Asiaten.

Am Abend lud er alle Befehlshaber in sein Zelt zur Tafel; und als er sie, eine Stunde vor Mitternacht entließ, eröffnete er ihnen, daß um Mitternacht das Heer den Strom überschreiten werde. Schreck befiel die Kühnsten; Severus, Jovian wagten abzumahnen. Aber Julian sprach: „Sieg und Rettung liegen in dieser Stunde. Jeder Aufschub verstärkt den Feind! Vorwärts! Stellt eure Scharen!"

Eine Fackel, um Mitternacht in hohem Bogenschuß in den Strom geworfen, gab das Zeichen. Fünf jener Flachboote, besetzt von Legionaren, stießen ab: in lautloser Stille stand das Römerheer unter dem Schutz der Nacht dicht an dem Strom. Plötzlich flammte drüben auf dem Norduser ein gewaltig Feuer auf und lautes Geschrei drang herüber. Julian erschrak bis ins tiefste Herz; er begriff recht wohl, seine kühnen Schifflein waren vom Feind entdeckt und mit Feuerpfeilen in Brand gesteckt.

Aber rasch faßte er sich und rief: „Seht das Zeichen,

das ich den Unsern anbefahl! Sie sind gelandet — haben die Uferhöhe erklommen. Nach! Alle nach!"

Sofort rauschten alle Schiffe in die Flut, auch die zur Landung nicht bestimmten. Denn der Widerstand von so viel tausend Kielen sollte die Gewalt der Strömung brechen für alle; — und sie brachen ihn! Die flacher gehenden Boote erreichten das Nordostufer noch gerade recht, ihre verwegenen Vorläufer herauszuhauen. Zwar das Erklimmen der steilen Ufer, in der schweren Rüstung, unter einem Hagel von Wurfspeeren, Pfeilen, Feuerbränden Steinen war ein hart Stück Arbeit. Aber das leichte Fußvolk der Germanen, geführt von Julian selbst, erkletterte zuerst den Höhenrand und hielt da oben das mörderische Gefecht so lang, bis die Massen, zuletzt auch die schweren Legionare der Jovianer und der Herculianer, nachdrangen und nun das ganze Römerheer enggeschlossen, Mann an Mann, in eherner Reihe auf die Feinde traf.

Diesem Anprall hielten Perser und Parther, Araber und Assyrer nicht stand. Zumal, als ihre Elefanten, scheu geworden durch die ihnen entgegengeschleuderten Feuerbrände, Kehrt machten, ihre Führer abwarfen und nun die Reihen des eignen Fußvolks, laut trompetend, mit wild geschwungenen Rüsseln, niederstampften: da war's zu Ende.

Nur wenige der Elefantenführer behielten bei der Wut ihrer Tiere die Ruhe und den Mut, die Weisung auszuführen, die sie alle für diesen Fall erhalten hatten, dem scheu rasenden Elefanten den scharfen Lenkstachel in den obersten Rückenwirbel zu stoßen, wodurch das riesige Untier sofort getötet werden kann.

In wilder Flucht entschart jagten die vielen Zehntausende, der Surenas zuerst und der Emir der Ghasaniden, das Ufer entlang stromabwärts. Bis vor die Thore von Ktesiphon hieben sie nach, die verfolgenden Reiter des Siegers Julian.

XXXVII.

Herrlich dufteten viele Tausende von Blumen in dem Garten des Königshauses in Susa, der ältesten Residenz des Perserkönigs. Herrlich sangen Hunderte von Nachtigallen in den Blütenbüschen; lieblich plätscherten, in eintönigem Falle, Kühlung durch die abendliche Sommerluft verbreitend, zwanzig Springbrunnen. Bunte Vögel wiegten ihr schillernd Gefieder in goldnen Reifen, die an seidenen Schnüren von den Palmenwipfeln niederhingen; hinter versilberten Gittern schritten die gefangenen Könige der Wüste, Löwen und Tiger, auf und nieder, so völlig gezähmt, daß die Löwen willig den Siegeswagen ihres Gebieters durch die lärmenden Straßen der Königsstadt zogen, die Tiger sich zum Schemel seiner Füße machten; aus dem Frauenhause neben dem marmornen Gartensaal klangen liebliche Stimmen junger Weiber, die zu Flöte und Schalmei zärtliche Weisen sangen; köstlich duftender Palmwein, in hohem schlankem Goldpokal, stand, von Eis gekühlt, in dem bauchigen Becken auf dem Pardelfell neben den Seidenpolstern des Großkönigs: und doch zeigte Sapors mächtiges Antlitz keine Spur von Freude oder nur von Befriedigung.

Der Herrscher pflegte sonst, nach dem Anstandsgesetz des Morgenlandes, keinerlei Empfindung in den starren unbeweglichen Zügen zu verraten, die aus weiß-gelblichem Marmor gemeißelt schienen. Aber heute gab sich der Großkönig rückhaltlos dem Ausdruck von Schmerz und Sorge hin, obwohl mehrere seiner Feldherren und Kron=

räte und viele Boten aus dem Heerlager um ihn her standen. Als der zuletzt gekommene Melde=Läufer seinen Bericht beendet hatte, hob der König, in einer langsamen steifen Bewegung, beide Arme und das Haupt gerade in die Höhe und verharrte eine Weile stumm in dieser Haltung: dann nahm er langsam die hohe, nach oben spitz zulaufende Persermütze von weißer Seide, die von Rubinen, Smaragden und Saphiren übersät war, ab und setzte sie weit von sich zur Erde; nun fing er an, langsam die Perlen und Edelsteine, die feinen Goldkettlein, die durch sein ergrauend Haar geschlungen waren und in den mächtigen, breiten, die ganze Brust bis auf den Goldgürtel bedeckenden silberweißen Bart, eine nach der andern auszulösen und auf dem Boden um sich her zu verstreuen; zuletzt erhob er sich von dem weichen Diwan, auf dem er in steif aufrechter Haltung gesessen, und legte sich, ohne ein Wort zu sprechen, aber mit dem Ausdruck tiefsten Grames, auf dem nackten kalten Marmorboden auf den Rücken, beide Arme rechts und links weit ausgestreckt.

Bei diesem Anblick brachen die Großen um ihn her in lautes Wehegeschrei aus: sie warfen sich auf beide Kniee und riefen alle — bis auf einen — dreimal: „Ormuzd, Ormuzd, Ormuzd!

Rette! Hilf! Räche! Dein Sohn liegt in Verzweiflung hingestreckt. Ormuzd, rette, hilf, räche! Rette den Saan=Saon, den König der Könige, den Piroses, den Sieger im Kampfe." Nun sprangen sie alle auf, erhoben ehrfürchtig den Herrscher vom Boden und setzten ihn wieder auf den Diwan.

„Beherrscher des Weltalls," begann jetzt der Älteste der Satrapen, Jparna von Kuschan, „du hast uns gezeigt durch deine Gebärden: du liegst in dem tiefsten Abgrund des Grams. Von dir gelegt hast du die Abzeichen deiner

Königschaft. Wer von deinen Knechten nun nicht den letzten Atem, den letzten Blutstropfen einsetzt, dich wieder zu den Sternen zu erheben, die deine Brüder sind, — der ist ein Hund und seine Mutter war eine Dirne. Du bist ja noch lange nicht, nein, niemals wirst du sein am Ende deiner Macht! Wer zählt die Namen aller deiner Reiche auf? Wahrlich, mehr Völker hast du als dein Feind Legionen: Perser und Parther, Blemyer, Araber und Saracenen, Assyrer, Meder und Susianer, Chaldäer, Carmanier und Hyrcanier, Margianer, Baktrianer, Sogdianer, Saken, Seren, Skythen, Essedonen und Gedrosen, Paropanisaden, Drangianer, Arachosen und Chioniten, Eusener und Gelonen! Schon wogen auf dein Gebot heran alle Wellen dieses Meeres von Völkern! Und wir, deine Satrapen, die wir das Zeichen deiner Verzweiflung gesehen, wir schwören, dich aufzurichten oder zu sterben."

Kaum merklich nickte Sapor mit dem majestätisch starren Haupte, als er sprach: „da liegen, auf der Erde verstreut, in den Schmutz geworfen, die Zeichen der Gottessohnschaft. Hier bleiben sie liegen: — nicht eher leg' ich sie wieder an, bis die Schmach gesühnt, der heilige Boden von der Fußsohle des Fremdlings befreit ist. Schon hab' ich ein Opfer von drei Centner Weihrauch und Myrrhen gelobt: — ich verdoppel' es, Ormuzd, hörest du mich. Nun vernehmt meine Befehle. Ihr wisset, wie dieser Sohn des Abgrunds, Chulchianosch, ein Sendling Ahrimans, unaufhaltsam bis an die Königsstadt der Sonne vorgedrungen ist. Unsere stärksten Festen hat er gebrochen, mit frevler Hand den Lauf der heiligen Ströme abgelenkt, mein größtes Heer geschlagen, hart bedrängt ist Ktesiphon die Sonnenburg: — so meldet der letzte Bote. Der Surenas, der sich schlagen ließ, der Ghasanide, der mit ihm aus der Schlachtreihe floh, — die weißen Elefanten Ormuzds haben sie zerstampft auf mein Gebot. Wer von euch, meine Feldherren, hat Lust, sein Nachfolger zu werden? Wird er geschlagen, — die Elefanten stehen stets bereit. Ich hab's geeidet."

Sofort riefen gleichzeitig die beiden jüngsten der Versammelten, zwei schöne Jünglinge, Sapor sehr ähnlich, von etwa zwanzig und fünfundzwanzig Jahren: „ich, Vater, dein Sohn Varanes." „Ich, dein Sohn Varahanes."

Wohlgefällig sah der König aus seinen großen, runden, feierlichen Augen, deren Brauen mit glänzend-schwarzem Kohlenstaub gefärbt waren, auf die beiden: „meine Söhne? Die Hoffnung der Zukunft? Nein!"

Da neigte ein anderer der Satrapen, ein kraftvoller Mann von etwa vierzig Jahren — er allein hatte nicht zu Ormuzd gebetet — das Haupt bis fast zur Erde und begann: „O König der Könige. Ich bin bereit." — „Du, tapfrer und weiser Merenas? Du bist kein Perser, Satrap von Hathra, bist Armenier." — „Und wir Armenier gelten für treulos, ich weiß. Ich werde unsern Leumund bessern." — „Du bist aber auch — wie die meisten eures Volkes — Christ. Sahak, dein älterer Bruder, ist der Bischof der armenischen Hauptstadt." — „Ebendeswegen! Glaubst du, ein Christ wird jenem Bluthund den Sieg wünschen, dem Auswürfling der Hölle, der die heilige Kirche noch viel scheußlicher verwüstet als er dein Reich verheert? Glaube meinem Haß! Mein Bruder, der Bischof von Kârana, hat den großen Kirchenfluch schon öffentlich über den Apóstata verkündet. Er wird sicher seinen König, den frommen Tirânes, gegen jenen . . .! Doch davon später. O, warst du je mit meinen Diensten zufrieden, — vergönne mir es, — mir vor allen! — diesen Dämon des Abgrunds zu verderben. Gieb mir meinen jüngern Bruder Nohordates zum Gehilfen: — der ist listiger Anschläge reich! — Gieb mir unbeschränkte Vollmacht, Friede zu schließen oder den Feind — mit jedem Mittel! — zu verderben. Und ich befreie dein Land: oder ich suche selbst die weißen Elefanten auf in ihrem Tempelhause zu Ekbatana. Mein Weib, meine Kinder laß ich dir als Geiseln."

„Merenas," sprach Sapor, „ich glaube dir. Doch sag' mir offen, — warum drängst du dich, in der Fülle des Glanzes lebend, zu diesem Wagnis, das dich leicht — unter die Füße der Elefanten führen kann?"

„Das will ich dir deutlich sagen, Herr. Ich bin dein treuer Knecht und würde für dich in der Schlacht sterben ohne Besinnen. Aber um deswillen würde ich doch den Tod nicht so herausfordernd suchen, wie ich es jetzt thue. Jedoch ich bin ein frommer Christ: und mein Bruder, der Bischof, hat verkündet: wer diesen Abtrünnigen vernichtet, der wird im Himmelreich sitzen zunächst den Aposteln."

„Wohl," sprach Sapor regungslos. „Sitze du im Himmel, wo du willst, wenn du nur auf Erden mir zu Füßen sitzest. Ormuzd und ich haben es gehört: Sieg mit dir oder die Elefanten über dir. Hier! Nimm meinen goldnen Siegelring! Du sollst allen Persern, Parthern und Armeniern gelten als mein Schwert gewordner Wille. Fort! Siege — oder stirb, Surenas!"

XXXVIII.

Sobald der Imperator vor Ktesiphon erschienen war, erforschte er — doch wieder! — durch ein Ares dem Städtebezwinger gebrachtes Opfer die Zukunft. Die Opferzeichen fielen Unglück verheißend aus. Sie hatten recht.

Denn die Schlacht, der Sieg am Tigris sollte den höchsten Gipfel bilden der Erfolge, die Julian seit seiner Erhebung aus Todesgefahr zum Cäsar in ununterbrochenem, wunderbarem Emporsteigen erreicht hatte, von Mailand bis nach Ktesiphon.

Unermeßlich war die Beute gewesen, welche die Sieger in dem eroberten Lager vor der Stadt gemacht hatten: Waffen und Sattelschmuck jeder Art, von Gold und Silber und Edelsteinen funkelnd, herrliche Rosse parthischer Zucht, Streitwagen mit vergoldeten Rädern, Tische und Bettgestelle von gediegenem Silber. Der Feldherr verteilte alles unter seinen Führern und Mannschaften. Für sich nahm er nur eine „Schiffskrone" in Anspruch — einen schlichten Reif aus Palmholz —, weil er den Gedanken des Angriffs mittels der Flachschiffe gefaßt und siegreich durchgeführt habe; vor dem versammelten Heer und vor den Wällen der Stadt ließ er sich die Holzkrone von Jovian aufsetzen: mit Staunen sahen's die Perser auf den Zinnen. Die Einschließung von Ktesiphon und Seleukia-Koche begann.

Die Bezwingung der Doppelfeste stellte harte Arbeit in Aussicht. Aber Julian dachte schon viel weiter, immer weiter! Als Jovian und Serapio von der heißen Jahreszeit sprachen, die nun bald den Nordländern jede Mühe noch erschweren werde in diesem Morgenland, lachte er: „die heiße Jahreszeit? Ja, die wird allerdings noch viel heißer sein in dem Lande, wo sie uns treffen wird. Längst nicht mehr hier! In Indien! Ja, ja! Von dem bezwungnen Ktesiphon geht's geradeswegs in den äußersten Osten."

Kopfschüttelnd sprach Jovian, als sie den Augustus verlassen hatten: das hat vor ihm kein Römer gewagt. Selbst nicht Trajan: der zog von hier nach Süden, die großen Stromstraßen hinab. Aber nicht nach Osten! In das Ungemeßne, fast nie Betretene." — „Nur einer hat's vor ihm in sieghaften Waffen betreten und durchzogen: — jener Alexandros." — „Ja, „der Göttersohn", wie er sich nannte." — „Und glaubte. Daß Julian sich das nicht glaubt, — zu Ehren seiner unglücklichen Mutter! — das allein unterscheidet unsern Freund in seinem Selbstgefühl von jenem andern „Götterliebling". Denn — hast du es nicht bemerkt? — er spielt jetzt, seit dem Aufbruch gegen die Perser, Alexandros." — „Ach, Freund, ja. Aber nicht für andere, nicht aus Trug." — „O nein, er spielt ihn für sich selbst. Er hat nie für andre geschauspielert. Aber so oft, so lang, so überzeugt für sich selbst: — er weiß es gar nicht mehr, wann er es thut. Jetzt ist es, wie früher gegen uns Germanen Cäsar, so gegen die Perser der große Makedone, der dämonisch von ihm Besitz genommen hat. Er ist — sich selbst — jetzt Alexander, wie er sich damals Cäsar war. Er hat den Alexanderwahn. Das ist die Macht, die jetzt ihn ganz beherrscht." — „Ach ja! Das wird entscheidungsvoll," seufzte Jovian, „für zwei Völker: Römer und Perser." — „Für drei." — „Wieso?" — „Auch für die Germanen am Rhein." „Meinst du?" forschte Jovianus ernst, plötzlich stehen bleibend. — „Ja, ich meine. — Aber — heute noch in Frieden: — gute Nacht, Jovianus."

Allein nun verdunkelte sich der Himmel für den so siegessichern Imperator.

Denn während das Heer, froh der erfochtenen Siege, voll Vertrauens auf den erfolggekrönten Führer, verschwenderisch schwelgend in dem Überfluß von erbeuteten und mitgeführten Vorräten, in freudigster Stimmung und Hoffnung sich wiegte, schickte der Feldherr Boten über Boten nach Norden aus, gen Nisibis. Ja, er selbst ritt, von Ungeduld, von Hast getrieben, gar oft allein auf der

Straße nach jener Richtung aus, den sehnlich erwarteten Nachrichten entgegen.

Eines Tages traf er hier auch wirklich auf einige Reiter, denen er sofort ihre Briefe aus den Händen riß: er las sie sogleich, auf der Straße, im Sattel, fuhr erbleichend zusammen und jagte spornstreichs in das Lager zurück. Hier wies er die Freunde, die seine Verstörung bemerkten, mit einer Handbewegung ab und verbrachte den Abend und die Nacht durchwachend, allein in seinem Zelt, wohin ihm Oribasius alle Straßenkarten von diesen Landschaften bringen mußte.

Am andern Morgen beschied er die Führer zu sich. Sie fanden ihn mehr angegriffen als eine durchwachte Nacht allein bewirken konnte: hatte er doch schon gar manche bei den Büchern verbracht. Matt, klanglos tönte seine Stimme, als er begann: „Die Belagerung von Ktesiphon ist aufgehoben. Der Feldzug ist gescheitert. Das Heer tritt den Rückzug an."

„Das wolle Gott nicht!" rief Jovian erschrocken. „Die Götter haben es leider schon gewollt," erwiderte Julian bitter. — „Was ist geschehn? Was zwingt dich?" fragten die Feldherren durcheinander. — „Verrat. Höllischer Verrat: — selbstverständlich die Galiläer. Hier. Lest diese Briefe! Ich fing sie gestern auf der Straße ab. Die Armenier — ihr König Tiranes — sind sie doch gar fromme Christgläubige! — haben uns verraten. Mein ganzer Plan beruhte darauf, auch diesmal „zangengleich", von zwei Seiten, von Westen und von Norden, den Feind zu fassen: hier sollte von Norden, von Nisibis, kommend sich mit uns wieder vereinen das Heer des Sebastianus, verstärkt durch zwanzigtausend Mann Fußvolk und viertausend Reiter der Armenier, die mir König Tiranes versprochen. Wohlan: der fromme Schurke von einem König hat mich verraten.

Als eifrigster Galiläer, ein Freund des Constantius, der ihm Olympias, eine Verwandte, vermählte, hat er sich wohl von Anfang an nur widerstrebend mir angeschlossen, von Anfang an mit der Absicht des Verrats den Bundes= vertrag mit mir vereinbart, jene Hilfsscharen mir zuge= sichert. Vor kurzem soll nun, schreibt Sebastianus, bei Tiranes ein vornehmer Armenier im Dienste Sapors, eben= falls ein Christ, eingetroffen sein, der, unterstützt von dem Bischof von Kárana, dem König meine Vernichtung als ein Gott höchst wohlgefälliges Werk darwies. Sie drangen durch, gegen Treue und Ehre, — wie schon so oft! — die Priester des Galiläers! O wie ich sie jetzt erst hasse! Tiranes gebot seinem Heer, auf dem Marsche zu Sebastianus Halt zu machen und erklärte, mir, dem Ungläubigen, dem Apostaten, dem schlimmsten Feinde Gottes und seiner heiligen Kirche, schulde niemand Treue. Gottesleugnern zu helfen sei Frevel! Er habe Friede und Freundschaft geschlossen mit Sapor und sein Heer werde, wenn ge= zwungen, sich am Krieg zu beteiligen, nicht für, sondern gegen mich kämpfen.

Mit vollem Recht schreibt Sebastianus, daß er unter diesen Umständen seine Stellungen im Norden nicht ver= lassen, nicht zu uns stoßen könne. Ich kann aber auch nicht hier stehen bleiben, geschweige noch tiefer in das Perserreich vordringen: von meinen einunddreißigtausend Mann, mit denen ich aus Circesium abzog, habe ich vier= tausend verloren: mit siebenundzwanzigtausend Speeren kann ich diese weitgestreckte Doppelstadt nicht einschließen: ich zählte so fest auf Sebastianus, auf diese Verstärkung von vierundfünfzigtausend Mann! Noch weniger kann ich, diese beiden Festungen unbezwungen im Rücken, den drei Heeren entgegenziehen, die Sapor aus allen Provinzen seines Reiches, bis aus Skythien und Indien her, unter einem neuen Surenas und zweien seiner Söhne gegen uns ausschickt.

Wir müssen zurück! — — —

Wie dieses Wort mich schmerzt, — das weiß nur der unbesiegte Gott. Ich bin schon besiegt: nicht in einer Schlacht — nein, für den ganzen Feldzug: er ist verloren. Ich bin besiegt, ja: aber nicht durch weisere Feldherrnschaft oder kühnere Heldenschaft: ich bin besiegt durch scheußlichen Verrat der Galiläer. Oh ich werd's ihnen gedenken! Ein milder Feind war ich ihnen bisher: — aber wenn kraft dieses Glaubens Heer und Reich verraten und mit Vernichtung bedroht werden, — dann erheischt die Pflicht des Imperators, die Selbsterhaltung dieses Reiches, ein andres. Wehe den Galiläern! Wir brechen morgen auf: aber nicht nach Circesium zurück: nein, gegen diese höllenfalschen Christusdiener in Armenien! Ich zermalme ihren König. Ihren Bischof von Kárana häng' ich auf am Hochaltar seiner eignen Kirche. Dann — nächstes Jahr (— wann das vernichtete Armenien uns nicht mehr verraten kann! —), dann ziehen wir wiederum auf Ktesiphon. Ihr seid entlassen. Geht! — Auch ihr, Jovian und Serapion. Ich muß jetzt allein sein! In einer Stunde schickt mir — Lysias. Mit dem will ich die Bestrafung der Galiläer in Armenien beraten. Er — Er ist jetzt mein Mann."

Mit triumphierender Miene verließ nach geraumer Zeit Lysias das Zelt des Imperators. „Jetzt ist er mein!" murmelte er vor sich hin. „Nun fehlt nur noch . . ." Er stieß auf Jovian und Serapio, die schon lang wieder um Gehör gebeten hatten: mit feindlichen Blicken schritt er an ihnen vorüber.

Endlich wurden die Harrenden vorgelassen: sie fanden den Augustus in heißester Erregung. „Freund!" begann Jovian beschwichtend. „Verzage nicht! Der Himmel hat dich nicht verlassen. Vernimm: zur rechten Stunde schickt er dir das Erwünschteste, was er dir — jetzt — senden kann ..." „Einen ehrenvollen, ruhmreichen Frieden," schloß Serapio. „Nimm ihn an und rette Heer und Reich und Ehre," mahnte Jovian. „Eine Gesandtschaft Sapors traf ein ... schon vor Stunden ..." — „Aber du konntest dich ja von Lysias gar nicht trennen!" — „Der Großkönig bietet dir Ersatz aller Schäden, die er je deinem Reiche zugefügt und ..." — „Er will Amida auf seine Kosten wieder aufbauen ..." — „Vergütung aller Kosten auch dieses Krieges ..." — „Herausgabe aller in frühern Feldzügen gefangenen Römer und ..." — „Eine gewaltige, eine überraschend große Abtretung seiner Westlandschaften zur Sicherung deiner Grenzen für alle Zukunft." — „Er bietet dir endlich seine Freundschaft und Waffenhilfe wider alle deine Feinde." — „Und in Anerkennung, daß du ihn besiegt hast, hundert Kränze von goldenen Palmen." — „Du siehst: die Ehre und der Vorteil des Reiches sind so voll gewahrt ..." — „Wie du nur irgend wünschen konntest." — „Was kannst du denn noch mehr erreichen wollen?" — „Willst du wirklich Indien erobern?" Mit gefurchter Stirn schritt Julian im Zelt auf und nieder. „Rache will ich! Den Großprahler aller Prahler gedemütigt sehn!"

„Er ist's, denk' ich, genug," meinte Serapion. — „Erwäge doch! Noch ahnen die Feinde nichts davon, daß du den Rückzug schon beschlossen hast ..." „Einen Rückzug, der viel, viel gefährlicher wird als der Angriffszug bis hierher war ..." — „Erraten sie, entdecken sie deine Lage hier, — die Gesandten wissen noch nichts von dem Abfall

der Armenier — nie wieder erhältst du so günstige Be=
dingungen!" — „Bedenke: kommt es auf dem Rückzug
wieder zum Kampfe, haft du die Armenier vorn und die
verfolgenden Parther im Rücken." — „Und verfolgende
Parther sind," sprach Serapion, „— ich hab's erprobt!
— gefährlicher noch als anstürmende Germanen." —
„Nimm diesen Frieden an!"

Aber eigenwillig, kopfschüttelnd fragte Julian: „es
ward noch für einen andern Perser Gehör von mir ver=
langt. Wer ist's?" — „Ein Überläufer, ein Satrap, der,
von Sapor gekränkt, mit stattlichem Gefolge zu dir flieht,
Rache schnaubend, und dir, — selbstverständlich! — weiß
Gott wie wichtige Hilfe verheißend, wie alle Überläufer.
Hör' ihn nicht!" — „Der ist mir von den Göttern ge=
sendet, — nicht die Friedensbotschaft! — Der Gott der
Rache steht mir jetzt am nächsten! Man soll ihn sofort
hereinführen! Von ihm werden wir ja genau erfahren,
wie's an dem Hof zu Susa steht, warum Sapor so
friedenseifrig ist. Bleibt nur, — ihr sollt Zeugen sein.
Ich ahne! Ihr werdet erkennen: mit vollem Recht ver=
werf' ich diesen Frieden."

Alsbald erschien vor Julian ein reich gekleideter Perser,
der sich sofort vor ihm zur Erde warf. „Steh' auf, Gast=
freund. Was führt dich her?" — „Die Rache." — „Es
ist nicht schön, seinen Herrscher verlassen." — „Ich habe
keinen Herrscher verlassen, — einen Mörder und den
Schänder meiner Ehre!" Und die dunkeln Augen funkelten
in dem männlich schönen Antlitz; seine Faust ballte sich
um den perlenbesetzten Griff des krummen Dolches in dem
breiten Goldgürtel.

„Was hat dir Sapor zu Leid gethan?"

„Ich hatte ein Weib," — brachte er stöhnend, keuchend
aus tiefer Brust hervor — „ein schönes, treues, heißge=

liebtes Weib. Nur dies Eine Weib! Sie war eine Griechin, zart und jung. Helena war ihr Name." Julians Lippe zuckte. „Während ich des Scheusals Schlachten schlug, — mein Blut floß für ihn bei Piri-Sabor! — wollte er die Keusche verführen, und als sie ihn von sich stieß, hat er sie geschändet. Sie überlebte die Schmach nicht. Diesen Dolch stieß sie sich in die Brust. Ahriman soll mein Herz zerfleischen durch alle Ewigkeit, stoß' ich dieselbe Klinge nicht in des Untiers Schlund. Deshalb steh' ich hier. Hilf mir dazu. Ich kann auch dir viel helfen."

„Hört ihr's, ihr Zweifler, ihr Lober des Großkönigs? Soll ich mit einem solchen Tyrannen, einem solchen Giermenschen, Freundschaft schließen? Bricht er so die Treue seinen Treuesten, wird er sie mir halten? Sei mir willkommen, Perser. Ich nehme dich gern auf, Rächer deiner Ehre. Sprich: Sapor bietet mir einen Frieden, der — an sich — nicht unannehmbar wäre, wenn ... Was lächelst du so grimmig? Was soll das heißen?" — „Das soll heißen: ich staune, daß Chulchianosch, dessen Weisheit gepriesen wird vom Niedergang zum Aufgang, nicht dies Gespinst durchschaut. Sapor bietet den Frieden zum Schein: er will dich durch Verhandlungen sicher machen, hier, vor Ktesiphon, festhalten, bis seine drei neuen Heere heran sind. Er hat bei Ormuzds Haupt geschworen, niemals Friede mit dir zu schließen: er hat geschworen, dir den Bart mit eigner Hand auszureißen und dich gepfählt aufzustecken auf dem Walle von Ekbatana. Seine Seele soll in unrein Getier fahren, läßt er dich lebend aus seinem Reich entkommen."

„Hört ihr's? Das ist des Großkönigs Friedensliebe! Welches Glück, daß Pallas Athene Pronoia mir diesen Warner schickte! Fort mit der Gesandtschaft! Ich will sie gar nicht sehen! Und nächstes Jahr kehr' ich zurück und erobere ganz Indien bis an das Meer, das da das Ende der Erde ist."

Hoch horchte der Perser auf. „Wie?" forschte er. „Vernahm ich recht? Zurückkehren, sagtest du? Du willst also nicht jetzt . . .?" Seine Augen funkelten seltsam. „So muß ich meine Rache verschieben?" — „Wie ich die meine. Tröste dich. Wir holen's gründlich nach!" — „Aber was willst du jetzt thun?" — „Umkehren: **Ich will nicht, — ich muß.**" — „Weshalb?" — „Die Armenier haben mich verraten."

Der Perser strich sich über den langen Bart. „Hm, das weiß noch niemand am Hofe des Tyrannen," sprach er bedächtig. „Früh genug wird er's erfahren, fürcht' ich. Und dann haben wir die Hetze der Verfolger hinter uns. Aber auch dafür werden die Götter, die dich mir als Warner gesendet, Rat wissen. Nur Eine Sorge quält mich: die Vorräte, die Flotte! Verlaßt mich jetzt. Ich muß mich sammeln. Ich werde noch dem Traumgott opfern. Er soll mir (— wie schon so oft vor schwersten Entschlüssen! —) das Richtige offenbaren. Jovianus, sorge für beste Unterbringung unseres Gastes, unseres neuen Freundes. Du, Perser, mußt mir morgen noch viel berichten. Ich vergaß ganz, zu fragen: . . . Wie heißest du?"

„Nohordates."

„Nun: nochmal willkommen, Nohordates."

XXXIX.

Am andern Morgen erhob sich Julian — gegen seine Gewohnheit — spät vom Lager. Er hatte — nach dem Opfer für Oneiros — erst in den Morgenstunden Schlaf gefunden, der dann von Träumen bunt durchwoben war. Darauf hatte er wieder stundenlang allein die Karten, zumal den Lauf der beiden großen Ströme, durchforscht, endlich den Perser zu sich beschieden. Nach langer Beratung mit diesem befahl er alle Heerführer in sein Zelt. Sie fanden ihn abermals verstört, entstellt durch innere Erregung, durch innere Kämpfe; der Perser stand neben ihm, die langen schwarzen Wimpern niedergeschlagen und unaufhörlich, aber ganz langsam den breiten Bart streichend.

„Ihr wißt, meine Waffenbrüder," begann der Augustus, mit einem müden, trüben Lächeln auf dem zuckenden Mund, „ich pflege nur mit meinen Göttern Kriegsrat zu halten, nicht mit meinen Feldherren. Diese erfahren nur meine fertigen Beschlüsse. So auch jetzt. Diese Nacht offenbarten mir die Götter im Traume das Notwendige. Alle Vorräte und die ganze Flotte, — sie werden hier verbrannt."

Ein Ruf, nein, ein Schrei des Staunens, des Schreckens, der Mißbilligung entrang sich aller Mund; nur der Perser schwieg: er wußte offenbar schon um den Beschluß. „Mein Imperator," begann der alte Severus, das ist . . ." — „Beschlossen. Also gethan." — „Über zweihundert Stunden weit," sprach Jovian warnend, „haben wir, mit unendlicher Mühe, mit vielem Schweiß und Blut, Schiffe und Vorräte von Antiochia bis Ktesiphon geschleppt . . ." — „Gut also, daß wir sie nicht nochmal schleppen müssen. Mit Mühe fuhren sie zu Thal: — zu Berg den Tigris, den Euphrat hinauf, sind sie gar nicht zu fahren. Kein Schiff geht über Ktesiphon stromaufwärts über Wehre, Stromschnellen und Wasserfälle: weder Segel noch Ruder noch angestemmte Schultern und gestraffte Seile leisten das. Sollen wir unsere Flotte dem neuen Surenas schenken, sie, kampflos, als Beute stromabwärts zu führen? Und fehlen die Schiffe, — wer soll die Lasten der Vorräte tragen? Für sechzig-

tausend hab' ich mitgeführt: — fünfundzwanzigtausend
habe ich. Sollen diese, bepackt wie Lasttiere, zugleich die
Parther abwehren? Unmöglich!"

"Je die Hälfte.." warf Serapion ein, „muß tragen,
die andere fechten." Aber eigenwillig fuhr der Feldherr
fort: „Ganz unmöglich. Aber, meint ihr, wovon wir
leben sollen? Ei, mag nun der Krieg den Krieg ernähren.
Reich und fruchtbar sind die Landschaften, durch die unser
Rückzug führt. Ich weiß es aus den Büchern; und Freund
Nohordates hier hat es bestätigt."

Tief verneigte sich der Perser und sprach: „es ist die
Wahrheit." „Ja," entgegnete Severus, „ich weiß es
auch. Ich durchzog das Land einst im Frieden als Ge-
sandter. Aber die Einwohner werden im Krieg..." —
„Entweder gutwillig verkaufen oder gezwungen hergeben,
was wir brauchen. Daß sie es haben, steht fest. Und
fest steht mein Entschluß. Den besten landeskundigen
Führer gewannen wir an unserem Freunde hier. Er versprach mir, unsere Vorhut nach Corduene zu leiten. Nun,
was zögert ihr? Was habt ihr noch auf dem Herzen?"

„Herr, das Heer! Wie wird es diesen Beschluß —
diese ungeheure Brandstiftung! — aufnehmen?" wagte
Severus zu fragen. „Ich fürchte, sie werden murren,"
meinte Nevitta.

„So werd' ich ihnen selbst den Beschluß eröffnen. Wie
ich selbst die erste Fackel in das erste Schiff, in den ersten
Getreidewagen werfen werde. Und verkünden auch werd'
ich ihnen, was meinen Entschluß entschied: meinen Traum
von heute Nacht! Der Traumgott, dem ich geopfert, zeigte
mir in den Morgenstunden den Gott Hephaistos in flam-
mender Lohe. „Dieser," erscholl eine Stimme, „wird dein
Helfer sein." Und als ich dem bärtigen Gott ins Antlitz
sah, — die Züge dieses Persers wies er dar. Mit

Schwanken über den Brand, mit Zweifeln auch an dem Überläufer war ich eingeschlafen: — der göttergesandte Traum hat (— wie in Zabern damals! —) mein Schwanken, meine Zweifel überwunden. Blind vertraue ich allem, was die Götter sandten: dem Traum, dem Brandbeschluß und dem Satrapen als Wegführer. Geht nun! Ruft das Heer zusammen! In einer Stunde steht hier alles in Flammen und wir ziehen ab, nach Norden, nach Armenien, die treulosen Galiläer zu bestrafen."

Mit schwerem Herzen verabschiedeten sich die Führer von Julian, der nur den Perser bei sich im Zelt zurückbehielt, mit ihm über die Straßen des Rückzugs Rat zu pflegen, und Lysias zu sich beschied, ein großes Opfer für Hephaistos vorzubereiten.

„Das größte Opfer für Hephaistos," sprach Serapio zu Jovian, „sind unsere Flotte, unser Getreide und unsere Rettung. Er ist wie mit Blindheit geschlagen! Ach gegen seine „Götter" kämpft seine Weisheit vergebens!"

Die kunstvolle Rede, in welcher der Augustus dem versammelten Heer jenen verhängnisvollen Beschluß verkündete und zu begründen versuchte, ward mit eisigem Schweigen, mit stets steigendem Staunen, mit Besorgnis, zuletzt mit laut murrendem Unwillen angehört. Und, als gegen Abend, nach vollendetem Opfer für den Feuergott, von Julians eigener Hand entzündet, die mächtige Kriegsflotte und die auf den Lastschiffen sowie in dem Lager aufgehäuften viele tausend Wagen, Kisten und Säcke voll Getreide in Flammen aufgingen, — ein schauerlich prachtvoller Anblick! — da begrüßten ihn die Perser auf den Wällen von Ktesiphon mit Jubel: sie sagten, Ormuzd habe Stolz, Macht und Hoffnung der Feinde durch himmlisches Feuer von oben zerstört.

Die Römer aber wurden von Furcht, von Entsetzen

über das selbstzerstörerische Thun ihres Feldherrn ergriffen: „er ist von Dämonen besessen," flüsterten die Christen unter ihnen. „Es ist die Strafe seiner Abtrünnigkeit, seines Eidbruches. Die Weissagung des großen Athanasius erfüllte sich. Er raset gegen sich selbst."

Und eine Wandlung, eine Verdüsterung des Geistes war allerdings in Julian eingetreten seit jenem Tage zu Circesium. Schwermut und Übererregung wechselten rasch in ihm ab; und der gesteigerte Haß gegen die Christen erhöhte merklich den Einfluß des Lysias.

Nachdem die Flammen und der Fluß die stolze Flotte und das Korn des Heeres zerstört hatten, — viele Stunden hatten sie dazu gebraucht — traten die Römer (— sechzig Tage nachdem sie die Persergrenze überschritten hatten, gewiß dies Reich zu erobern), in tiefster Niedergeschlagenheit den Rückzug an, unter dem Jubel, dem Hohn der Feinde auf den Zinnen. Wie schnitt es Julian in die Seele! Er sprengte eilig davon an die Spitze der Vorhut, dies gellende Jauchzen nicht mehr hören zu müssen.

Mit seltsam grimmigem Gesicht erbat sich Jovian die berittnen germanischen Leibwächter und eilte mit ihnen in die äußerste Nachhut, die das geringe mitgeführte Gepäck bewachte: es bestand aus zwölf kleinen Nachen, die, auf Jovians Bitte, von der Fackel verschont, auf Wagen mitgeführt wurden, um bei Überschreitung von Flüssen als Schiffbrücken verwendet zu werden, und aus dem Mundvorrat für nur zwanzig Tage: in dieser Frist hoffte Julian sicher, das Gebiet von Corduene zu erreichen, dessen Häuptlinge die Oberhoheit seines Reiches anerkannten.

Richtig hatte Jovian vorausgesetzt, der Übermut der Perser in Ktesiphon werde sich die Genugthuung einer Verfolgung nicht versagen können: und in der That brach alsbald aus den Thoren der Feste eine siegessichere, bunt zusammengesetzte Schar von Kriegern und Bürgern, die Abziehenden zu bedrängen, Beute zu machen unter ihrem Troß. Es bekam ihnen schlecht. Sausend fuhren die germanischen Reiter auf die Zuversichtlichen los und jagten sie unter grimmigen Streichen in ihre Stadt zurück.

„Schade, Herr," meinte Sigibrand, der Sachse, als er, zu dem Imperator zurückreitend, sein blutig Schwert an einer eroberten Perserfahne abwischte. „Schade, daß du nicht dabei warst. Hättest deinen Theologen einmal mit Erfolg predigen sehen." „Jawohl," bestätigte Sigiboto. „Die Kerle haben unsern Zorn entgelten müssen." „Den wir eigentlich auf dich haben, Auguste," fuhr Hippokrenikos fort. „Von wegen der grausigen Verbrennerei der schönen Schiffe und des Brotes," schalt Ekkard. „Und sogar Wein, sagt man, war auf den Schiffen. Aber natürlich: — du weißt nicht, was Durst ist," klagte Garizo.

Julianus lachte; aber es war nicht das alte, unbefangen überzeugte Lachen, mit dem er früher die kecken Scherzreden seiner Lieblinge aufgenommen hatte: es lag Gewölk auf seiner Stirn, und wich nie mehr.

Seine Hoffnung, das Heer durch die Erträgnisse der zu durchziehenden Gegenden ernähren zu lassen, schlug gänzlich fehl.

Gleich an dem ersten Tage des Rückzugs durch die bisher unbetretenen Landschaften fand das Römerheer den Volkswiderstand in der furchtbarsten Gestaltung vor sich: lang ehe ihre vorsprengenden Reiter ein Haus, ein Dorf, eine offene Stadt erreichten, loderten Flammen vor ihnen auf: die Einwohner verschütteten die Cisternen, zerstörten jede Unterkunft, verbrannten, wie ihre Holzhäuser, so das in diesem Himmelsstrich bereits reife Korn auf den Feldern,

— es war Juni — trieben die Herden vor sich her und
flüchteten in die nächsten Burgen oder befestigten Städte:
kam nun das Heer heran, so fand es Brandstätten, wo
es Obdach und Unterhalt erwartet hatte.

So mußte der Legionar vom ersten Tag an von dem
mitgeführten Mundvorrat zehren. Schon war es der
zehnte Tag: noch lange war die Grenze von Corduene
nicht erreicht: und die Hälfte der Lebensmittel war verzehrt.

Am Abend dieses Tages sprach Serapio zu Jovian, wie
sie miteinander die Lagerwachen verteilten: „Wir ziehen auf
schlimmen Wegen." — „Sie führen nicht zum Sieg! Kaum
zur Errettung." — „Julian hat wieder einmal — wie gegen
uns Germanen — die Kraft — wie soll ich sagen? — die
Seele des Volkes unterschätzt, das er bekämpft. Denn mir
ist oft: ein Volk hat eine Seele wie ein Mensch: sie ist
seine Eigenart. Diese Perser haben die Kraft unbesiegbaren
Hasses. Die erbarmungslose Verwüstung des eignen Landes
durch die Bebauer des Bodens, die uns mit Vernichtung
bedroht..." — „Die kann kein Befehl des fernen Großkönigs und seiner Satrapen erzwingen: die Leute thun's
von selbst." — „Ja! Sie hassen euch mehr als den Tod."
— „Erst jetzt — vor zehn Tagen — hat Julian seinen
Feldzug verdorben." — „Nicht als Feldherr!" — „Als
Staatsmann." — „Er mußte Sapors Friedensantrag annehmen. Ich bin gewiß, der war ernst gemeint." — „Aber
der Alexanderwahn verblendet ihn. Er muß Indien erobern! Darüber kann er Antiochia verlieren."

Am frühen Morgen des elften Tages trat in das Zelt
des Feldherrn der grauhaarige Severus, eine zerlesene
Straßenkarte in der Hand, begleitet von den andern ersten

Führern: er fand Julian, das gerötete Gesicht ebenfalls über eine Karte gebeugt.

„Das ist ein gutes Zeichen, Jovian," flüsterte er im Eintreten. „Er zweifelt selbst! — Verzeih, Herr, unsere Eilfertigkeit. Aber es eilt wirklich. Sieh, ich bin der einzige, der von früher her die Landschaft kennt. Diese Karte ist mangelhaft und mein Gedächtnis auch. Aber wenn nicht beide stark trügen, — die Straßen hier zu Lande kenn' ich nicht gerade genau — sind wir zehn Tage lang..." — „Statt nach Norden, nach Corduene, stets nach Osten gezogen," rief Julian aufspringend und mit der Faust auf den Tisch schlagend. „Das ist auch mein Ergebnis. Ich rief den Perser her... Nun, Oribasius, wo ist er?" — „Entflohen, oh Herr," erwiderte der hereinstürzend, Schrecken im Antlitz. — „Was?" — „Wie?" — „Entflohen!" — „Der Verräter." „Ich warnte treu!" sprach Jovian. „Ich jag' ihm nach," rief Serapion, „und bring' dir seinen falschen Kopf." — „Bleib', Franke," mahnte der Arzt, „du holst ihn nicht mehr ein. Schon um Mitternacht verließ er — mit all' den Seinen — das Lager, gen Südosten davonjagend, mit geheimen Befehlen des Imperators."

„Gelogen," sprach der; er war sehr bleich geworden.

„Die Wachen ließen ihn ziehen. Denn er zeigte eine Weisung des Imperators, ihn frei ein- und ausreiten zu lassen; in seinem Zelt lag dieser Zettel — in einem Buch, — in dem neuen Testament."

Julian nahm und las laut: „Wehe dir, Apostata! Dem Abtrünnigen die Treue brechen ist Gott wohlgefällig. Zur Hölle schickt dich bald Christus der Herr." „So sah ich recht!" zürnte Serapio. „Mir war, neulich, als die Christen in unserem Heer ihren Abendgottesdienst hielten, schlug er im Vorüberschreiten rasch ein Kreuz auf

Stirn und Brust." "Wie gefallen dir deine Galiläer, Jovian?" fragte Julian bitter. "Wer hat dir," fragte der mutig entgegen, "den Schurken empfohlen? Oneiros, Pallas Athene Pronoia und deine anderen Götter." "Streiten wir nicht!" schloß Julian. "Retten wir das Heer. Also: links schwenkt ab! Nach Norden endlich! Nicht nach Osten mehr!" "Und unterdessen," grollte Jovian, "sind zehn kostbare Tage Zeit, Vorrat und Kraft verloren! Aber vorwärts!"

XL.

So lange die Römer, dem tückischen Wegweiser vertrauend, die falsche Richtung nach Osten verfolgt hatten, die sie immer tiefer in das Perserreich und in das sichere Verderben führte, hatten sich nur in Flanken und Rücken Reiterschwärme gezeigt, die, ohne den Feind im Vordringen auf seinem Irrweg aufzuhalten, ihn bloß beobachtend in weiter Ferne umkreisten. Sowie aber die richtige, die rettende Straße nach Norden eingeschlagen war, zogen sich von allen drei Seiten die Verfolger nah und näher heran: ja, schon am folgenden Tage wirbelten auch in der Stirnseite jene dichten Staubwolken auf, welche die Annäherung der gefürchteten parthischen Bogenschützen andeuteten und zugleich verhüllten, die in jeder denkbaren Lage auf ihren windschnellen und wunderbar abgerichteten Rossen, sitzend, liegend, stehend, im Angriff und zumal in wirklicher oder verstellter Flucht die nie fehlenden Rohrpfeile entsandten.

Anfangs täuschten sich die Römer die Hoffnung vor, es seien ihnen befreundete Bewohner von Corduene, die ihnen entgegenzögen; oder auch ein Rudel aufgescheuchter Wildesel. Und Ekkard, der eifrige Jäger, konnte sich, trotz des Verbotes, nicht enthalten, dem flüchtigen Wilde nachzueilen. Aber sehr bald sprengte er — noch viel rascheren Laufes — zurück, zog einen Pfeil aus seiner Schulter und lachte: „mir scheint, diesmal war der Jäger der Esel!"

Von jetzt verging kein Tag, kein halber Tag mehr ohne Gefecht. Hinter dem Schleier der Geschwader wurden nun auf allen vier Seiten auch dichte Reihen persischen Fußvolks sichtbar: die Römer waren offenbar umzingelt; jeder Schritt nach Norden mußte erkämpft werden; man erfuhr von den — wenigen — Gefangenen, daß zwei Söhne Sapors, der neue Surenas, Merenas, und dessen Bruder die vier feindlichen Heere befehligten.

Die Allgegenwart dieser raschen und übermächtigen Feinde nötigte die Römer, nach dem beschwerlichen Tagemarsch, jeden Abend, mit Zeitverlust und Anstrengung, ein befestigtes Lager zu schlagen, hinter Graben und Wall sich gegen das Heranfliegen der parthischen und arabischen Geschwader zu sichern.

Einmal aber fehlte nur recht wenig, daß ein solcher plötzlicher Überfall gelang. Nach Sonnenuntergang erreichte der todmüde Zug ein Dorf Maronga: es war verlassen, zum Teil verbrannt, kein Körnlein Brot in den Häusern zu finden, die Cisterne verschüttet, all' das wie gewöhnlich. Aber die noch stehenden Häuser schienen immerhin Deckung genug zu gewähren, die mühevolle Schaufelarbeit in dem lockeren Sand überflüssig zu machen. Jedoch in der Nacht erfolgte ein Überfall, den Merenas selbst leitete: schon waren nicht nur arabische Wüstenreiter, auch Fußvolk und sogar Elefanten in die Straßen der Ortschaft eingedrungen: nur mit äußerster Anstrengung gelang es Julian, die Feinde aus den brennenden Häusern wieder zu vertreiben.

Seine gewaltigen Verluste zeigten ihm, daß mit dem neuen Surenas eine viel schärfere Kriegführung über die Feinde gekommen war: auch wurden die weichenden Römer offenbar nicht mehr so gefürchtet wie weiland die vorwärts bringenden. Und bei diesen selbst machten sich die schädlichen Einwirkungen eines Rückzuges spürbar, so begeistert das Heer an dem geliebten Führer hing.

Bei dem Aufbruch aus dem leichenbedeckten Maronga fiel es einer Abteilung der keltischen Petulantes plötzlich ein, von dem Imperator ein Geldgeschenk für ihre Leistung zu verlangen. Lärmend umringten sie ihn, wie er zu Pferde steigen wollte, und hielten ihm scheltend vor, daß sie seit den lumpigen hundert Silberlingen, die er aus der Beute von Mazamalcha jedem Krieger gespendet, kein Geschenk mehr erhalten hätten.

Das verdroß schwer das römische Gefühl in Julian: traurig erwiderte er ihnen: „Reichtümer verlangt ihr? Nehmt sie nächstes Jahr dem Großkönig ab: — der hat sie, nicht ich, der ich nichts besitze, was ich nicht mit euch teile: ich bin so arm, wie weiland Fabricius. Ich glaubte, euch zu ehren, indem ich ganz wie einer von euch mit euch lebte. Wollt ihr aber andre Führung, — ihr braucht euch nicht mit Aufruhr zu beflecken! Ihr habt der tüchtigen Feldherrn außer mir genug: ich sag' es mit Stolz und Freude! So wählt euch einen von diesen, — wählt Jovianus zum Imperator. Gern trete ich als Centurio in die Reihe der Schildener ein und lebe und sterbe als einfacher Kriegsmann."

Da schämten sie sich stark und baten ihn um Vergebung. Aber die unsäglichen Leiden dieses Rückzugs kehrten Tag für Tag wieder.

Es ging gegen Ende Juni. Die ungewohnte Hitze in den baumlosen, schattenlosen Steppen ward für die unter ihren schweren Rüstungen keuchenden Söhne Germaniens, Galliens, Illyricums, ja auch für die Italiker unerträglich: mancher tapfere Franke und Alamanne, der allen Pfeilen der Perser getrotzt, brach jetzt, von den Pfeilen der Mittagsonne getroffen, am Wege tot zusammen. Die Luft war von Wolken lästiger Mücken erfüllt, deren Stichwunden sich in Hitze und Staub meist entzündeten; auch giftige Insekten fehlten nicht.

Die Leichen zu bestatten nahm man sich nicht mehr Zeit: und so kennzeichneten den Zug des weichenden Heeres links und rechts vom Wege tote Menschen und Pferde, in tiefem Sande stecken gebliebene Karren, bis allmählich der Wind alles mit dem gelben Staubsand der Steppe fußhoch zudeckte.

Oben aber, in den Lüften, aus der nahen Wüste durch den Leichengeruch angezogen, folgten ungezählte Aasgeier, kreischend nach Fraß: wie eine Wolke des Unheils verfinsterten sie zuweilen über dem traurigen Zuge die Sonne; mit Grauen sahen dann die hastig, hastig weiter Eilenden empor: sie wußten, welche Art von Bestattung ihrer wartete, ihnen drohte, sanken sie hier in die stachligen niedrigen Kräuter am Weg, um nie mehr aufzustehen.

Auch auf diesem beschwerlichen Zug aber ließ Julian nicht ab, unter den Lasten und schweren Sorgen der Feldherrnschaft sich mit seinen philosophischen, religiösen, mystischen Forschungen zu beschäftigen. Priscus, sein „Lager-Philosoph", wie er ihn scherzend genannt hatte, der Lieblingsschüler des Ädesius und Mitarbeiter des schmerzlich beklagten Maximus, mußte auf seinem Maultier stets neben Argos, dem weißen Kriegshengst des Imperators, einher reiten; und unter der glühenden Mittaghitze, die auf der öden Steppe brütete, mit lechzender Zunge, stellte dieser an den schweißtriefenden Weisen unablässig Fragen, zumal aus der vielbestrittenen vieldeutigen Lehre des gemeinschaftlichen Meisters über die Unsterblichkeit der Seele.

Allein schrecklicher noch als die Partherpfeile, schwerer als die Mittaghitze bedrohte das schwer leidende Heer der Hunger. Die für zwanzig Tage berechneten Vorräte gingen rasch zu Ende, und noch immer war die ersehnte Grenze von Corduene nicht erreicht! Längst hatte Julian die Wagen mit Brot und getrocknetem Fleisch bei Tag und zumal bei Nacht durch verlässige Krieger bewachen lassen müssen: — nicht gegen die Perser, — gegen Diebstahl und Raub der eignen hungernden Scharen, denen schon nach den verlorenen ersten zehn Tagen der Tagesteil auf die Hälfte herabgemindert worden war. Nur das täglich sich steigernde Zusammenschmelzen der Kopfzahl ermöglichte die karge Ernährung der noch weiter Stapfenden.

Der Imperator begnügte sich mit einem Viertelteil. Und dieses teilte er redlich mit seinem kleinen Schützling, dem Knaben Infortunatus, für den er außerdem den achten Teil einer Tagesnahrung in Anspruch nahm. Der Knabe hing an ihm mit der Dankbarkeit eines geretteten und liebevoll gepflegten jungen Tierleins.

Alle entbehrlichen Pferde waren längst geschlachtet; das Fleisch wurde nicht frisch verzehrt, sondern, an den Lagerfeuern gedörrt und dann in kleinste Stücke zerschnitten, sorgfältig verwahrt, mitgeführt. Eine ähnliche, nur noch viel todesgefährlichere Plage als die Mücken bereitete in diesen Gegenden die unerhörte Zahl giftiger Schlangen, von der Art der Sandviper, die in dem heißen Boden ganz besonders zu gedeihen schienen, und deren Biß bei der großen Hitze gar vielen der Unvorsichtigen, wann sie, ermüdet, sich in dem Nachtlager der Sandalen entledigt hatten, raschen, qualvollen Tod brachte. Eines Abends betrat der Feldherr mit dem Perserknaben das eben für ihn auf freiem Feld errichtete Zelt: ein Teppich bedeckte den glutheißen Boden. Er legte die Beinschienen ab und warf sie neben sich: da raschelte etwas zischend unter dem Teppich hervor: eine Viper schoß, sich halb aufrichtend, gegen seine Wade: schnell fuhr der Knabe mit dem nackten Arm dazwischen und ergriff die Schlange. Augenblicklich war sein Arm umringelt und gebissen: er streifte sie ab und zertrat ihr den Kopf: und er nickte lächelnd dem erschrockenen Freunde zu, der jetzt erst die Gefahr erkannte und eilig die Wunde aussog. Aber alsbald begannen, trotz des Oribasius Heilversuchen, die tödlichen Zuckungen: bevor der Knabe die dankenden Augen schloß, — unverwandt hielt er sie auf seinen Herrn gerichtet — malte er mit zitterndem Finger in den Sand der Steppe die Worte: „Für dich!" Nun nicht mehr Infortunatus... Fortunatus! Unter Thränen setzte der Imperator selbst den Scheiterhaufen, aus Zeltstangen und Steppegestrüpp geschichtet, in Brand, der den kleinen Leib verzehrte.

„Maximus.. Artemidor.. Infortunatus! Ich habe kein Glück mit meinen Schützlingen," sprach er traurig im Hinwegschreiten. „Oder vielmehr: — mein Schutz bringt ihnen Unglück."

Dazu kam bei dem Feldherrn noch die furchtbar quälende Sorge, ob er denn jetzt wenigstens den richtigen, den nächsten Weg eingeschlagen habe: da man auch nicht eines einzigen Einwohners mehr habhaft geworden war, fehlte es durchaus an Wegweisern; und Straßenkarten versagten in dieser Wüstenei.

XLI.

Endlich erblickte die Vorhut des verzweifelnden Heeres im fernen Nordwesten, — denn nun bog die Straße aus der Steppe nach links ab, — die hohen Türme einer größeren Stadt, und Sigiboto brachte die heißersehnte Kunde zurück, man stehe vor Sambara, der äußersten Grenzstadt von Corduene. Die meist „hellenistischen", nur zum Teil christlichen Bewohner hatten die halb verschmachteten Reiter der Vorhut freundlich aufgenommen und bewirtet.

Wie ein von Albdruck Erlöster, hoch auf atmete Julian! So hatten ihm die Götter doch den richtigen Weg gewiesen! Es war die Stadt, in welche er schon vor Ktesiphon, durch Eilboten, die er zurück nach Circesium entsandt, auf den Rat des Lysias, der früher lange Zeit hier in dem Tempel des Apollo-Mithras die Mysterien dieses Gottes erforscht hatte, alle Nachrichten aus seinem Reiche zu schicken befohlen hatte. Hier hoffte er, danach weitere Beschlüsse fassen zu können.

Auch Lysias zeigte sich hoch erfreut: „Ich muß dir den Mithrasdienst in des Gottes Tempel selbst erklären. Dazu brauch ich einige Zeit, alles vorzubereiten. Du wirst hier wohl dem Heer ein paar Rasttage gönnen?" Julian nickte: er erkannte die Notwendigkeit einer Erholung seiner völlig erschöpften Scharen. „Lang aber," schloß er, „darf die Rast nicht währen. Die Perserheere haben geschwenkt wie wir: das bisher vor uns zog, das des Merenas, ist wie von der Erde verschwunden. Ich bin gewiß, den Surenas bald wieder gerade vor mir zu finden: — jetzt, auf dem Wege nach Westen."

Der Imperator war schmerzlich enttäuscht, die hier erwarteten Nachrichten nicht vorzufinden. Wohl aber waren für Lysias aus Circesium, wie er voll Freude meldete, in dem Mithrastempel, in dem Hain einer abgelegenen Vorstadt, wohin er sie bestellt hatte, Boten mit Briefen und allerlei Sendungen eingetroffen: er selbst hatte als apollinischer Oberpriester bei den Priestern dort, seinen alten Freunden, gute Aufnahme gefunden. Er lud den Augustus in ihrem Namen ein, ebendaselbst zu wohnen; aber dieser zog es vor, in der Mitte der Stadt bei seinen Truppen zu bleiben.

———

Früh am andern Morgen trafen die erwarteten Nachrichten von Sebastianus ein: aber ach! die bestürzende Meldung, daß er den auf Befehl des Imperators begonnenen Marsch von Nisibis Julian entgegen nach Süden nicht weiter fortsetzen könne, sondern nach Westen in die Heimat zurückziehen müsse, da die Armenier, verstärkt durch persische Satrapen, mit großer Übermacht nun gegen ihn selbst zum Angriff vorgingen.

So war auch diese Hoffnung Julians gescheitert! Er hatte jene dreißigtausend Mann heranziehen und, so verstärkt, die treulosen Galiläer in Armenien sofort züchtigen wollen. Nun mußte der schleunige Rückzug in die Heimat fortgesetzt werden!

Kaum war diese Kunde den herbeigerufenen Freunden Jovian und Serapio mitgeteilt, als ein neuer Bote gemeldet wurde. Schon eilte er in das Gemach — er trug Trauergewand — und warf sich, laut klagend, dem Imperator zu Füßen. „Steh' auf! Wer bist du?" „O Herr," sprach der, „ich bin ein Tempelsklave von Circesium. Zürne nicht dem Bringer trauervoller Botschaft. Ich komme aus Kale." — „Nun, so sprich! Was ist mit Kale?" — „Es ist nicht mehr! Der Blitz schlug ein. Es liegt in Asche." — „O, das wird die Schwester erschreckt haben. Man baut es nächstes Jahr schöner wieder auf: — aus Perserbeute. Wohin hat die Priesterin, wohin meine Schwester sich einstweilen begeben? Doch wohl nach Circesium? Nun, du blickst so unheilkündend. Gab es Tote?" — „Nur Eine." — „Wer — wer ist es?" — „O Herr, deine Schwester. Es war zur Nacht. Der Blitz schlug in ihr Schlafgemach. Von dort brach der Brand aus." Da taumelte Julian mit schrillem Aufschrei in Serapios Arme. Jovianus sank wortlos, totenbleich, auf das Ruhebett. Eine furchtbare Stille entstand.

Endlich raffte sich Julianus auf, er wollte sich an Jovians Brust werfen: — mit strenger Armbewegung wies der ihn zurück.

„Wie? ... wie starb sie?" forschte Oribasius der Arzt. — „Sofort. Der Blitz traf sie, als sie ihr Nachtgebet sprach." „Woher weiß man das?" fragte Serapio. „Herr, man fand die schöne Leiche, — nur die Stirne war vom Strahl durchbohrt — ein Kruzifix in der Hand." — „O Juliana! Sie starb im Gebet zu dem Galiläer!" „Ja," sprach Jovian, in bitterstem Weh erzitterte seine Stimme. „Und gewiß im Gebet für dich — für ihren Mörder!" „Jovian!" schrie der Gequälte. — „Du ... du hast sie dorthin verbannt, — dort gefangen gehalten. Du allein trägst die Schuld an ihrem Tod." Und er stürmte hinweg aus dem Gemach.

„Wen nun zuerst trösten?" sprach Serapion ernst. „Und welchen Gott darum verklagen? Zeus, der mit seinem Blitz die Christin erschlagen, oder Christus, der sie nicht gerettet hat? Und welchen unter den Menschen? Athanasius, der sie bekehrt hat? Julian, der sie dorthin geschickt hat? Oder wohl richtiger keinen Gott und keinen Menschen, sondern nur den Blitz, der aus der Wolke fuhr, nicht, wie er wollte, — wie er mußte. Arme Freunde, alle beide, mit euren Göttern!"

Nach einigen Stunden suchte Jovianus, von dem Germanen geführt, den Imperator auf. "Vergieb," sagte er ruhig, mit rotgeweinten Augen. "Ich war ein schlechter Freund, Serapio hat recht, und ein schlechter Christ. Aber sieh, Julian, ich habe sie sehr geliebt. So sehr! Der Schmerz macht ungerecht. Du trägst nicht schuld, daß es dort geblitzt hat."

"Aber daß sie dort war!" sprach Julian in Thränen.

"Vergieb, mein Bruder! Ich bin schwer gestraft für schuldige und unschuldige Schuld. Ach, ich wollte euch ja vermählen nach einem kurzen Jahr. Jovian, vergieb mir! Vergieb mir um des Reiches willen: wir wollen, Hellenist und Galiläer, zusammenstehn als Römer. Hilf mir! Verlaß mich nicht!" "Gewiß nicht," sprach Jovian, ihn umarmend. "Ich habe ihr beim Abschied versprochen, nie, niemals von dir zu lassen."

Bald nachdem die Freunde ihn verlassen, erschien bei dem Trauernden Lysias. Er hatte ihre Entfernung abgewartet. Er küßte den Weinenden voll Teilnahme. "Ach," sprach der, mit einer Hand langsam über die Stirne streichend, — "es wird allmählich zu viel: Eusebia — Helena — Maximus — Artemidor, — Daphne — Mutter — Schwester — Freund! — Ich habe," lächelte er traurig, "bald nichts mehr zu verlieren als den Glauben an die Götter und an dich. Und dann noch — das Leben. Jenes wäre unerträglich. Dies, — ach, wie erwünscht. Denn ich bin einsam! O Helena! Wann — wann endlich?" „Mein geliebter Sohn," sprach Lysias feierlich, „sieh, in deinem tiefsten Schmerze senden dir die Götter mich — und Trost!" „Trost!" seufzte der Traurige. „Den giebt es nicht!" — „Doch! Heute — gerade heute! — Julian, erfüll' ich mein Versprechen. Noch heute — sollst du Helena sehen." Julian fuhr auf, er erbleichte: „O Lysias, Lysias! Was sagst du da? O bei allen Göttern, — wecke mir nicht eitle Hoffnung. Es wäre zu grausam. Ich könnt' es nicht ertragen. Heute noch?" — „Heute erreichen Jupiter und Venus den Stand, auf den ich wartete all' diese Zeit. Diese Nacht, sobald die Sterne am Himmel stehn!" — „O Lysias! Ich faß' es kaum. Ich soll sie sehen? Sprechen? Hören?" — „Du sollst sie sehen, sprechen, hören." — „Und wo?" — „Im Mithrastempel. Drei Stunden vor Mitternacht. Du... aber ganz allein!" — „Freilich! Freilich! — O, wie soll ich's erwarten."

Nach einem Rundgang durch das Lager in der Dämmerstunde des langen Junitages sprach Julian, die beiden Freunde verabschiedend: „das Nachtmahl müßt ihr heute ohne mich teilen. Lysias, ... er hat mich für den Abend geladen." „Lysias?" fragte Serapio. „Wohin?" — „In sein eigenstes Heim: in den alten Tempel des Mithras, dessen Oberpriester er ja ist. Ein wundersam geheimnisvoll Gebäude! Er will mir dort — allein — einige Dinge zeigen, die nur er zu zeigen vermag." „Der Tempel liegt aber vor der Stadt. In dichtem Hain. Die parthischen Reiter haben sich schon wieder gezeigt. Sie streifen keck bis an die Wälle!" warnte Jovian. „Willst du wirklich allein ...?" forschte der Franke. „Es war des Priesters Bedingung. Soll ich mein Wort brechen aus Parther-Furcht?" „Nein", sprach Serapio, sich verabschiebend, „das sollst du nicht." „Nein," wiederholte Jovianus ernst, „geh nur! Leb wohl!" Vor Julians Hausthüre blieben beide — wie auf Verabredung — stehen. „Er darf nicht allein da hinaus in der Nacht," sprach Serapio. „Um so weniger, als ich heute, im Morgendämmer an dem unheimlichen Gemäuer vorbeireitend, innerhalb der Mauern — oder vielmehr unterirdisch — ein seltsam Pochen und leise verhalten Hämmern hörte. Ich glaube zwar nicht, daß die Parther..." — „Nein, aber ich traue diesem Priester nicht." — „Er will ihn nicht morden. Aber er braut etwas..." — „Er zeigt, seit wir hier sind, ein so seltsam Gebahren..." — „Bald triumphierend..." — „Bald hastig erregt..." — „Und immer wieder verschwindet er in jenem Tempel." — „Wir müssen wachen über den Vielgequälten." — „Den arglos Vertrauenden!" — „Ich hole dich ab, sobald es dunkel geworden."

XLII.

Die ersten Sterne gingen strahlend auf. Da saß auf einer Marmorbank in dem dicht verwachsenen Garten des alten Mithrastempels eine weiße Mädchengestalt, die Lyra im Arm. Träumerisch, schwärmerisch sah sie gen Himmel und leise sang sie mit lieblicher Stimme:

„Oben hoch durch die Himmel hin
Zieht melodisch der Rhythmengang
Unerforschlicher Sterne, die
    Unsre Schickungen lenken.

Sagt, ihr Schweigenden, hat der Gott
Außer leuchtendem Strahlenglanz
Euch ein sanftes Gefühl verliehn,
   Ähnlich suchenden Herzen?

Hört ihr unserer Wünsche Drang,
Unsrer scheuen Gebete Hauch?
Ahnt ihr wohl, was die Sehnsucht ist
   Seufzend suchender Seelen?

Oder waltet ihr mitleidlos,
Selbst notwendig, ihr folgend blind,
Eurer Meistrin Notwendigkeit,
   Zwingend, selber gezwungen?

Ach, mein Leben, ihr führt es nicht
In harmonischem Rhythmengang
Eurem ähnlich, zum Goldaccord
   Sel'gen Friedens — ihr ..."

„Brich ab! Schweig!" sprach leise, aber barsch eine gebietende Stimme. „Ich befahl dir, jedes Aufsehen, jedes Geräusch zu vermeiden. Wenn du so schön singst und Lyra spielst wie kein Geschöpf auf Erden," sprach Lysias, nun mit sanfter Hand ihren dunkelbraunen Scheitel streichelnd, „lockst du unberufene Lauscher an. Komm, geliebtes Kind, Stern meiner Augen! Heute kam der Tag. Es ist die Verbindung der Gestirne, die ich solang ersehnt. Venus und Jupiter und der Stern, den Philippus schon bei Julians Geburt „Julianicus" genannt. Heute Nacht oder nie! Wie viele Mühe machte es, dich sicher hierher zu schaffen und unvermerkt zu bergen! Ein Glück, daß du doch nur von dem nahen Kappadokien, wo ich dich verlassen, aufzubrechen hattest. Es gelang so wunderbar nur durch der Götter Gunst. Heute Nacht wirst du ihn wiedersehn, deinen sternenbestimmten Bräutigam."

„Vater, Vater," rief das Mädchen entzückt und erschrocken zugleich. „O Wonne und o Weh! Mir sagte jüngst ein Traum: „wann du ihn wiedersiehst, dann wirst du sterben,"... ach vielleicht vor Freude!"

„Still, gehorche mir, heute wie immer. Halte dich ganz ruhig. Sprich nicht! Ich spreche für dich! Was du auch hören und sehen wirst, bleib' unbeweglich stehen in dem Gewand und in dem Schmuck, die ich dir anlegen werde." — „Aber Vater, ich begreife nicht...!" — „Das sollst du noch nicht, kannst du noch nicht. Aber danken wirst du dem Vater, ist alles vorüber und der Sterne Weissagung in einigen Tagen voll erfüllt."

Zur bestimmten Stunde stand Julian, in seinen braunen Kriegsmantel gehüllt, vor dem Gitter, das den Tempelhain umhegte. Wie er den Blick auf das über das Buschwerk ragende Gebäude richtete, flog, ihm grade entgegen und hoch über sein Haupt hin, ein leuchtend Meteor, einer roten Kugel vergleichbar, und erlosch hinter ihm im Dunkel.

Sinnend blickte er zurück. „Was bedeutet das Zeichen?" fragte er sich selbst. „Einen Glücksgruß? Oder eine Warnung, einzutreten? Oder ein Bild meines eignen Geschickes? Mein feuriger Flug — glänzend, hoch, ... aber kurz von Dauer? Gleichviel. Dem Schicksal entgegen und — Helena!"

Mit diesen Gedanken schritt er rasch den schmalen Weg durch die dunkeln Gebüsche dahin. Schon hatte er die Pforte des Tempels erreicht: sie war geöffnet und blieb offen: denn Julian wollte in den ganz finstern Raum wenigstens das Licht der Sterne bringen lassen, wie er sich vorwärts tastete.

Da sprach, ihm gegenüber, aus dem Dunkel, des Lysias

Stimme: „Willkommen bei den Göttern, Pontifex Maximus. Hier, fasse meine Hand. Noch drei Schritte. Halt! Hier laß dich nieder, auf diesen Steinsitz. Und nun gedulde dich kurze Zeit. Nimm den Helm ab. Hier, diesen Kranz setze auf das Haupt: — aus neun heiligen Kräutern ist er gewunden. Er schützt vor den Dämonen, die zuweilen mit aufsteigen aus der Tiefe des Orcus. Und nun, — um keinen Preis! — rühre dich von dieser Stelle, ist dir dein Leben lieb und des teuren Schattens Friede im Hades!" —

Erschauernd ließ sich Julianus nieder; er fühlte, wie nun Lysias seine Hand losließ; gegen das Innere des Tempelhalbrunds hin verhallten des Priesters Schritte. Da war es dem einsam Harrenden, als ob hinter ihm — von der Thüre her — ein leises Geflüster hörbar werde: — er wandte sich: — alles still: — es war nichts wahrzunehmen als die breiten dunkeln Massen der altassyrischen Säulen, die das niedere Dach trugen.

Plötzlich schloß Julian die angestrengten Augen: blendendes Licht traf sie von vorn. Dies grelle Licht erhellte in weißbläulichem Glanze nur eine schmale, kaum mannesbreite Nische, die in die gegenüberstehende Wand eingefügt war, rechts von dem nun ebenfalls sichtbar werdenden Altar. Neben der Nische wallte, von dem Lichtstrahle, der, wie aus einer engen Röhre strömend, nur geradeaus blitzte, kaum beleuchtet, ein schwerer, dunkelroter Vorhang bis zur Erde, mit seinen Randfalten noch den Mosaikboden breit verhüllend. Nur mit Mühe konnte Julian in das scharf blendende Licht blicken. Nun füllte sich allmählich die ganze Nische mit einem sehr stark duftenden weißlichen Nebelrauch und jetzt — mächtig pochte dem Lauscher das Herz vor Grauen und vor heißem Erwarten! — jetzt ward in dem Gewölk, zuerst nur schwach erkennbar, aber rasch immer bestimmter in ihren Umrissen hervortretend, eine Frauengestalt sichtbar.

Das dunkelbraune Haar bekrönte, wie ein Diadem, eine Binde von feinster weißer Seide, mit Perlen gestickt: nun verzogen sich auch vor dem Antlitz der Erscheinung die dichtesten Rauchwolken und — o Wonne und Grauen! — ja — ohne Zweifel! — das waren Helenas holde Züge! Das waren die seelenvollen braunen Augen: nur noch viel bleicher als im Leben erschienen diese zarten, schmalen Wangen. Und hätte der Verzückte noch zweifeln können, — da schimmerte ja vor seinen Augen auf ihrem Haupte die fünfreihige, an ihrem Halse die siebenfache Bernsteinkette, der wohlbekannte Schmuck, den er selbst der Leiche angelegt in dem fernen Grab dort an der Seine. Julian fand kein Wort: die Stimme versagte ihm: seine Lippen zuckten: unbeweglich wie ein Marmorbild stand der schöne Schatte.

Unter dem über die Schultern flutenden vorn halb=offenen Purpurmantel ward auf der Brust sichtbar das prachtvolle, bis auf die Schuhe herab mit Edelsteinen und Perlen gestickte Gewand von Goldstoff und weißer Seide.

Endlich, flüsterte Julian: „o Helena, geliebter Schatte! Seh' ich dich wieder? O sprich: — ich darf dich ja nicht in die Arme schließen — aber sprich! Laß mich nur ein= mal noch die süße Stimme hören. Oh, ich bin so einsam! So qualvoll sind meine Nächte! Das Glück ist von mir gewichen! O sprich: — hast du kein Wort für mich? Was kann, was soll ich thun, mein traurig einsam Leben erträglich zu machen? Was soll mich trösten?"

Da ertönte Antwort: — und der Schatte öffnete doch nicht den Mund! — eine unnatürliche, nicht eine Menschen=stimme sprach, langsam, in Grabeston: — so hatte der Geliebten Stimme im Leben nie geklungen: „Dich soll trösten, mein Julian, ein zweites Ehegemahl, eine andere Helena."

„Betrug!" schrie Julian außer sich, auffahrend von dem Sitz. „Das Gegenteil ließ sie mich beschwören." Er wollte auf die Erscheinung losstürzen: — aber er wankte: wie eine Ohnmacht wandelte es ihn an.

Da sah er hinter den breiten Säulen in seinem Rücken hervor zwei Männer springen: der eine faßte die Erscheinung an dem Mantel und riß sie aus der Nische, der andere drang durch den Vorhang und zerrte einen Mann heraus, der sich, einen Dolch in der Faust, wütend wehrte und seinem Angreifer die Klinge in den linken Arm stieß. Der ließ ihn los, zog das Schwert und stieß ihn nieder.

„Da," rief Serapio, das Schwert einsteckend, „da liegt der Lügenpriester." „Fluch!" schrie der, den Dolch fallen lassend. „Fluch allen Sternen und allen Göttern! Sie halten nicht Wort!" Einstweilen hatte Jovian die zitternde Tochter losgelassen, sich zu Julian wendend, der hilflos an einer Säule lehnte.

Sobald Helena frei war, raffte sie blitzschnell den Dolch ihres Vaters auf: „Betrug? — Und ich! — ich! — ich sollte Ihn betrügen? Ach, ich hab's schon gethan. Das ist der Tod." Und sie stieß sich den Dolch bis an das Heft in die Brust und brach zusammen.

Jovian führte den wankenden Freund an die beiden Leichen. Der bückte sich, griff nach der Bernsteinkette und stöhnte: „Lysias, der Priester der Götter! . . . mein Lehrer . . . ein Betrüger! Er hat das Grab der Geliebten erbrochen und geschändet! Und die Götter haben es geduldet? Ah! Zu viel!" Und bewußtlos sank er in die Arme der Freunde.

XLIII.

Als sich nach zwei Tagen Julian von dem Lager erhob, auf das jene Erschütterung ihn geworfen hatte, war er ein verwandelter Mann.

Die Hoffnung seines Lebens war geknickt: er hatte verzichtet auf alle irdischen Wünsche: nur die Verklärung seiner unsterblichen Seele schwebte ihm noch vor als Ziel. Nicht an seinen Göttern war er irre geworden: aber die Götter hatten ihn verlassen: es war sein Irrtum gewesen, sich für den auserkorenen Liebling Apolls zu halten: die Götter hatten sich, erzürnt, für immerdar abgewandt von diesem Reich der entarteten Römer: die Olympier überließen sie dem Galiläer, zu dem sie abgefallen waren. „So wird er denn auch mich besiegen, dieser Zauberer aus Nazareth. Wohlan, ich will es ihm leicht machen. Die nächste Schlacht soll es entscheiden."

Mit solchen Gedanken, mit diesem Entschluß erhob sich der Schwergetroffne am Abend des zweiten Tages. Die Freunde bemerkten die Mattigkeit im Ausdruck seines sonst so lebhaft bewegten Gesichts. Er vernahm es fast mit Gleichgültigkeit, was sie über ihre weiteren Wahrnehmungen in jenem Tempel berichteten.

Lysias hatte keine Mitschuldigen gehabt. Das ganze Gebäude, das sie sofort durchforschten, war leer. Als Oberpriester hatte er die Priester und Tempelsklaven für diese Nacht aus dem Heiligtum in die Nebengebäude verwiesen und alle Veranstaltungen in dem ihm altvertrauten Raum allein getroffen.

Serapio hatte den ihm wohlbekannten Bernsteinschmuck von der Leiche des armen Opfers der Sterne gelöst. Julian aber befahl, ihn samt dem Purpurmantel und

Seidengewand mit den beiden Toten zu verbrennen: der Schmuck war durch Grabraub entweiht in seinen Augen.

———

Für den folgenden Tag war die Fortsetzung des gefahrvollen Rückzugs — aber nun nach Westen — beschlossen. Der müde gewordne Mann erstaunte kaum noch, als er bei seinem Erwachen an diesem Morgen vor seinem Lager einen alten Mönch in braunem Gewande sitzen sah. "Johannes," sprach er matt. "Du hier? Gegen mein Gebot? Ich hatte dich ja eingebannt in jenem Kloster." — "Vergieb, o Herr! Es litt mich nicht mehr dort, als ich erfuhr..." — "So weißt du schon? Sag' es nur: daß Ich Julianas Tod verschuldet habe." — "Nicht doch! Eine Fügung des Herrn, der diese Seele früh zu sich rief. Nein, eine andre Nachricht bring' ich dir, traurig zwar: — aber doch versöhnlich! Deshalb, weil sie versöhnlich ist, eilte ich, sie dir zu bringen." — "Du weinst? Das gilt meiner Mutter! Sie ist..." — "Heimgegangen! Der Tochter gefolgt. Der Kunst der Ärzte in Alexandria, aber gewiß mehr noch dem Gebet des frommen Athanasius..." "Natürlich!" sagte Julian, die Brauen furchend. "Ist es gelungen, sie vom Irrsinn zu heilen. Sie ist wieder völlig zu klarem Bewußtsein gekommen, und Athanasius..." — "Genug von ihm!" — "Nein, — das mußt du noch von ihm hören! — seinen gütevollen und mächtigen Worten ist es geglückt, sie dir zu versöhnen. Sie hat dir sterbend vergeben: und statt jenes Fluches, den sie im Wahnsinn sprach, schickt dir die Mutter, die Christin, ihren Segen."

"O Mutter, Mutter, habe Dank! Und Dank auch du, Vielgetreuer! Und deshalb hast du — allein! — unbeschützt! — die vielen hundert Meilen durchwandert, barfuß, — nur den Stab in der Hand?"

„Ja: der Herr war mein Geleit. — Ich hoffte, diese Stunde noch zu erleben, dir dieses Wort noch zu künden. — Nun will ich gern sterben. Ich habe deine Mutter und dich, o Julianus, sehr geliebt, sehr! — All' mein Leben lang." — „Und ich hatte dich zornig bestraft! Und du, — du wagst dein Leben, mich mit einem Wort des Friedens zu erlaben! Was — was ist das?" — „Das ist Christentum, mein lieber Sohn. — Ich sagte dir es schon vor vielen Jahren!"

———

Alsbald zog nun — es war am Morgen des sechs= undzwanzigsten Juni — das zusammengeschmolzene, aber durch die Ruhe und Erholung von vier Tagen erkräftigte Heer aus Sambara weiter der Heimat zu. „Herr," rief Oribasius, als er des Feldherrn ansichtig ward, der ohne Helm, Harnisch und Schild, in einem Gewand von weißer Seide weithin leuchtend, — denn auch den dunkeln Kriegs= mantel hatte er abgelegt — auf seinem weißen Rosse saß: — „Herr, wo sind Panzer, Helm und Schild?" — „Dort." Er wies mit der Hand in die nächste Straße. „Wo?" — „Im Arestempel. Als Weihgeschenke am Altare aufgehängt. Ich werde sie nie mehr tragen." — „Bei den Göttern!" — „Ja! Eben bei den Göttern liegt mein Schutz. Wenn sie mich schützen wollen. Das sollen sie nun zeigen." — „Der Feind soll uns den Rückweg verlegt haben: ganz nahe vor der Stadt." — „Er hat ihn verlegt." — „Und du reitest in die Schlacht ohne Waffen?" — „Nicht doch! Hier mein Schwert. Es ist noch das von Straßburg." Und er ritt ab zu seinen Leibwächtern. „Sieh da, das Kleeblatt," lächelte er trüb. „Seid ihr noch vollzählig?"

„Ja," erwiderte Sigiboto, „sogar vermehrt haben wir

uns. Sigibrand ist uns zugewachsen. Aber doch nur mit Mühe sind wir noch da. Wir haben alle was davongetragen. Hippokrenikos hat einen giftigen Mückenstich am Hals, Ekkard einen Partherpfeil im Arm, ich einen Lanzenwurf in dem Schenkel, der arme Garizo ist durch Hunger und Durst auf die Hälfte zusammengeschrumpft — schau' nur hin, wie ihm der Panzer schlottert! — und Sigibrand behauptet, er sehe seit seinem Sonnenstich nichts mehr vor sich als gefüllte Weinkrüge, die nicht da sind. Aber dreinschlagen können wir noch alle fünf. Du sollst es sehen."

Julian grüßte freundlich und ritt weiter. „Wie glücklich diese Menschen," sagte er zu Priscus, der auf seinem Maultier langsam herantrabte. „Das sind die weisesten Lagerphilosophen! Ohne Zweifel, ohne Fragen an die Götter, ohne Pflicht, als dreinzuhauen (— ihre liebste Freude, diese Pflicht! —) und — ohne Schuld!"...

Er kam nun an das schmale Westthor des Städtleins. Er zog den Zügel, sein Roß anhaltend, um seine Reitervorhut voransprengen zu lassen. Da bemerkte er neben einer christlichen Kapelle die Werkstatt eines Zimmermanns, der offenbar ein eifriger Christ war: denn er hatte nicht nur eine Menge von Holzkreuzen, an sein Häuslein gelehnt, zum Verkauf ausgestellt, — er machte auch, sobald er des Imperators ansichtig ward, das Zeichen des Kreuzes auf Stirn und Brust und wandte sich hastig ab. „Du kennst mich also, Freund?" lächelte Julian. „Ich bin Christi Freund, nicht der deine." — „Nun, du bist offen: das gefällt mir. — Dein Gott ist ja dein Zunftgenosse. Was mag er wohl in dieser Stunde zimmern, — der Zimmermannssohn?"

„Einen Sarg für dich. Denn du wirst ihn bald brauchen." Julian nickte dem Manne zu: „du hast mehr recht als du ahnst."

XLIV.

Wenige Stunden westlich von Sambara, nah einem dichten Wald mit starkem Unterholz, ward die Hauptstraße, die nach Westen führte, von einer andern von Süd nach Nord geschnitten. Diese Kreuzung hatten die vier Perserheere zum Ort ihrer Vereinung ausersehen: hier sollte der kleinen Römerschar der Rückzug abgeschnitten werden. Die weiten ebenen Flächen rings neben den Straßen und hinter dem Wäldchen luden die parthischen Geschwader verlockend zum Reiterkampf. Und auch für den Wald war kluge Verwertung ersonnen. —

Auf ihren prachtvollen Rossen, arabischen Rapphengsten, in Scharlach und Gold gesattelt und gezäumt, ritten Varanes und Varahanes, die beiden Königssöhne, an ihren Geschwadern auf und nieder, ordneten sie und sprengten dann an den goldhelmigen Surenas und dessen Bruder heran. „Das Verdienst dieses Tages und des Untergangs jenes feuerspeienden Löwen," rief Varanes, der ältere der Brüder, „gebührt dir, Surenas! Meisterhaft hast du alles geplant."
„Doch nicht!" erwiderte der Oberfeldherr. „Denn nicht ich konnte Chulchanosch abhalten, den Frieden anzunehmen, den dein hoher Vater — in einer schwachen Stunde! — mit vollstem Ernst dem thatsächlich schon Besiegten angeboten hatte. Dann war er gerettet und sein Ruhm. Und nicht ich habe den Bethörten zehn Tage lang in die Irre gen Osten geführt: diese zehn Tage haben ihn vollends entwaffnet: heute gilt es nur, mühelos zu ernten, was mein Bruder, der Kluge, gesät." „Du hast recht," sprach Varahanes. „Ich schenke dir, o Nohordates, die Jahresschatzung von Baktrien, meiner Satrapie."

„Und ich schenke ihm," lachte Varanes, „was mehr gilt

als ganz Baktrien: das schönste Weib meines Frauenhauses: Leila mit den Gazellenaugen." "Behaltet Baktrien und Leila, Fürsten," schloß der Gerühmte. "Ich bitte mir ein andres aus." "Du sollst es haben," riefen beide Prinzen. — "Den Kopf des Apostaten! — Ich habe ihn, gefüllt mit geschmolzenem Gold, dem Schutzheiligen von Armenien gelobt. Mein Bruder, der Bischof von Kárana, hat mir, auf dies Gelübde hin, den sichern Tod des Abtrünnigen verheißen."

Varanes zuckte die Achseln: "der Himmel und mein Vater haben mancherlei Kostgänger: Verehrer des einzig wahren Gottes Ormuzd, dann Juden, Christen, Hellenisten, sternanbetende Araber. Wir lassen jedem seine Freude. Mir ist nun zum Beispiel der süße Kopf Leilas lieber als der häßliche — sagt man! — des feuerspeienden Löwen. Aber du sollst ihn haben. Nur gönne mir die Wollust, ihn, mit dieser krummen Klinge, abzuhauen." "Halt!" rief der Oberfeldherr. "Schaut hin! Nach Osten! Dort! Staub wirbelt auf. Da kommen sie, die Römer. Nun seid der Verabredung gedenk!"

Und die Römer zogen alsbald heran.

Vor dem Wald lagen ein paar elende Lehmhütten armenischer Ziegenhirten: die Bewohner waren in die Stadt geflüchtet vor dem herandrohenden Zusammenstoß der beiden Heere; nur ein alter Mann mit einem Klumpfuß humpelte noch der Vorhut des Imperators entgegen. Wie er an Julian selbst vorbeikam, rief der ihn an — durch einen Dolmetsch aus Sambara — und meinte: "die kleine Siedelung da habe wohl gar keinen Namen?" "O doch," gab der Alte zurück. "Sie hat einen schönen Namen." "Wie heißt sie?" forschte Julian. "Phrygia.

— Und ich heiße Charon," antwortete der Alte und hinkte weiter.

Der Feldherr sah ihm nach. „Phrygia! — Das sollte ich ja meiden," lächelte er wehmütig vor sich hin. — „Und Charon? — Jetzt fehlt nur noch der Styx! Vorwärts! Dort stehen die Perser! Drauf!"

Grimmig, doch kurz war der Zusammenstoß. Julian hatte den Angriff erwartet und gut vorgesorgt. Seine kleine, aber tapfre und nun ausgeruhte Schar ließ den Zorn über die letzten qualvollen Wochen die Feinde fürchterlich entgelten.

„Bisher nur Sonnenglut, Schlangen, Mücken, Sand und Hunger, jetzt endlich wieder Helme, die man schroten kann. Welcher Fortschritt!" rief Sigiboto seelenvergnügt.

Statt den Angriff abzuwarten, führte Julian sein Heer selbst zum Angriff vor. Wie erstaunte er aber, als dicht neben ihm die schmächtige Gestalt des greisen Mönches auf kleinem Klepper auftauchte. „Wohin, wohin, Johannes?" fragte er. — „Mit dir: — überall hin mit dir."

Auf den ersten Anlauf der Römer warfen die parthischen Reiter die Gäule herum und flohen. Sie hielten gar nicht stand: ihre beiden Flügel stoben rechts und links in alle Winde davon: die Mitte, medisches Fußvolk, wich langsam in den dichten Wald. Jauchzend drangen die Verfolger nach, hier geführt von Julian, während Jovian und Serapio den beiden fliehenden Flanken nachjagten. Auch der Wald ward kaum verteidigt: alsbald hatte der Imperator, allen voran, das schmale Gehölz durchritten. Jetzt sprengte er aus dem Westrande desselben ins Freie: — und erschrak!

Es war ein böser Hinterhalt, in den er durch „Partherflucht" gefallen war: nur ein kleiner Teil der Feinde hatte sich vor dem Walde gezeigt und sofort — scheinbar —

schlagen lassen: aber hier, hinter dem dichten Buschwerk, standen vor ihm und auf beiden Seiten ungeheure Massen von Persern, die mit lautem Siegesgeschrei das schwache Häuflein anfielen.

Der Kampf war zu ungleich: nur die berittnen Leibwächter hatten ihrem feurig voranjagenden Herrn folgen können: sie fielen in furchtbarer Geschwindigkeit, Mann für Mann, unter einem Hagel von Pfeilen und Wurflanzen: der greise Mönch Johannes, der sein Rößlein dicht neben Julianus hielt, stürzte zu Boden: sein Pferd lag tot: schon drangen die Perser zum Nahkampf heran.

Weithin leuchtete in dem hellen Sonnenschein der weißgekleidete Reiter auf dem weißen Roß und — statt des Helmes — das goldfunkelnde Diadem auf dem dunkeln Gelock. „Halt! Schießt nicht. Ich muß ihn haben," rief Nohordates und sprengte gegen Julian heran, dessen Pferd an mehr als einer Stelle rotes Blut aus Pfeilwunden träufte. „Nein, Ich!" rief, ihm dicht nachjagend, der Surenas und spornte den wuchtigen Hengst gegen Julian. Nun erkannte der den falschen Wegweiser: „Ah, du bist's, Verräter?" rief er, schlug des Feindes eingelegte lange Lanze zur Seite und stieß ihm das Schwert in die Gurgel.

Der Surenas sah den Bruder fallen: er war nun dicht heran: „das schickt dir Jesus Christus!" schrie er und schleuderte den Wurfspeer.

Der traf.

Die weiche Seide ohne Widerstand durchschneidend drang er in Julians Brust. „Du hast gesiegt, Galiläer!" rief er, und sank nach rückwärts vom Pferde, das im selben Augenblick unter ihm zusammenbrach.

„Fangt ihn lebendig!" schrie der Surenas. „Tötet ihn nicht! Ich bring' ihn unserm Herrn in einem goldnen Vogelkäfig." Und nun entbrannte um den Imperator, der bewußtlos unter Argos, seinem toten Rosse, lag, der heiße Kampf. Er war lang und blutig. Die treuen Leibwächter, die von den Pferden gesprungen waren, und mit ihren Schilden, mit ihren Leibern zuletzt den geliebten Herrn deckten, — sie stürzten Helm für Helm unter den Streichen der hundertfachen Übermacht. Wohl schmetterten gar laut, angstvoll um Hilfe rufend, ihre Trompeten: aber ach! — weit und breit war nichts zu sehen von den beiden römischen Flanken, die unter Jovian und Serapio die verstellte Flucht der Feinde verfolgten. Voconius, schwer getroffen, hielt den Adler der Leibwächter mit letzter Kraft aufrecht empor. Als er, gespickt von Wurflanzen, zusammenbrach, nahm ihm Sigiboto die Fahne aus der Hand und schwang sie hoch empor. Das war das letzte, was Julianus sah: die Sinne vergingen ihm. So erfuhr er nicht mehr, daß die Gefahr nun rasch noch wuchs und wuchs. Der Surenas hatte sich, obwohl von Ekkards Speer verwundet, vorgedrängt durch das Kleeblatt, hatte Julian für einen Augenblick erreicht und hieb nach ihm mit dem haarscharfen krummen Persersäbel.

Kein Krieger sah im Augenblick die Gefahr: der tödliche Streich traf: aber nicht Julian, sondern eine braune Mönchskutte und ein kleines greisenhaftes Männlein darin, das sich im letzten Augenblick vor den Betäubten geworfen hatte.

Nun ersah Sigibrand, der Sachse, den nahen Feind: er stach das Streitroß des Surenas nieder. Aber, aber! Unzählig drängten neue Perser heran. „Ein frisches Pferd für den Feldherrn!" schrie Hippokrenikos, dessen eigner Gaul längst gefallen war. „Wir müssen ihn auf den Sattel binden und mit ihm zurückjagen," mahnte Ekkard. „Hier ist mein Pferd!" rief Garizo, abspringend. „Und nun, Kleeblatt, vor den Herrn, bis ihn die andern festgebunden und zurückgebracht haben!" schrie Sigiboto. „Haltet aus. Hierher zu mir, Sachse! Mein Schild ist hin!" Und wirklich gelang es, den Bewußtlosen auf dem Pferde festzuschnallen und, Schritt für Schritt in den Wald zurückzuführen.

Aber alle, fast alle Leibwächter, die diesen Rückzug deckten, fielen. Und auch die wenigen von ihnen, die noch in den Wald zurückgelangten, hätten den Verwundeten nicht retten können vor der Gefangennehmung durch die wütend nachdrängenden Perser, hätten nicht endlich Jovian und Serapio die schreiend um Hilfe rufenden Trompeten der verzweifelt ringenden Leibwächter vernommen. Sie ließen sofort von den Flüchtlingen, sprengten von beiden Flanken gegen den Saum des Waldes zurück, und die Kunde, daß der Imperator gefallen sei, entflammte ihre Scharen zu solchem Zorn, daß sie wie ein rächend Gewitter die Perser vor sich niederwarfen. Die früher verstellte Flucht ward nun zu blutiger Wahrheit.

Serapio langte zuerst in dem Wald bei dem kleinen Geleit des Verwundeten an: gerade zu rechter Zeit und nicht, ohne, hart getroffen, sein eigen Blut zu vergießen, hieb er den bereits Verlorenen heraus. Hier fiel, tapfer kämpfend, von des Franken Schwerte der Surenas: aber hier im Walde sanken auch vor Serapios Augen die allerletzten Leibwächter. Der Sieg der Römer war vollkommen. Mit eigner Hand verband den wankenden Freund Jovianus; dann übernahm er die Leitung der abermaligen Verfolgung. Grimmig rächte das Heer den Fall des geliebten Führers; bis in die Nacht hinein währte die hitzige Jagd.

In sein mitgeführtes Zelt zurückgebracht fand der Verwundete das Bewußtsein wieder: bei dem ersten Ton der

Tuba der Verfolger, der an sein Ohr drang, wollte er aufspringen, laut rief er nach seinen Waffen, seinem Roß: aber bei dem Versuch, sich aufzurichten, sank er in die Arme des Oribasius zurück.

Da erkannte er, daß er sterben müsse.

Er sagte es dem Arzt lächelnden Mundes. „Weine nicht! Mißgönne mir doch nicht, in höherem Lichte zu wandeln: mit Helena, mit Maximus, mit Eusebia, mit den versöhnten Meinen: denn auf jenem Sterne kennt man nicht Groll, noch Vorwurf. Nun aber, da es gewiß ist, daß ich scheide, — vor allem: — die Sorge für das verwaiste Reich! In mir erlischt der Constantier waffengewaltig und einst so männerreich Geschlecht. Das Reich, — das Heer auf seinem gefahrenumbräuten Rückzug — bedarf eines tapfern Kriegers, eines Feldherrn, und — ich seh' es ein: — eines Galiläers!" „Du siehst es ein?" fragte Oribasius erstaunt, ja bestürzt. Denn er, der Schüler des Philippus, war kein Freund der Kirche. — „Ja, mein Treuer. Nicht sehe ich ein (— wahrhaftig nicht! —) daß der Galiläer recht hat: — seine Lehre hat dem Reiche der Römer schwer geschadet und muß der Menschheit schaden, wohin sie gelangt: denn sie ist widermenschlich und krank: — also er hat nicht die Wahrheit für sich: aber den Sieg. Das hab' ich schon lang erkannt oder doch gefühlt, bevor ich es, vom Pferde stürzend, ausrief. Mutter, Schwester, Freund, Volk: — alles hat mir der Galiläer genommen: — mein Lehrer, der Verkünder der alten Götter, erwies sich als ein gaukelnder Betrüger: — meine Lehre — meine Götter — nicht eine einzige Menschenseele hat sie wirklich angenommen: — denn die Elenden, die mir zu Liebe heuchelten (— wie andere zu Liebe dem Constantius! —), die zählen nicht."

„Doch: Eine Seele."

„Helena! — — Serapio hat recht: von Philosophie kann kein Volk leben, auch von der meinen nicht und von meinen gedankenhaften Göttern; es verlangt das Brot und den Wein des Glaubens: nun spendet ihnen die Kirche ja Brot und Wein und — Glauben! — So stand ich ganz allein: — gegen mich zwei Welten: die alten Götter und der neue Gott. Erobern kann man die Welt, nicht überzeugen. Ich hab's erkannt — seit — seit Circesium — seit Ktesiphon. Und darum wollt' ich weichen von dem Kampfplatz, — auf dem der Galiläer so zweifellos gesiegt hat, — gesiegt hatte, — ach lange bevor dieser Wurfspieß flog."

„O Herr! Du hast den Tod gesucht. Das ist unrecht. „Man soll Gott nicht versuchen," — sprach der Mönch Johannes, als er dich ohne Schutzwaffen in den Kampf reiten sah. Ich mußte ihm ein Pferd verschaffen. Er — das Männlein! — wollte dich beschützen! Und er hat's gethan, berichten sie. Er starb, um dich zu retten!" — „O Johannes! Soll mich auch dieser Galiläer überwinden!" — „Du hast den Tod gesucht," wiederholte der Arzt vorwurfsvoll. „Doch nicht! Nur die Entscheidung der Götter, ob sie mich schützen wollten. Nun, sie haben's recht deutlich gezeigt" — er griff zuckend vor Schmerz nach der Wunde — „daß sie das nicht wollten. Freilich: ich darf nicht klagen! sie verkündeten mir's vorher." — „Wie? Wodurch?" — „Abermals durch einen Traum (— den letzten! —), den sie mir gesandt. Nicht mehr Glück und Sieg verheißend (— wie in den schönen Zeiten von Mailand und von Straßburg! —), nein, trauervoll, den Tod mir kündend, erschien mir diese Nacht der Genius Roms — zum letztenmal! —: ein grauschwarzer Trauerschleier verhüllte sein Haupt, ein schwarzes Tuch sein goldnes Horn der Fülle, und dreimal mit der Hand mir

Abschied winkend wich er rückwärts schreitend weiter — immer weiter — von mir — und war verschwunden. Und wieder rief sofort die Tuba mich aus dem Schlaf — zum letztenmal! Da wußt' ich es: die Götter haben mich verlassen, — haben mich und das Reich dem Galiläer preisgegeben.

Und so ... so muß denn mein Nachfolger ein Galiläer sein. Aber ein maßvoller, der nun nicht die armen Hellenisten verfolgt, die unter meinem Schutz in den alten Glauben zurückgefallen waren. Auch dafür ist der Beste — Jovian.

Ich glaube nicht, das Recht zu haben, ihn dem Reich der Römer durch letztwillige Verfügung aufzudrängen: es würde ihm auch schaden bei den Galiläern. Aber ich wünsche, rate, empfehle ihn. Da! Nimm diesen meinen Siegelring, falls ich den Freund nicht mehr sehe. Damit übergeb' ich ihm — nach meinem Wunsch — das Reich."

Er beschied nun seinen Geheimschreiber und diktierte ihm, über sein Privatvermögen verfügend, seinen letzten Willen. „Ein römischer Bürger," lächelte er, „ein richtiger, stirbt nicht ohne Testament, bleibt ihm durch die Gnade der Götter dazu die Zeit. Und es kann ja — nach dem Recht der Römer — für Krieger im Felde ganz formlos geschehen: — ich war doch ein Stück von einem Krieger, nicht, Oribasius? Und wir kommen frisch aus der Schlacht!"

Währenddessen erschienen, von der Verfolgung zurückkehrend, tief erschüttert von der Trauerkunde, Jovian, Severus, Nevitta, Dagalaif und andre Führer: sie traten in stummem Schmerz an das Lager von Schilf mit der blutüberströmten Löwendecke.

Lächelnd streckte er ihnen beide Hände entgegen: „Gesiegt! Ich vernahm es schon! Gesiegt wieder einmal! Zum letztenmale freilich! Nicht wahr, mein Jovian, es ist ein großer Sieg?"

„Viel größer als der bei Straßburg!"

„Der größte Sieg," ergänzte der alte Severus, „den je römische Waffen über Perser und Parther erfochten. Viele Tausende der Feinde bedecken den blutigen Boden jenes Waldes und die weiten Gefilde dahinter im Norden und Süden: darunter Nohordates! „Ja, das weiß ich!" rief Julian mit leuchtenden Augen. „Auch der Surenas selbst — ihn traf Serapio — und, auf der Flucht eingeholt und erschlagen von Nevitta und Dagalaif, die beiden Königssöhne Varanes und Varahanes und sechsundvierzig Satrapen und Vornehme."

„Ah! Das thut wohl: im Siege darf ich sterben! So ist mir ein Tod gelungen, wie ich ihn schon so lang erstrebte. Wo ist (— er allein fehlt! —) wo ist Serapion?"
„Er liegt," meldete Jovian, „verwundet in seinem Zelt: — er fing mit seinem Schild drei Wurfspeere auf, die dir galten. Der eine drang ihm durch den Schild in die Schulter. Der Arzt gebot: . . . aber, trotz des Verbotes, da ist er doch!"

Sehr bleich, den Schmerz verbeißend, der sich nur manchmal durch ein Zucken durch den ganzen Körper verriet, trat der Germane langsam heran.

„Julian!" sprach er. „Mein sehr geliebter Freund!" — „Tapferer Franke, jetzt sind wir quitt für Straßburg. — Nein, du thatst viel mehr für mich als ich damals für dich: dein Blut floß für mich." — „Mein Herzblut gäb' ich, dich zu retten." — „Sieh, sieh, wie warm! Im

Leben — nie sprach er so. Man muß erst sterben, diesen felsharten Germanen ihr verborgnes Gefühl abzuzwingen. — Wo... wo ist das Kleeblatt? Mir ist, ich sah sie dicht bei mir — bei jener einsamen Palme — hinter dem Walde: — — wo — wo sind sie geblieben?"

Eine kleine Pause entstand: endlich sprach Serapio: „Dort! — Dort sind sie geblieben... bei der Palme: — alle vier. Alle. Auch der Tod hat das Kleeblatt nicht zu trennen vermocht. Sie deckten dich mit ihren Leibern, bis sie dich auf einem andern Roß geborgen hatten. Sie fielen dabei alle!" „Bis zum Tode getreu," sprach Julian gerührt, mit den Thränen kämpfend. — „Auch der tapferste aller Theologen liegt dort, Sigibrand! Er hat sich ganz zerhacken lassen von persischen Schwertern, dich vor der Gefangenschaft zu schützen. Und von deinen sechshundert Germanen, die noch lebten, sind fünfhundertfünfzig dort gefallen. Siehst du, Julian — du fragtest einmal danach: — das ist Germanentreue!"

Da konnte Julian die Thränen nicht mehr zurückhalten: — er reichte Serapio die Rechte hin. „Vergieb. Ich hab' euch vielfach Unrecht gethan... unterschätzt. Ihr — ihr seid doch unsre — besten Feinde. Kein übler Witz, nicht?" lächelte er schmerzlich. „Ach, nun kann ich nicht mehr, Priscus... — wo ist Priscus: mein Lagerphilosoph?" — „Hier, Herr," sprach eine von Thränen erstickte Stimme. — „Was klagst und jammerst du, Freund? Als ob ich mein Leben so schlimm geführt hätte, daß mich die Strafen des Tartarus erwarteten! Ich meine doch, ich habe mir (— durch Leiden und Thaten! —) das Emporsteigen zu einem schöneren, den Göttern näheren Sterne und zu seliger Verklärung verdient!" „Er tröstet uns!" sprach Priscus der Philosoph. „Wahrlich, dieses Zelt gemahnt mich an den Kerker des Sokrates und dieses Sterben an des Sokrates letzte Worte!" — „Nun kann ich nicht mehr dich vollends widerlegen! Deine Auslegung jener Stelle des Maximus (— zweites Buch, fünftes Kapitel! —) über die Unsterblichkeit ist falsch. Nicht auf alle Planeten werden die Seelen verteilt: so zum Beispiel nicht die Krieger nur auf den Mars. Und Gatten, die sich bis ans Ende treu geliebt, kommen beide in den Stern der Hera. Nun werde ich nächstens erleben (— und kann dir's doch nicht schreiben, von der Hera herunter! —), daß ich recht hatte und du unrecht. Das ist bitter.

Und auch meine Schrift gegen des Galiläers Lehre bleibt nun unvollendet: — abgebrochen in der Mitte, gescheitert, wie mein werkthätiger Kampf gegen ihn!

Es ist heute ein schöner, glücklicher Tag gewesen, der freudigsten einer meines Lebens. Ich möchte heute noch sterben: — am Siegestag — vor Mitternacht. Sieh, auch dieser letzte Wunsch wird mir von den Göttern erfüllt: — die Sanduhr dort hat noch lange bis zur Mitternacht zu rinnen — und ich — ich fühl' es — ich — ich scheide. Lebt wohl, ihr Freunde! Leb wohl, du Reich der Römer! Für dich hab' ich gekämpft, geirrt, gelebt! — für dich sterb' ich jetzt. Nehmt meine Seele auf, ihr großen Götter. O Helena, — bald . . .! Helios — nur ich bin besiegt, nicht du: — du rufst — ich höre: . . . dein Priester kommt freudig zu dir."

Und er atmete noch einmal tief auf und starb, ein Lächeln auf den Lippen.

Schöner als im Leben, da es selten volle Ruhe gefunden hatte von wechselnden Erregungen, schöner war nun — im Tode — sein Antlitz: keine Spur von Schmerz entstellte es: der Friede einer mit Gott, mit sich selbst und mit der Welt versöhnten Seele lag darauf.

Tief ergriffen umstanden die Freunde, die Waffen=

genossen die Leiche; über manches bärtige Angesicht rann die Zähre.

Jovianus faßte die Hand des Toten: „Leb wohl, Julian! Die Kirche hast du bekämpft, — dein Vaterland hast du gerettet. Friede sei mit dir!"

„Ein großer Geist," schloß Serapio, die andre Hand ergreifend, „und eine edle Seele. Von manchem Wahn bethört, doch nie von Unschönem. Das Gemeine hatte keinen Teil an dir. Abtrünnig von der Kirche, nicht von Gott! Der Frommsten einer, welche je gelebt. Du größter Feind und liebster Freund: — Julian — leb wohl!"

Dem letzten Wunsche des geliebten Toten gemäß ward Jovian von dem Heer einstimmig zum Imperator ausgerufen.

Gleich darauf trat Serapio, voll gerüstet und reisefertig, in das Zelt mit dem Purpurwimpel. Erstaunt fragte Jovian: „Was sehe ich? Deine Wunde...?" — „Muß unterwegs heilen." — „Wie? Du kommst...?" — „Abschied von dir zu nehmen. Ich gehe." — „Wohin?" — „In die Heimat." — „Ich verstehe! — Der Imperator dieses Reiches sollte dich nicht ziehen lassen: — den gefährlichsten aller Feinde."

„Der Imperator dieses Reiches ist derselbe Jovian, der sich verbürgt hat für jenen Vertrag, der mir die freie Rückkehr sichert. Die Bedingung ist erfüllt. Tot liegt der edle Julian." — „Genug. Ich halte sein Wort und das meine. Aber warum eilst du so? Wir geleiten in langsamem Zuge die teuere Leiche in die Heimat. Willst du nicht mit uns den Toten ehren?" — „Die Lebenden gehen vor. Mich ruft mein Volk, mein greiser Vater dringend. Es eilt." — „Nun denn, so geh. Reich' mir nochmal die Freundeshand. Denn bald — ich kenne dich und deine Pläne! — bald kreuzen wir die Schwerter dort!" — „Ja. — Auf Wiedersehn, freundlicher Feind, am Rhein! Ich führe mein Volk übern Strom ins Herz von Gallien, oder ich falle, Schwert in Hand." — „Und ich werd' es dir wehren oder ich falle, Schwert in Hand. Leb wohl, Freund Serapio." — „Merowech heiß' ich fortab allein. Leb wohl, Freund Imperator. Auf Wiedersehen im Feld der Schlacht."

———

Aber die beiden Männer sollten sich nicht wiedersehen.

Jovianus setzte den Rückzug fort, barg seines großen Freundes Asche in einem würdigen Grabmahl zu Tarsus und starb bald darauf, bevor er Europa wieder betreten hatte, zu Dadastana in Bithynien ganz plötzlich nachts in seinem Zelt an einer jähen Krankheit.

Merowech aber hat, als König der Bataver und der Sugambern, sein Volk über den Rhein geführt.

Er war der erste König der Salier in dem schönen Lande, das längst nicht mehr nach den Galliern, das nach den tapfern Franken heißt.

Zu Duysborg — zwischen Löwen und Brüssel — errichtete er den Königssitz seiner vier Gaue: von da aus haben seine und der goldlockigen Rigunthis Söhne und Nachkommen allmählich das ganze Land bis an die Pyrenäen erobert: länger als zwei Jahrhunderte haben sie das Frankenreich beherrscht.